일본, 영상, **미국**

日本/映像/米国：共感の共同体と帝国的国民主義

Copyright © 2007 by Naoki SAKAI
Korean edition © 2008 by GreenBee Publishing Co.

일본, 영상, 미국 : 공감의 공동체와 제국적 국민주의

초판 1쇄 인쇄 _ 2008년 9월 1일
초판 1쇄 발행 _ 2008년 9월 10일

지은이 · 사카이 나오키 | 옮긴이 · 최정옥

펴낸이 · 유재건 | 주간 · 김현경 | 책임편집 · 임유진
편 집 · 주승일, 박순기, 박재은, 강혜진, 진승우, 김신회
마케팅 · 이경훈, 이은정, 정승연, 서현아
영업관리 · 노수준 | 경영지원 · 양수연 | 유통지원 · 조동규

펴낸곳 · 도서출판 그린비 | 등록번호 · 제10-425호
주소 · 서울시 마포구 동교동 201-18 달리빌딩 2층 | 전화 · 702-2717 | 팩스 · 703-0272

ISBN 978-89-7682-505-6 04900
    978-89-7682-972-6 (세트)
이 도서의 국립중앙도서관 출판시 도서목록(CIP)은 e-CIP홈페이지(http://www.nl.go.kr/ecip)에서
이용하실 수 있습니다.(CIP제어번호: CIP2008002644)

그린비 출판사 **나를 바꾸는 책, 세상을 바꾸는 책**
홈페이지 · www.greenbee.co.kr | 전자우편 · editor@greenbee.co.kr

아이아 총서 **004**

일본, 영상, 미국

사카이 나오키 지음
최정옥 옮김

그린비

한국의 독자들에게

2007년 일본어로 출판된 이 책은, 원래 1995년 일본의 월간지인 『현대사상』現代思想에 2부로 나뉘어 발표된 「'가자 가자, 신군' 서설」에서 유래한다. 『현대사상』에 실은 「'가자 가자, 신군' 서설」을 수정 보완하여 이 책의 제2장과 제3장에 다시 실었다. 원래의 글에 손을 대야 했던 몇 가지 사정이 있다. 이 사정을 한국어판 독자에게 이 책을 소개하는 단서로 풀어 보겠다.

*　*　*

1980년대 말부터 1990년대 초에 걸쳐, 미국 사회의 최대 정치적 문제는 바로 패전의 기억을 어떻게 다룰 것인가였다. 말할 필요도 없겠지만, 여기서 말한 패전이란 베트남전쟁에서의 미국의 패배와 철수이다. 무구무패無垢無敗의 미국이라는 오래된 이미지 — 미국이라는 정치체政體가 무구했던 적은 한 번도 없다. 미국의 국가주권 자체가 종주국으로부터의 독립투쟁 외에 원주민 학살이라는 피로 얼룩진 과정 위에 성립되어 있었기 때문이다. '무구무패의 미국'은 신화에 지나지 않지만, 참으로 신화이기 때문에 미국의 민족주의는 이 신화로 반복해서 회귀하는 것이다 ── 에 돌아가고 싶은 보수파는 '베트남증후군'Vietnam syndrome 등의 용어를 구사하며, 1960년대부터 1970년대에 걸쳐서 시민권운동이나 반전운동으로 미국 국내뿐만 아니라 세계적으로 확대된 제국주의전쟁이나 식민지지배에 대한 죄책감을 어떤 식으로 부정할 것인가, 사람들의 기억에서 어떻게 불식시킬 것인가를 고심했다. 미국의 번영이 그 제국주의의 역사에 결부되어 있음은 잘 알려져 있는 사실이고, 오늘날까지도 식민지적 현실은 미국 사회를 특징짓고 있다. 보수파가 노린 것은, 미국의 국제적 지위와 국내 인종주의를 포함한 현실에 대해서 이른바 강경하게 나가는 것이고, 제국주의전쟁이나 식민지지배에 대해서 죄책감을 갖는 것 자체가 이상심리이고 도착된 삶의 방식을 보여 준다는 통념을 보급시키는 것이었다. 이러한 보수파의 행동은, 제국주의나 식민주의의 폭력에 대해서 철저하게 둔감한 미국 국민 대부분의 정치적인 감수성을 '건강한 것'으로 다시 긍정하려는 것을 노린 것이었다. 제국주의적인 공격적 인격을 건강한 미국인의 정상적인 모습으로 생각할 수 있도록, 텔레비전이나 신문·잡지 등 매체를 통해서 선전 캠페인이 집요하게 전개되었다.

텔레비전의 정치토론회나 신문지상의 논의 이외에, 패전의 기억을 둘러싼 정치적인 항쟁이 치열하게 전투를 벌인 영역으로, 영화를 들 수 있다. 1970년대부터 갖가지 상업영화가 베트남전쟁에서의 패배를 둘러싸고 제작되었다. 「귀향」, 「디어헌터」, 「지옥의 묵시록」, 「람보 시리즈」,

「킬링 필드」, 「플래툰」 등, 어마어마한 양의 작품이 만들어졌고, 미국 국민이 갖고 있는 베트남전쟁의 과거를 공상적으로 그리고 다양한 방식으로 다시 말하기 위한 항쟁이 반복되었다. 그런데 패전은 왜 이데올로기의 항쟁을 야기했던 것일까.

아주 간단하게 말하면, 식민주의는 사람들 간에 계급·인종 혹은 문명 위에 차별을 만들었다. 식민주의는 식민지의 지배층에 해당하는 사람들에게 현실에서 유리된 자신감과 우월감을 갖게 했고, 이에 반해서 식민지의 피지배층 사람들에게는 과도한 불안과 열등의식을 이식했다. 물론 식민지의 권력관계는 갖가지 사회관계에서 결실을 맺었다. 노동의 장에서, 교육의 장에서, 혹은 상업의 장 등에서. 이러한 사회관계는 개인의 태도나 심리를 규정하도록 작동하기 때문에, 단순히 식민지 지배자와 피지배자라는 식으로 인구를 양분하는 것만으로는 불충분하다. 오늘날 인문과학에서 식민지성이 이 정도까지 중요시되는 까닭은, 근대가 되어 신분에 의한 상하관계에서 해방되어 있었던 인간을, 우월감과 열등감을 이식함으로써 다시 민족이나 인종에 의한 상하관계의 멍에로 묶는 작업에서, 다름 아닌 '식민지성'이 가장 중요한 요소였기 때문이다.

베트남전쟁의 패배는 —— 패전은 식민지 지배자에게 있어서의 사건이었음은 말할 필요도 없다. 피지배자에게 그것은 승리였기 때문이다. 그러나 여기에서도 단순한 지배와 피지배의 이분법을 경계해야 한다 —— 우선 식민지성에 기반한 사회적 현실의 붕괴를 의미했다. 잊지 말아야 할 것은 이 패전이 그때까지 인종적·계급적으로 우위에 있다고 믿었던 몇 명의 미국 사람들 —— 주로 남성 —— 에게는 청천벽력 같은 일이었다는 점이다. 여기에서 미국 사람들 일반이 아니고 몇 명에 한정된 사람들이라고 단서를 붙이는 까닭은, 베트남전쟁은 제2차 세계대전과는 달리 미국 주민을 전체적으로 동원한 것이 아니었기 때문이다. 그러나 패전이 미국민 남성의 자존심에 준 충격은 결코 작지 않았다. 식민지전쟁 —— 중일전쟁에 대해서도 베트남전쟁에 대해서도, 식민지전쟁이라는 성격을 부정할 수 없을 것이다 —— 에서의 패배는 그때까지 당연하다고 생각해 왔던, 민족이나 인종 간의 상하관계나 암묵적인 차별의식을 있는 그대로 드러내고 말았다.

독립 후, 식민지 주민이었던 자들의 문제이기 이전에, 포스트콜로니얼post-colonial이 무엇보다도 그때까지 식민지 지배자였던 사람들의 문제였던 이유는 바로 이 때문이다. 그렇기 때문에 포스트콜로니얼리티post-coloniality가 식민지관계에서 종주국의 위치를 차지하고 있었던 나라들의 문제를 예리하게 꿰뚫을 수 있는 것이다.

굳이 비유적으로 말한다면, 종주국 인간에게 식민지를 잃어버린 일은 그때까지 자신의 것이었다고 생각한 남근phallus을 잃은 것이고, 이른바 거세의 충격으로 살아가는 것이다. '베트남증후군'은 실은 이러한 충격이 미국민에게 드러난 것이다. 그렇기에 '베트남증후군'에서 회복한다는 것은, 구래의 식민지권력으로 규정된 사회관계에 기반한 자신의 이미지를 회복하는 것에 다름 아니다. 이미 프란츠 파농이 논했듯이, 식민주의의 문제에는 성관계의 비유가 항상 따라다닌다. 제1장에서 논했듯이, 역사를 고찰하는 데 영상이 훌륭한 재료가 되고, 여러 차례 영상으로 표현된 연애가 식민주의의 복선이 되는 이유도 여기에 있다. 미국의 제국적 국민주의는 베트남전쟁의 패배에 대해서 어떻게 반응했던 것일까. 어떠한 집단적 공상의 조직화가 행해졌던 것일까. 나는 바로 이러한 문맥에서 이 일련의 물음들을 스스로의 과제로 삼았다.

미국의 상황을 고려할 때, 패배에 주의해야 했던 까닭은 바로 이런 이유에서다. 이와 동시에, 나의 관심은 다른 하나의 패배, 즉 일본제국의 패배를 향할 수밖에 없었다. 1945년 8월 일본제국의 붕괴는 베트남 전쟁보다도 훨씬 더 심각했다. 제국의 붕괴는 그때까지의 인종이나 민족의 위계의 붕괴를 야기했기 때문이었다. 그리고 이 사태에 직면해서 일본의 제국적 국민주의는 어떻게 대응했는가. 나는 이 문제를 미국의 패배와 비교하는 작업을 통해 고찰해야 할 필요성을 느꼈다. 가령 과거 10년 동안, 단숨에 다시 타오른 감이 있는 '야스쿠니문제'는 아직도 건재한 일본의 제국적 국민주의의 소재所在를 가장 전형적으로 보여 주고 있기 때문이다. 또한 그 배후에 패전 후 일본에서 천황제를 존속시켰던 미 점령정권의 정책과 마침내 완성된 미국의 제국적 국민주의와 일본의 제국적 국민주의의 공범체제가 있었기 때문이다. 이 책의 자매편이라고 할 수 있는 『희망과 헌법』에서 상세하게 논했지만, 제국의 붕괴로 인해 일본에서는 소멸했을 제국적 국민주의는, 실은 그 민족적 우월감이라는 한 단면만을 전후에도 존속시킬 수 있었다. 요컨대 미국과 일본의 패배를 비교하는 작업은 태평양 횡단적인 제국적 국민주의의 공범성에 관한 고찰로 나를 이끌고 갔다.

미국과 마찬가지로, 전후 일본에서도 패배에 대응하며 과거를 재편성해 나가기 위해서 중요한 역할을 맡았던 것은 영화였다. 「24개의 눈동자」나 「버마의 하프」는, 전후 일본인의 국민공동체가 제작되는 과정을 훌륭하게 보여 준 작품이다. 다큐멘터리 「가자 가자, 신군」은 이러한 영화작품과는 완벽하게 반대되는 식으로 전쟁의 경험을 말하고 있다. 영상은 과거에 대한 공상을 새롭게 만들어 냄으로써, 국민사國民史의 원상原像을 부여했다. 그것은 단순히 과거의 사실을 소거하는 일이 아니라, 과거에 대한 서사를 편성함으로써 집단적인 망각의 효과를 낳거나, 그것과는 반대로 사회관계를 변용시킬 기회를 만들어 내는 것이었다. 1950년대에서 1990년대에 걸쳐 미국과 일본에서 발표된 영화를 같은 평면에서 해석함으로써, 1940년대에 일본을 휘몰아쳤던 패배와 1970년대 미국을 휘몰아쳤던 패배가 각자 서로 다른 양상을 보이면서도 연결되어 있음을 보여 줄 수 있을 것이다. 나아가 제2차 세계대전 후에 완성된 태평양 횡단적인 미국의 헤게모니를 해석할 수 있는 시각을 여기에서 발견할 수 있을 것이다. 이 시각에서 보자면, 왜 시대착오적인 정치가의 야스쿠니 신사 참배가 아직도 국민적인 환심을 불러일으키는지를 알 수 있다. '야스쿠니문제'는 참으로 포스트콜로니얼한 조건을 역설적으로 보여 주고 있다.

「'가자 가자, 신군' 서설」을 썼던 1990년대 중순의 일이다. 한국전쟁에서 1955년체제(1955년에 자유당과 민주당이 합체해 자유민주당이 만들어졌는데, 그 후 일본경제의 고도성장은 이 보수정권 독점체 안에서 성취되었다. 이 체제를 '1955년체제'라고 부르고 있다)가 완성된 시기의 일본과 미국의 공범체제가, 다시금 현재화되지는 않았지만, 1990년대 후반이 되자 동아시아의 미군 재편에 관한 논의를 빚어냈고, 다시 일미군사동맹을 말하게끔 되었다.

게다가 2001년 9·11사건은, 베트남패전 후의 미국영화를 분석하면서 내가 그렸던 미국 국민주의의 전투적인 모습을 우리 눈앞에 재연하는 기회를 주었다. 주로 일본과 미국의 영화를 통해서 묘사한 태평양 횡단적인 헤게모니가 21세기인 지금도 여전히 살아 있다는 사실이 너무나도 명백하게 드러났던 것이다. 이에, 필자는 「'가자 가자, 신군' 서설」에서 전개한 논의가 현재의 상황에도 타당하다는 점을 강조하기 위해, 원래의 글을 약간 수정하여 이 책에 수록하게 된 것이다.

＊　＊　＊

1980년대가 되자, 미국은 베트남전쟁의 기억을 점차 다시 쓰기 시작했다. 아카데미의 일각에서는 에드워드 사이드의 『오리엔탈리즘』이 평가를 받았고, 후에 포스트콜로니얼 연구라고 불리게 된 동향이 발흥했다. 그러나 동아시아나 중동과 근동을 전공하는 지역연구에서는 여전히 "미국의 베트남전쟁은 정의의 전쟁이었다"라든가, "포스트콜로니얼리즘은 니힐리즘이다"라고 말하는 반공 원리주의적인 학자가 학계를 좌지우지하고 있었고, 그들은 아시아나 중동에 대한 지식생산의 중추적 위치를 버리려고 하지 않았다. 마침내 오리엔탈리즘 비판에 대한 거절의 자세는 점점 현재화되었다. 이러한 보수화의 움직임은 1990년대가 되면서 점점 그 세력을 증대시켜 왔다.

『사산된 일본어 · 일본인』(사카이 나오키, 이득재 옮김, 문화과학사, 2003) 안에 수록된 「'서양으로의 회귀'와 인종주의」는 1992년 대통령선거 당시의 이러한 상황을 기반으로 해서 쓴 것이다. 확실히 베를린 장벽의 붕괴와 뒤이은 소비에트 연방의 붕괴는, 미국 국민이 흡사 세계의 주인이 된 것 같은 환상을 야기했다. 그러나 지구화의 물결 속에서 미국의 이른바 백인 학자 가운데 ── 내가 백인이니 황인이니 하는 식으로 인종이나 민족의 범주를 사용할 때에는 반드시, '이른바'라는 단어가 붙어 있음에 유의해 주기 바란다 — 자신의 서양인성性에 확신을 갖지 못하게 된 사람들이 늘어나고 있다는 점에 주의하자. 이런 사태는 중산계급의 몰락과 나란히 일어나고 있다. 즉 점차로 자신들의 서양인성을 보증하는 계급적·문명적, 나아가 정치적인 조건을 상실해 간다고 느끼는 백인이 방대하게 늘어나고 있는 것이다. 계급격차는 점차 확대되고 있고, 이 경향은 현재까지도 지속되고 있다.

자신을 서양인이라고 느끼는 것, 이 자체에 문제가 포함되어 있다. 일찍이 임지현은 2000년대의 동유럽과 한국이나 일본을 비교하면서, "어느 쪽이 더 근대적이고, 보다 서양적인가"라는 물음을 던진 적이 있다. 물론 이것은 "서양이기에 근대적이다, 백인이기에 서양적이다"라는 생각의 어리석음을 지적하기 위한 수사적인 질문이었다. 원래 '서양'과 '백인'이라는 동일성은, 계급관계·인종관계·성관계 등과 관련 있는 범주이다. 요컨대 계급·인종·민족 등의 변수를 다루듯, 그렇게 변동하는 동일성이다. 그렇기에, '서양'이나 '백인'을 즉자적으로 한정할 수 없고, 즉자적으로 한정할 수 있다는 근거 없는 기대야말로 인종주의를 구성한다. 인종·민족·문화 등의 범주는 개념적으로 자율적이지 않고, 다른 범주에 의존한다.

계급관계·성관계·식민지관계 등의 조건을 어떻게 취할 것인가에 따라, 이러한 범주는 유동한다. 인종·민족·문화 등 개인의 동일성 identity의 근거로서 여러 번 실체적으로 고찰되어 온 이러한 범주는 개념적으로는 독립변수가 아니고, 종속변수라고 생각해야 하는 까닭이 바로 여기에 있다. 미국의 인종관계나 성관계는 아직도 식민지적인 관계를 질질 끌고 있지만, 바야흐로 인종의 위계나 계급의 위계 간에 점차 많은 균열과 모순을 드러내고 있다. 지금까지 당연하다고 생각해 왔던, '백인' = '풍요로움' = '문명화됨' = '학력이 높음' 등의 공상적인 등식은 이제는 더 이상 당연시될 수 없다. 왜냐하면 '백인' 이라는 아이덴티티 자체가 흔들리기 시작하고 있기 때문이다.

제1차 세계대전까지 세계여행이나 관광이 가능한 부유한 인간은 상류의 영국인으로 대표된 '서양인' 에 한정되어 있었다. 1950년대에는 미국인이 떼를 지어 세계를 여행했다. 1970년대가 되면, 이번에는 일본인이 전 세계의 각 지역에서 단체로 모습을 보이기 시작했다. 1990년대 이후에는 한국인이 전 세계의 관광지를 휩쓸고 다녔다. 아마도 다음 10년간은 중국인이나 인도인 부르주아가 관광지를 석권할 것이다. 관광여행을 부의 지표라고 말하려는 게 아니다. 그러나 관광여행의 변천에서 알 수 있듯, 관광산업이 지구적 규모로 확대되어 왔을 뿐만 아니라, 인종이나 민족에 의한 부의 위계는 끊임없이 변화하고 있다. 이는 누가 문명화되어 있는가, 누가 진보해 있는가와 같은 감각이 유동하고 있음을 잘 보여 준다. 게다가 '누군가' 를 결정짓는 인종·민족·문화 등과 같은 범주 자체는 다의적이고, 또한 불확실하다.

그런데 이러한 '서양' 이나 '백인' 의 동일성이 불확실하게 되었을 때 무슨 일이 일어날까. 일반적으로 '서양인' 이나 '백인' 이라는 동일성을 고집하는 일이 얼마나 어리석은지에 대한 자각이 일어난다고 생각하지만, 그렇지 않다.

이와는 반대로 서양이나 백인성에 회귀하고자 하는 운동이 일어난다. 이렇게 유동하는 상황에서, 이른바 '서양인' 이나 '백인' 은 '서양으로의 회귀'를 구했고, 인종주의에서 보증된 인종의 아이덴티티의 확실함을 구했다. 1980년대에는 서유럽에서, 1990년대 전반에는 미국에서, '서양으로의 회귀'가 현저해졌다. 2000년대의 일본에서 보자면, 이전에는 식민지관계로 구성되었지만 지금은 환상에 불과한, 야스쿠니 신사가 상징하는 제국 일본으로의 회귀가 현저해졌다. 야스쿠니문제나 북한납치문제에 동반한 재일한국인에 대한 인종차별은 이러한 회귀와 연결되어 있다. 요컨대, 식민지관계에 의해 규정되었던 사회적인 입장이 유지될 수 없게 되었을 때, 그때까지 '식민지 지배자'라고 자인하고 있었던 자들이 일으킨 것은 바로 회귀운동이었던 것이다.

이것은 진정으로 포스트콜로니얼한 현상이라고 말하지 않을 수 없다. 많은 논자가 이 10년 동안 일본에서 일어난 보수화가 서유럽의 나라들에서 일어난 이민 배외주의나 신인종주의neo racism와 많은 유사점을 갖는다고 지적하고 있는데, '서양'이나 '백인'이라는 범주가 계급적인 관계·성적인 관계·식민지의 권력관계에 의존하고 있음을 고려할 때, 일본인이라는 아이덴티티가 '서양인'이나 '백인'의 그것과 같은 행동을 재촉하는 것은 놀랍지도 않다. 다만 여기서 말해 둬야 할 것은, '서양'에 대척적인 범주로 여겨지는 '동양', '아시아' 또는 '아프리카'도, '서양'과 비슷한 계급적인 관계·성적인 관계·식민지의 권력관계에 의존하고 있다는 점이다. '서양으로의 회귀'는 서양인과 대조적인 위치를 차지하는 자들 사이에 '동양으로의 회귀'를 너무나도 간단하게 야기하고 만다.

나는 이렇게 대조적으로 아이덴티티가 구성되는 과정을, '쌍-형상화対-形象化 도식'이라는 개념을 사용해 해석했다. 이 책의 제5장 「비교라는 전략」에서 내가 고찰하고 있는 것은 태평양 횡단적인 헤게모니에서 작동하고 있는 '쌍-형상화 도식'이고, 이 헤게모니가 어떻게 식민지 관계를 온존하고 있는지에 대해서이다. 한편, 전후 미국 국민과 일본 국민은 식민지관계의 지배자와 피지배자의 입장에서 국민적인 동일성을 제작했지만, 다른 한편 일본 국민은 일찍이 일본제국 하에서 식민지로 지배했던 여러 나라의 사람들에 대해서, 자신을 선진국이라고 규정하며 〔이전까지 가졌던〕 식민지에 대한 존재방식을 여전히 고수했다.

제5장에서 나는 미국과 일본이 상호승인하는 국민주의에서 어떻게 탈출할 것인가를 모색했다. 그것은 고이즈미와 아베 정권 하에서 일본 국민의 대다수는 중국이나 한국의 야스쿠니 신사 참배 비판에 왜 그렇게까지 거부적인 반응을 보였는가에 대한 분석이기도 하다. 전후 태평양 횡단적인 헤게모니 아래에서 제작된 국민적 주체성의 존재방식을 묻지 않고는, 한국이나 중국을 깔보는 그들의 고압적인 태도를 이해할 수 없다. 그것은 식민지 권력관계를 상실했을 때, 이전 식민지 지배자가 오래된 자기의 이미지로 돌아가고자 하는 회귀의 운동이다. 제5장에서는 '비교'에 초점을 맞추고 있는데, 여기서 비교란 상호승인의 역학으로 사용되고 있고, 또한 식민지관계에서 탈출의 방책으로서 모색되고 있다.

마지막 장에서 나는 나름으로 미래를 향한 전망을 주고자 노력했다. '부끄러움'의 고찰이 중심에 놓여 있는 까닭도 바로 이 때문이다. 나는 '부끄러움'을 사람들이 서로에게 열린 상태일 때 일어나는 적극적인 감정이라고 이해한다. 이렇게 '부끄러움'을 이해하는 이유는 '부끄러움도 모르는' 자가 되지 않기 위한 요건이라고 생각하기 때문이다.

국민의 역사적 책임은 부끄러움이라는 '정'(情 ; 이것은 유교의 개념을 참조한 것이다)을 중심에 두고 고찰할 때, '부끄러움'을 사람과 사람을 새롭게 연결짓는 미래를 향한 전망이라고 간주할 수 있기 때문이다. 역사적인 책임은 단순한 과거의 문제가 아니다. 그것은 미래를 소묘하는 희망의 전략이다.

*   *   *

그러나 태평양 횡단적인 헤게모니 아래에서 제작된 국민주의는 변칙적인 것도 아니고, 이상한 것도 아니다. 20세기 후반, 동아시아뿐만 아니라 전 세계적으로 광범위하게 일어났던 일이다. 전후 일본의 국민주권이 존재한 방식은 국민국가 일반의 변용을 보여 준다. 크든 적든, 20세기 후반의 세계를 본다면, 국민국가는 변화했다. 제한된 국가주권 하에서 19세기 국민국가의 이념을 명목적으로 실행하는 국민국가로 변신하고 있었던 것이다.

　제4장에서 논했듯이, 나는 새로운 국가주권의 존재방식을 예시하는 것으로 한국영화 「박하사탕」을 발견했다. 광주항쟁에 연루된 주인공의 반생半生과 그가 자살에 이르기까지의 이야기를 다룬 이 영화는 내전 속으로 아무렇게나 내던져진 한 군인의 운명을 그려 보여 줌으로써, 20세기 후반 국민국가에서 민족으로 귀속된 개인이 근본적인 모순을 갖게 된다는 점을 보이고 있다. 징병의무는 명목으로 보자면 동포를 지키기 위해 국가에 봉사하는 것이지만, 내전에서 보면 국가를 향한 충성이 동포에 대한 배반으로 끝나고 만다. 요컨대 국민국가라고 해도, 국가와 국민은 하이픈으로 연결되어 있는 관계가 아니라, 모순관계가 된다. 다

시 말해 국민과 국가는 선언적選言的 관계에 있다. 내가 「박하사탕」을 이 해하는 방식은 통상적인 해석과는 상당히 다를 것이다. 그러나 영화라 는 텍스트의 존재방식 자체에 다양한 이해를 환기하는 측면이 있다는 점과, 그럼에도 불구하고 이 영화가 현대 국민국가의 변용을 훌륭하게 포착하고 있다는 점을 무시할 순 없다.

「박하사탕」은 한국의 맥락을 뛰어넘어, 전후 일본 국가의 존재방식 을 멋들어지게 조명해 준다. 그것은 한국의 국가도 일본의 국가도 모두 태평양 횡단적인 헤게모니 하에서 구성된 것이고, 한국과 일본을 비교 함으로써 미국의 헤게모니는 기어이 그 모습을 드러내 보인다. 그러나 이 헤게모니는 이러한 공통성을 숨기는 작동까지도 하고 있다. 제5장에 서 '분리'라는 실천계를 분석했던 까닭은 이 작동을 명확히 보여 주기 위해서였다.

제재의 측면에서, 그리고 논해지고 있는 주제의 측면에서 본다면, 이 책은 미국, 일본 그리고 한국의 독자에게 열려 있다고는 할 수 없다. 오히려 내가 이 책에서 추구한 것은 국민을 예상독자로 한정하는 국민 사의 틀과는 다른 역사를 어떻게 쓸 수 있을까 하는 질문이었다. 국경이 나 민족에 의해 미리 틀 지어진 자들에게 말을 거는 것이 아니라, 국민 과 국민 간의 투쟁이나 지배, 살육에 휘말린 과거를 가해자와 피해자, 지배자와 피지배자의 양자를 포함한 위에서 일방적이지 않은 말 걸기 방식을 모색했던 것이다. 그것은 참으로, '분리'를 넘은 방식을 탐구한 것이기도 했다.

『일본, 영상, 미국 : 공감의 공동체와 제국적 국민주의』의 한국어판 출판이 진행될 즈음, 나는 이번에도 내가 갖고 있던 기대의 일단一端이들어맞았구나 하는 느낌을 가졌다. 즉 나에게 있어 '번역'의 가장 기본적인 이미지는 항상 '사회적인 노동'이라는 것이었는데, 이번에도 독자를 향해서 작업을 달성했다는 만족감이 들었던 것이다. 물론 그것은 번역서가 출판되기까지 아낌없이 노력해 준 '연구공간 수유+너머'의 친구들, 그린비 출판사의 편집자, 그리고 번역을 맡아 준 최정옥 등의 노동의 선물이다. 졸저에 이렇게 애써 노력해 준 친구들의 우정에 감사를 표하며, 한국어판 서문을 끝맺는다.

2008년 8월

사카이 나오키

한국의 독자들에게 4

서序 23

1 영상 · 젠더 · 연애의
생권력(生權力)
위안부문제를 마주하며
'국민성의 감정' 을 고찰한다

- 식민지지배의 알레고리로서의 연애영화 41
- 일본 종군위안부제도에서 전후 아시아
  미군 기지 주변의 매춘으로 72

2 어떻게 피해자가
되는가
공감의 공동체와 부인된
제국적 국민주의:
「'가자 가자, 신군' 서설」

- 「'가자 가자, 신군' 서설」이라는 것 85
- '부인' 의 한 형태로서의 제국적 국민주의와
  1980년대의 미국 89
- 피해자로서의 '서양' 과 반감에 의한
  공감의 구성 97
- 미국의 민족주의와 백인의식 103
- 러시안 룰렛과 자기획정의 논리 112
- 식민주의자의 죄책과 역사적 부인 119
- 자기연민에 의한 공감의 구성과
  국민공동체 126

3 '인정받는 것'의
정치와 구애의 행위

공감의 공동체와 부인된
제국적 국민주의:
「'가자 가자, 신군' 서설 Ⅱ」

– 위계질서와 죽은 자를 취급하는 방법 139
– 원주민의 여성성과 역사의 부인 163
– 공감과 '노래'의 문제 183

4 내전의 폭력과
국민주의

「박하사탕」을 해석한다

– 광주항쟁과 한국현대사의
  트라우마를 그린 한국영화 203
– 국민주의에 회수되지 않는
  독법은 가능한가 218

5 비교라는 전략

공감의 공동체와
동아시아에서의 미국의 존재를
둘러싼 공상의 실천계

– 트랜스 퍼시픽의 공범성 244
– 분리와 공재성 264
– 분리, 부끄러움 그리고 공감 286

끝맺음을 대신해서 _ 역사적 책임과 '위안의 장소'를 나가는 것 301

찾아보기 332

일본, 영상, 미국

| **일러두기** |

1 이 책은 酒井直樹, 『日本/映像/米国 : 共感の公同体と帝国的国民主義』(青土社, 2007)를 완역한 것으로, 여러 지면에 발표된 글을 한데 모은 것이다. 그 출처는 다음과 같다.

1장 : 「映像とジェンダー ― 映画のなかの恋愛と自己同一性の流動性」, 『継続する植民地主義』, 青弓社, 2005.
2장 : 「共感の共同体と否認される帝国的国民主義 ― 'ゆきゆきて, 神軍' 序説」, 『現代思想』, 1995년 1월호.
3장 : 「共感の共同体と否認される帝国的国民主義 2 ― 'ゆきゆきて, 神軍' 序説」, 『現代思想』, 1995년 5월호.
4장 : 「내전의 폭력과 민주주의 ― '박하사탕'을 해석한다」, 연세대미디어아트연구소 엮음, 『박하사탕』(영화와 시선 3), 삼인, 2003.
5장 : 「共感の共同体と空想の実践系 ― 東アジアにおけるアメリカ合州国の存在をめぐって」, 『現代思想』, 2001년 7월 임시증간호.
끝맺음을 대신해서 : 「日本史と国民的責任」, 『歴史と方法』, No.4, 2000 / 『歴史の描き方 1 ナショナル・ヒストリーを学び捨てる』, 東京大学出版会, 2006.

2 본문의 주석은 모두 각주로 표시되어 있으며, 옮긴이 주는 끝에 '―옮긴이' 라고 표시했다. 또 옮긴이가 본문에 첨가한 내용은 대괄호(〔 〕)로 묶어 표시했다.

3 단행본·전집·정기간행물 등에는 겹낫표(『 』)를, 영화·단편 등에는 낫표(「 」)를 사용했다.

4 외국 인명이나 지명, 작품명은 2002년에 〈국립국어원〉에서 펴낸 '외래어 표기법'을 따라 표기했다. 단, 영화작품명은 국내 개봉명을 따랐다.(예 : 「가케무샤」→「카게무샤」)

서序

15년도 더 지난 일이지만, 나는 "사람들은 패배의 현실을 어떻게 살아내는가"라는 질문과 관련해서 책을 써 보고 싶다고 생각했다. 물론 여기서 말한 패배란 개인의 일만은 아니다.

근대적 사회에서 개인은 끊임없이 패배를 경험한다. 모든 경쟁은 반드시 패배를 수반한다. 특히 자본주의가 발달한 지역에서 사람들은 신분이나 혈통보다도 학력이나 승진과 같은 경쟁의 결과를 보여 주는 척도에 의해 정해지는 국가적인 질서 속 위계에서 살아야 하는 경향이 강해진다. 가문이나 인종보다도 피에르 부르디외가 일찍이 '문화자본'이라고 불렀던 것이 개인의 장래성이나 사회에서의 상승가능성을 결정하는 요인으로 간주되었다. 오늘날 개인의 문화자본을 이해하는 데 가장 쉬운 지표인 학력은 '평등'을 표어로 한 국민공동체에서 개인들 간에 생긴 위계를 정통화하는 원리이기도 하다. 무엇보다도 가문이나 인종마저도 개인의 문화자본과 독립한 변수가 아니기에, 학력이 우세한 위치를 차지한다면, 당연한 말이지만, 가문이나 인종이라는 사회적인 범주는 학력을 기반으로 해서 자신의 의미를 변화시켜 간다.

학력이 개인의 사회적 위치를 표시하는 지표로서 중요한 역할을 담당하게 된 이유는 그것이 계량화되기 쉽기 때문일 것이다. 일본처럼 입학심사를 점수제의 필기시험으로 한정하고 추천장이나 면접과 같은 주관적인 요소의 영향력을 최소화하려는 선택방식을 채택할 정도로 높은 교육제도가 발호한 나라에서는, 학력을 계량화가 가능한 '통계'에 의해 뒷받침되는 객관적이고 신뢰도가 높은 지표로 생각하는 경향이 강하다. 자주 이야기되는 것처럼, 통계란 국가가 통치하는 인구에 대해서 갖는 집적된 지식이고, 학력은 통계를 통해 권위를 획득할 수 있었다. 이런 의미에서 학력사회는 통계로 대표되는 국가의 관리제도뿐만 아니라 근대화 일반의 승리를 보여 준다고 말해도 좋을 것이다. 전근대적인 제도가 해체되고, 근대적인 통치원칙이 관철될 때에 드러나는 것이 바로 학력사회이다.

이렇게 근대화된 지역에서는 학력으로 상징되는 경쟁의 원리가 개인 인생의 행불행을 재는 기준이라는 생각이 퍼진다. 다만 학력이 야기한 지식이나 사회적인 지위는 확대 재생산되고, 개인에게 수입이나 사회적 특권을 주기 때문에, 그 결과 학력의 정도가 개인의 행운이나 불행의 정도가 된다는 것은 아니다. 물신화되어 있기 때문에 학력은 개인의 행불행의 기준이 되는 것이다. 학력에 의한 계층화가 흡사 인종의 그것과 유사한 점은 바로 이러한 맥락에서이다.

삶의 실감이 학력으로 통제되면, 사람들은 철이 들자마자 경쟁 세계로 뛰어들어 살아가야 한다. 개인 간의 경쟁은 수입의 많고 적음뿐만 아니라, 입학시험 및 유명학교로의 진학, 나아가 기업이나 관청에 취직하는 일과 직업의 선택으로 상징되는 경우가 많다. 이에 대해서는 여러 번 지적된 바 있다. 학력은 사람들 사이를 무수한 승부로 가르고, 경쟁과정에서 발생하는 매번의 승리와 패배로 근대적인 개인의 자서전은 짜여진다. 연애나 결혼도 이 경쟁원리에 말려들어 가는 것을 피할 수 없다. 미인 콘테스트는 한 세기 가깝게 자본주의의 상징으로 지속되었고, 최근에는 결혼경쟁이 텔레비전 리얼리티 쇼 프로그램으로 등장했다. 개인의 인격이나 성격, 만남의 깊이 및 지금까지 인격의 일부로 생각되어 왔던 특징들, 가령 '수다쟁이'라든가 혹은 '성실성'이라든가 하는 것들이 허리 · 가슴 · 엉덩이처럼 계량화되어 경쟁원리로 통제된다. 인격은 상품화를 넘어선 차원에 있는 것이 아니다. 근대 시민문화에서 정말로 인격은 신비화되어 왔기에, 지금 인격은 상품화의 첨단인 셈이다. 학력은 그러한 인격 신화의 총두목이다. 하지만 인격이 교양을 환기하고, 교양이 국민문화와 밀접한 관계를 가지며, 국민문화가 국민교육의 정통성의 근거가 되었던 것은 불과 1세기 전의 일이 아닌가.

　　패배는 근대적인 선택 과정의 결과이기 때문에, 성원 전부가 아니어도 그 대부분은 한두 번 선택에서 떨어지는 경험을 할 수밖에 없다. 근대적인 사회에서 보자면, 패배를 경험한 적 없는 사람은 거의 없다고 할 수 있다. 어느 나라를 막론하고, 사회 구성원의 대다수는 '패배자들'인 셈이다. 혹은 '패배의 상처를 안고 있는 자'들인 것이다. 개인은 경쟁이 자신에게 짐 지운 패배의 현실을 고독 속에서 인내해야 한다. 물론 가족이나 친구 및 연인에게 기대면서 패배를 참는 사람들도 적지 않을 것이지만, 일반적으로 패배는 제도적인 필연이다. 경쟁규칙에 위반사항이 없는 한, 경쟁에서 패배자가 나오는 것도 제도 그 자체가 공정하다는 증거이다. 그렇기에 패배는 자기책임의 논리를 따라 처리된다. 패배에 책임을 질 수 있는 자는 패배한 본인밖에 없는 것이다. 신자유주의자의 설교를 들을 것도 없이, 지금껏 사람들은 '자기책임의 윤리'를 살아왔다. 이것은 근대사회 평등원칙의 피할 수 없는 귀결인 것처럼 보인다.

스포츠 경기처럼, 학력은 참가자 한 사람 한 사람이 규칙에 따라 행동하는 경쟁의 결과다. 경쟁에 계속 참가하기 위해서는 규칙을 지켜야 한다. 규칙을 위반하는 자는 엄하게 처벌받을 뿐만 아니라, 경쟁 그 자체에서 배제되기도 한다. 규칙이 애매한 경쟁도 많지만, 교육은 국가의 관리가 비교적 세밀한 경쟁의 분야이다. 더구나 이 관리는 억압적으로 기능하는 것이 아니라, 개인의 자발성을 계발하면서 동시에 개인을 주체화하고 개인화하는 일을 목적으로 하고 있다. 참으로, 권력은 대단히 생산적이고, 근대교육은 그러한 권력의 훌륭한 예이다.

물론 교육이 억압적으로 될 때도 있지만, 그것은 교육 메커니즘이 근대교육의 명분을 실현할 수 없게 된 상황에서 일어난 것이다. 최근, 국가의 교육 정책이 권위주의적인 경향을 강화해 가는 이유는 교육이 경쟁에서 기능장애를 일으키기 시작했기 때문일 것이다.

교육에서는 경쟁의 판정기준 그 자체가 교육의 권위에 의해 정해지는 일이 많기 때문에, 판정기준과 경쟁규칙이 겹치는 경우가 많다. 따라서 교육에 있어서의 경쟁은 '공정한 경쟁'의 모범으로 여겨지는 일이 많다. 그런데 이 경쟁의 구조에는 중요한 약점이 있다. 그것은, 경쟁에 참가해서 이기려는 의욕을 갖지 못한 자에게 이 실천계는 규범력을 갖지 못한다는 점이다. 애초부터 이기려는 의욕이 없는 자에게 배제가 패배를 의미하지는 않는다. 왜냐하면 학력은 경쟁으로 만들어진 사회관계의 물신화일 뿐만 아니라, 일정한 권력관계의 징후이기 때문이다. 학력과 관련한 경쟁에 참가하는 것은 일정 권력관계 속에서 개인으로서 주체화한다는 것이어서, 경쟁에서 '하차한' 자에게는 권력이 기능하지 않는다.

근대국가가 막 창설되었을 때, 인구의 대부분은 국민교육의 바깥에 놓여 있었고, 학력경쟁에 참가할 기회를 박탈당하고 있었다. 근대화는 많은 측면을 갖고 있기에 일반화해서 말하는 것은 어렵지만, 근대화 지표의 하나로 국민교육의 보급 정도를 들 수 있다. 제3장에서 고찰할 「24개의 눈동자」는 국민교육의 보급이 당시까지만 해도 완성되어야 할 과제라고 느껴졌던 1920년대를 배경으로 설정하고 있다. 이 소설이 출판되고 게다가 영화화된 1950년대에도, 학력경쟁에 참가하고 싶어도 참가할 수 없었던 자들의 경우를 상상할 수는 있어도, 그러한 경쟁에서 하차한 자들의 경우 따위는 꿈조차 꿀 수 없었다. 현재에도 국민의무교육國民皆教育을 달성되어야 할 미래의 과제로 삼는 나라는 전 지구적으로 많이 있다. 그러나 국민교육을 인구의 거의 모든 사람들에게 보급시키는 데에 성공한 일본과 같은 제1세계 국민국가에게, 학력경쟁에서 '하차한' 자들의 존재는 실은 자본주의적 경쟁을 지탱하는 권력관계에 위기를 야기한다. '패배'를 두려워한 나머지, '패배'의 기회와 더불어 '승리'의 기회까지도 동시에 방기하는 자들을 어떻게 하면 좋을까.

현대 자본주의의 시간성은 위기를 맞고 있다. 사람들이 상승지향을 꿈꿔 경쟁에 참가할 권리를 계속적으로 구하면서 미래를 향해 투자를 계속하는 것을, 이제 당연한 전제로서 받아들일 수 없게 되었다. 교육제도를 확충함으로써 경쟁을 욕망하는 주체를 준비한다는 과거의 과제가 교육제도에서 탈락하는 인구의 증가를 어떻게 막을 것인가 하는 과제로, 사태가 크게 전개되는 것처럼 보인다.

자본주의의 시간성 변혁과 더불어 '희망'이 긴급한 문제로 등장한 것은 교육경쟁에서 '하차한 자'가 증가한 사태와 맞물려 있다. 자본주의는 사람들이 미래를 향해 투자를 계속하고, 이를 위해서 '희망'을 계속 가짐으로써 유지되는 제도이기 때문에, 사람들이 '포기'해 버리면 곤란하다. 그렇다면 그들에게 적어도 죽기 전까지 경쟁에 계속해서 참가하도록 만들려면 어떤 수를 써야 할까.

그래서 '패배'의 처리는 사활이 걸린 문제로 부상했다. '패배자들'이 패배했다는 사실조차 '포기하지' 않도록 만들기 위해서 '패배'를 어떻게 표상하는가가 중요한 문제로 대두되었다. 패배에는 다양한 대처가 가능하다. 이야기로 만든다거나, 영화화한다거나, 혹은 정치적인 집단화의 계기로 삼거나 한다. 패배를 생각함에 있어서, 개인의 패배뿐만 아니라, '집단으로서 패배하는' 일이 내 사고의 지평에 떠올랐던 까닭은 바로 이 때문이다. '희망의 위기'가 사람들의 문제의식으로 부상하기 이전에도, '패배'는 처리되지 않으면 안 되는 사상문제였다.

이렇게 패배에는 집단적인 패배도 있다. 사람들은 '함께 패배'할 수 있는 것이다. 경쟁은 사람들을 개인화하지만, 집단적인 패배는 개인화의 원리에서 도망치는 것처럼 보인다.

이 책을 처음으로 생각했던 계기는 국민이라는 집단의 패배에 대한 생각이었다. 사람들은 국민의 패배를 어떻게 말하고 있는가. 사람들은 국민의 패배와 개인으로서의 패배를 어떻게 연결짓고 있는가. 그리고 국민의 패배가 단순한 패전이 아니라 '제국의 상실'일 때, 사람들은 이러한 집단적인 패배를 어떻게 살아갈 것인가. 이렇게 나는 '패敗전후사'에 흥미를 갖기 시작했다.

이 책의 기획과 관련된 두 가지 계기를 지적해 둬야겠다.

1990년대 초반, 나에게 있어서 '패전'은 제일차적으로는 미국의 패전, 즉 1976년 베트남 철수 이후 동남아시아에 대한 미국 정책의 귀결을 의미했다. 주로 1980년대에 일어난 이 패전을 둘러싼 문화의 정치는 대단히 친근한 관심분야를 형성했다고 생각한다. 미국의 패배는 어떠한 변화를 야기했는가, 어떻게 기억되는가, 누구의 책임으로 처리되는가, 이러한 문제를 둘러싸고 다양한 정치가 전개되었다. 당시 일본의 잘나가는 평론가들이 요란하게 선전한 "21세기는 일본의 세기다"라며 벌였던 바보 같은 소동도, 그 반대로 미국이나 서유럽의 저널리스트들이 행한 '일본 때리기'Japan bashing도, 실은 1970년대에 미국이 행한 패배 기억의 정치와 깊이 연관되어 있다. 그리고 1940년대에 일어난 일본의 패배는 미국의 패배가 기억되는 데 배경을 만들었다.

국민의 패배는 인종의 표상방식에 변화를 야기했다. 또한 이는 남성성의 존재방식과 깊은 관련을 맺고 있고, 계급과 인종 간에 새로운 연상의 관계를 낳았다는 것을 차례로 알게 되었다. '유럽 남성의 남성성의 위기'가 말해졌던 것도 이 시기였다.[1] 개인의 패배뿐만 아니라, 집단으로서의 패배를 어떻게 표상할 것인가라는 문제는 개인의 자기획정

---

1 Julia Kristeva, "The Speaking Subject", *On Signs*, ed. Marshall Blonsky, Johns Hopkins University Press, 1985, p.216.

self-identification 방식에 많은 변화를 야기했다. 물론 더 넓은 범위에서 국민의 패배를 귀결 짓고자 하는 것도 가능했을 것이다. 이렇게 패전을 고찰하는 작업은 사람들의 자기획정 방식을 역사적으로 고찰하는 일이다. 그렇기에 집단적인 동일성 속에서 개인의 역사를 읽어 내는 방법을 고찰하는 일이 피할 수 없는 과제로 등장한 것이다.

개인의 패배와 집단의 패배를 접합하여 고찰하는 작업에, 요즘 내가 읽고 있는 제임스 볼드윈James Baldwin의 사고는 압도적으로 중요한 역할을 했다. 지금 생각해 보아도, 내가 느끼고 있었던 미국의 지적知的 세계의 매력은 볼드윈에게 힘입은 바가 크다. 볼드윈을 읽지 않았다면, 미국에서 학문에 종사해야지라는 등의 심정은 애초부터 일어나지 않았을 것이다. 그리고 이러한 책을 쓰고자 생각하는 일도 없었을 것이다. 내가 제임스 볼드윈에게 진 마음의 부담 혹은 부채가 바로 두번째의 계기로 나를 이끌었다.

두번째 계기는 바로 나의 자전적인 과거와 관련이 있다. 나는 베트남전쟁을 도쿄의 교외에서 경험했다. 물론 어떤 전쟁을 '경험했다' 고 말했지만, 나의 베트남전쟁 경험이란 베트남에서 전쟁을 경험한 베트남인이나 캄보디아인들, 징병을 당해 정글에서 전투를 벌였던 미군이나 한국군이 경험했던 강도에는 전혀 비할 수 없다. 전후 고도성장이 막 시작됐을 무렵에 부모님이 구입한 단독주택은 미군 기지 근처에 있었던 신흥주택지 — 미군 기지 가까이 있었기에 토지가 비교적 쌌다 — 에 있었다. 덕분에 나에게는 1950년대 일본의 전후와 1960년대 동아시아의 전후가 연속한 것으로 보였다. 그러한 연속성을 보증하는 원흉으로 베트남전쟁을 멀리서부터, 무서워하며, 나는 '경험했던' 것이다.

1950년대 초두까지 도쿄 어디서고 볼 수 있었던 이른바 '팡팡'은 주류 일본인의 시야에서 점차 사라져 갔다. 그럼에도 불구하고 매일 아침 내가 통학하는 길 주변에는 미군 기지의 군인에게 서비스를 제공하는 성 노동자 여성들이 살고 있었다. 1950년대, 내가 살고 있었던 마을에서 특히 유복했던 이 지역은, 내가 이주할 무렵까지 명확한 흔적을 보였고, 마치 일본의 고도성장에 반비례하는 듯 1960년대에는 폐쇄적으로 게토화되는 모습을 보여 주기 시작했다.

베트남전쟁에서 미국이 열세에 처하면 처할수록, 미군 기지 옆 환락가에서는 미군 백인병사와 흑인병사 간 살인사건의 빈도가 증가했다. 주변 주민들에게 인종 간의 살인이 자주 일어나고 있다는 사실은 주변 주민들 사이에서는 공공연한 비밀이었다. 밤이 되어 전쟁터에서 잠시 돌아온 군인들이 취하기 시작할 무렵이면, 아이들이나 특히 젊은 여성들은 그런 지역에 접근조차 하지 않는 게 불문율이었다. 물론 일본의 매스 미디어가 그런 정보를 보도하는 일은 일절 없었다.

이런 일도 있었다. 비행기 마니아인 어느 젊은이가 미군 기지의 철조망을 넘어 들어가 착륙하는 미국 전투기의 사진을 찍었는데, 다음 날 그의 방으로 미군 경찰대가 신발을 신은 채 침입해서는 사진 필름과 카메라까지 모두 몰수해 갔다는 소문이 있었다. 이 소문은 나도 들었다. 하지만 이러한 '기본적인 인권'이 유린되는 상황에 대해, 일본의 보도기관은 일절 침묵했다. 일본 보도기관의 침묵에 대해서 중학생에 불과했던 나도 그 이유를 억측하는 것은 어렵지 않았다. 일본은 전쟁에서 미국에게 졌기 때문이었다. 패배했을 때, 사람들은 그 패배를 속일 것을 강요당한다. 잊지 말아야 할 점은, 그것과 동시에 패배자 측 사람이더라도, 사람들은 자원하여 속이는 일에 가담하기도 한다는 점이다.

기지의 미군 병사에게 서비스를 제공하는 성 노동자 여성들과 우리 집 주변의 주민들 간에는 계층적인 차별이 분명하게 존재했다. 나는 그녀들로부터 격리되어 있었다고 생각한다. 때때로, 어쩌다가 그녀들과 마주치게 되면 '아무개 씨' オンリ さん도 아니고 '팡팡' パンパン도 아니고, 고유명을 가진 '스즈키 씨'나 '가나이 씨'로 성 노동자 여성이 스스로를 소개할 때가 있다. 그러나 고유명을 가진 '보통의 여성'인 그녀들의 존재와 '특수한 사람들'로 생각되었던 그녀들의 존재를 사춘기의 나는 어떻게 조정하면 좋을지 잘 알지 못했다. 그러나 일본의 전후를 생각한다면, 그 무렵에 관찰했던('관찰'했다고밖에 할 수 없는 이유는 그녀들과 만나서 가깝게 지내는 일은 사회적으로 금지되어 있었고, 그러한 금지를 어길 정도의 호기심이나 정의감이 내게 있었던 것은 아니기 때문이다) 그녀들의 존재와 그 배후에 있었던 미군 기지를 잊어서는 안 된다. 마침내 나는 그녀들의 존재가 일본의 전후에서 동아시아의 전후로 가는 중요한 통로임을 알게 되었다.

결코 그녀들의 시각에서 사회현상과 사물을 바라볼 수는 없지만, 그럼에도 불구하고 일본의 (패)전후를 고찰할 때 그녀들을 무시하고 전후사를 말하는 일은 불가능하다. 나를 안달하게 만들었던 것은 그녀들을 무자비하게 묵살해 왔던 일본 남성 지식인 몇 명인가가 썼던 역사였다. 특히 불쾌감을 줬던 것은, 그녀들을 역사의 오점이나 오욕으로만 간주하는 자들이 썼던 전후론이었다. 그녀들의 존재를 소거함으로써 간신히 성립된 허울 좋은 전후사에, 나는 반론은 물론이고 혐오감마저 들었던 것이다. 어쩌면 그 일부는 나 자신에 대한 혐오감이었을 것이다.

그들은 국민의 패배를 일방적으로 민족 자존심의 좌절이나 굴욕으로밖에 볼 수 없는 역사를 질리지도 않고 계속해서 써 냈던 자들이었다. '새로운 역사교과서를 만드는 모임' 사람들의 자기연민의 수사에는 어이없어 기가 막힐 뿐이지만, 그 전에 그들에 대한 모욕감이 선행해 버린 것은 아마도 이러한 나의 자전적인 요소와도 다소 관련이 있을 것이다. 그들의 자기연민의 공상을 분석하고 싶다고 생각한 것은 바로 이 때문이다.

패전의 굴욕이나 비참함을 담고 있는 다양한 경험은 일본인으로서의 동일성을 강화하기 위한 집단적 자기연민을 살찌우고 말았다. 그들은 어떻게 과거를 자기연민을 살찌우는 것으로 바꿨던 것일까. 다른 말로 한다면, 집단적인 패배를 개인적인 패배로, 어떻게 접합했던 것일까.

이 두 계기를 기반으로 내가 일련의 영화론을 쓰기 시작한 것은 잡지 『현대사상』現代思想의 요청에 의해서이다. 1970년대 말 「디어 헌터」나 「람보」('난폭' 乱暴이랄까)[2] 그리고 「24개의 눈동자」나 「버마의 하프」, 양쪽에 대해서 일련의 연재를 부탁받은 것도 그러한 사정과 얽혀 있다. 1995년에 연재가 시작되었는데, 『현대사상』의 편집장인 이케가미 요시히코池上善彦 씨가, 나의 연재논문을 재미있게 읽어 주는 독자가 꽤 있다는 말씀을 전해 주었다. 그럼에도 불구하고 기획은 2회에서 좌절되고 말았다. 논의가 다방면으로 뻗어 가서 정리하기가 곤란하게 되었고, 옆

---

2 이 시리즈에서 제2차 세계대전 중의 일본군의 이미지가 중요한 역할을 맡고 있음에 대해 유의해 주기 바란다. 마사오 미요시가 개인적인 대화에서 지적했듯이, 주인공의 이름 '람보'는 일본어의 '乱暴'에 해당한다. 게다가 극 중 북베트남군의 군복은 일본제국 육군의 것이다. 말하자면 대중층을 겨냥한 1980년대 초의 영화제작에서, 베트남전쟁의 경험은 아시아·태평양전쟁의 경험과 겹쳐지도록 영상화되어 있는 것이다.

친 데 덮친 격으로 여러 가지 많은 일들로 자유로운 시간을 빼앗겨 버렸기 때문이다. 여기서도 나는 『현대사상』에 부채를 지고 있는 것이다.

『현대사상』에 연재한 영화에 관한 글에서 나는 1950년대와 1970년대, 1980년대에 걸쳐 공개된 일본과 미국의 상업영화를 제재로 역사에 대한 고찰을 해보았다. 영화론이라고 말하기에는 관심이 영화라는 매체에 집중되지 않았고, 그렇다고 대중문화사라고 말하기에는 대중문화의 매체나 도시·사회학적인 자료가 사용되지 않았다. 결국, 이 책에서 볼 수 있듯이 영화를 언급하면서 공동체 논의나 역사와 공상空想을 동시적으로 말하는 기묘한 초超장르적인 글이 되고 말았다. 장르로서는 아마도 사상사와 문화사·민족지·철학사·문화연구의 혼합체라고 말하면 좋지 않을까 생각한다.

물론 이러한 학문분야의 절충과 문체의 혼합은 그 나름의 필연을 담고 있다. 패전이라는 역사적인 사태에 대해서 공상의 문제를 주제적으로 다루지 않는다면, 사상사적인 접근을 할 수가 없다. 그것은 '제국의 상실'을 어떻게 해석할 것인가라는 커다란 문제에 대한 하나의 회답이다.

일부 극우 사상가들을 제외하고, 1945년 8월 일본의 무조건항복에 이르기까지, 일본어로 쓰여진 정부문서·조선총독부와 대만총독부 소속기관출판물·학술간행물·잡지·신문 그리고 상업간행물을 읽어 보면, 의심의 여지 없이 다민족국민의 보편주의적인 윤리가 그 주조主調를 이루고 있음을 발견할 수 있다. 좁은 의미의 사상사적 시각에서 말하면, 아시아·태평양전쟁 시기에 선전된 다민족국민의 윤리와 보편주의적인 주장은 국민국가로서의 일본의 이른바 상식을 이루고 있었던 것이다.

그런데 1950년대의 출판물을 읽으면, 그러한 상식은 안개처럼 사라져 버렸다. 이러한 극적인 변화는 어떻게 일어났던 것일까, 이러한 기억의 재편성은 어떻게 가능하게 됐던 것일까.

다민족국민의 보편주의적인 윤리는 어디까지나 제국적 국민주의의 명분이어서, 본토 출신의 일본인 대부분이 배타적인 민족주의에서 한 걸음도 나아가지 못했기에, 전후가 되어서 원래대로 돌아갔다고 말해 봤자, 그것은 어떤 설명도 되지 않는다. 다민족국민으로서의 일본인이 픽션fiction, 虛構이라면, 균질적인 민족으로서의 일본인도 마찬가지로 픽션이기 때문이다. 에티엔 발리바르가 말하듯이, 단일민족의 통일에 기반한 국민국가 따위는 지금까지 한 번도 존재한 적이 없다. 명분으로서의 보편주의와 속마음으로서의 특수주의는 모든 근대 제국적 국민주의에서 드러나는 것이고, 일본제국도 이 점에서 예외가 아니었다. 문제는 거기에 있는 것이 아니다. 어떻게 보편주의적인 다민족국가의 논리가 그렇게 훌륭하게 잊혀졌고, 잊혀짐으로써 새로운 국민공동체를 만들 수 있었는가. 어떠한 정책이, 어떠한 공상의 조작이, 어떠한 언론의 재편성이 있었던가. 바로 거기에 문제의 핵심이 있는 것이다.

이런 망각의 결과로서, 1980년대가 되기까지, 전쟁책임의 문제가 제국주의의 문제라는 식으로 논의되지 않았다. 단순히 일본 국내의 사정을 과거를 향해 거슬러 올라가는 일뿐만 아니라, 망각과 국민공동체를 새롭게 고쳐 만든 상상력을 검토하는 일이 필요하다. 이 작업은 동아시아와 간 태평양trans·pacific을 포함해서 행해야 할 것이다.

협의의 사상사는 이러한 요청에 충분한 답을 해줄 수 없다. 집단적인 망각은 과거의 기억을 소거함으로써만 달성되는 것이 아니라, 감성-

미학적인 정서의 차원에서 새로운 공상의 실천계實踐系를 만들어 내는
일이기 때문이다. 학술문헌·정부의 공식간행물·법률·선언문 등에서
드러났던 기본개념을 추적하는 '관념사' 觀念史라는 접근법이 불충분하
다는 점도 명확하다. 추상적인 언론이 아니라, 사람들이 일상세계에서
체험하는 '감상적感傷的인 삶' 즉 공상의 영역에 발을 내딛지 않는다면,
실은 집단적 망각을 도마에 올릴 수 없을 것이다.

아마도 '감상적인 삶' 의 층위에서 사람들은 집단적인 패배와 개인
의 패배를 접합할 것이다. 가령 제1장에서 논할 예정인 연애와 외교의
알레고리적 대응을 통해서 그 접합이 이뤄질 것이다. 집단적인 패배는
개인의 패배를 둘러싼 공상을 통해서, 비로소 '감상의 삶' 에 등장한다.

여기서 하나의 극단적인 경우를 생각해 보자. 집단의 패배와 개인
의 패배는 다음과 같은 감상, 즉 집단 성원의 한 사람 한 사람에게 있어
서 "나의 기쁨이 타자의 기쁨이고, 타자의 고통이 나의 고통이고, 나와
타자를 구분하는 기존의 경계가 의미를 잃은 현상"[3]으로 공상된다. 개
인이 타인으로, 나아가 집단으로 융합해 버리는 현상, 다시 말해 일찍이
장-뤽 낭시가 집단이 가진 개인으로의 내재로서 지적한 것이고, 이 '절

---

3 小熊英二, 『 '民主' と '愛国' 』, 新曜社, 2002, 828쪽. 오구마 에이지(小熊英二)는 『 '민주' 와
'애국' 』에서 "국가에 대립하는 내셔널리즘"을 말하는데, 거기에는 패전 후 많은 논자들이 격
투해 왔던 내셔널리즘이 파시즘으로 전개되고 만 상황을 어떻게 방어해야 했는가라는 문제
의식 그 자체를 소거해 버리고 있음을 지적하지 않을 수 없다. 근대의 국민국가에서 '네이
션' 이 국가에 대항하는 것은 당연한 일이기에, 오구마 에이지가 말하는 것은 국민국가의 명
분에 지나지 않는다. 900쪽을 넘는 전후사상사 독해에서, 그는 흡사 수험전쟁기계(受驗戰爭
機械)처럼 정리와 분류로 일관하면서, 자신의 작업이 '사상' 의 독해인 것처럼 생각하고 있
다. 동시에 그는 반주지주의적인 태도를 무비판적으로 수용해 버리고 만다. 이에 대한 상세
한 비판은 다른 기회에 하기로 한다.

대적 합일'에 대한 의지에 씌인 집단적 기획이 준거하는 이 공상이야말로, 파시즘의 공동체관을 준비하는 것이다.[4] "절대적 내재에의 의지에 지배받고 있는 여러 정치적·집단 내적인 기획은 죽음의 진리를 자신의 진리로 삼고 있다. 내재나 합일적인 융합이 안고 있는 논리는 죽음에 준거한 공동체의 자살논리 이외에는 그 무엇도 아니다."[5] 극한에 있어서 집단적인 죽음으로 사람들을 재촉하는 이 공상은, 우선 패전을 함께 괴로워하는 집단적인 자기연민의 공상을 준비할 것이다. 내가 '공감의 공동체'라고 부르는 것은 이러한 개인과 집단(주로 국민 혹은 민족)의 융합·합일이라는 공상의 일이다. 이 공상이 어떠한 실천계에 의해서 지탱되고 있는가, 나아가 개인의 패배와 집단의 패배를 공상이 어떻게 종합하는가를 해석하고자 나는 일련의 논문을 쓰기 시작했다.

이 책의 제2장과 제3장은 당초 「공감의 공동체와 부인된 제국주의적 국민주의」(제국주의적 국민주의는 원래 imperial nationalism이었는데, 본서에서는 '제국적 국민주의'로 다시 번역했다)의 1, 2편으로, 1994년에서 1995년에 걸쳐 『현대사상』에 싣기 위해 썼던 글이다. 7년이 지난 뒤, 이 두 장에서 내가 분석했던 사태가 정말로 현실화되었다. 그것은 바로 2001년 9·11 이후 단숨에 타올랐던 미국 국민주의의 광란이다. 미국의 파쇼화에 대해서는 몇 번인가 썼기에 여기서 반복하지 않겠지만,[6]

---

4 특히 장-뤽 낭시, 『무위의 공동체』(西谷修·安原伸一郎 訳, 『無為の共同体』, 以文社, 2001) 제1부를 참고하기 바람.

5 앞의 책, 23~24쪽.

6 対談：坪井秀人·酒井直樹, 「複数の '戦後' へ働きかける思考へ」, 『現代詩手帖』, 2001년 11월호, 74~97쪽；酒井直樹, 「ポストコロニアリズムと様々な '同一性' の用法について」, 『日本近代文学』, 66호, 2002년 5월, 117~129쪽；酒井直樹, 「帝国主義的国民主義とファシズム」, 『現代思想』(30권 8호), 2002년 6월호, 182~190쪽 등.

9·11 이후 미국에서는 정말이지 집단적인 자기연민과 '노래'를 통한 '공감의 공동체'의 공상이 어느샌가 미국 국민들을 꽉 쥐고 말았다. 「디어 헌터」를 분석하면서 언급했던 애국가 「성조기여 영원하라」의 합창이 그 언저리를 휘감고 있었던 것이다. 9·11은 미국의 국민공동체를 단숨에 '우리 피해자'의 공동체로 느끼게 만들 수 있었다. 이렇게 스스로를 피해자로 인정하자마자, 대외적으로도 국내의 소수자에 대해서도 집단적인 폭력이 폭발했던 일은 기억에 새롭다. 시민의 기본적인 인권을 대폭적으로 제약하는 「애국법 I」Patriot Act I이 의회를 거의 심의 없이 통과했던 것도, 미국의 저널리즘이 사실검증능력이나 여론비판능력을 잃고 말았던 것도, 이러한 분위기 속에서 일어났다.

　　지금까지 세이도우샤青土社 편집부 미야타 히토시宮田仁 씨로부터 몇 번인가 권유를 받긴 했지만, 새삼스레 『현대사상』에 발표했던 일본과 일본의 영화를 분석한 영화론을 중심으로 한 권의 책을 만들 거라고는 생각조차 하지 못했다. 결국 이 책에는 「공감의 공동체와 부인된 제국주의적 국민주의」 외에도, 과거 수년에 걸쳐 발표했던 논문이 수록되었다. 영상에서의 연애와 권력관계를 논한 제1장은 2004년에, 「박하사탕」을 논한 제4장은 2002년에, 미국과 일본 간에 존재하는 간間 태평양적인 공범성과 지식생산의 문제를 논한 제5장은 2001년에, 국민사國民史라는 제도와 역사적 책임을 논한 마지막 장은 2000년에 발표한 것이다. 출판의 상세한 출처(구두발표를 포함함으로 발표년도가 반드시 일치하는 것은 아니다)는 이 책의 맨 앞 '일러두기'에 나와 있다. 10년 동안 썼던 논문을 정리하는 것이기에, 주제가 여러 갈래로 흩어져 있어서 책 전체를 아우르는 주제를 찾기 힘들다.

　이 책은 영상을 참조하면서 국민의 패배와 공상의 관계를 고찰하고 있다. 물론 이것은 영상에 의한 공상의 실천계를 재편성하는 작업을 통해서, 아시아·태평양의 (패)전후사 —— 여기서 말한 전후는 물론 복수複數다 —— 를 파고 들어가려는 시도이기 때문에, 아쉽지만 국민국가의 주권이나 헌법과 같은 미국의 간 태평양 헤게모니 정책 면에 대해서는 건드리지 못했다. 이 책과 상호보완 관계에 있으면서도, 다른 시각에서 (패)전후사를 바라보고 있는 『희망과 헌법』(以文社, 2008)을 참조해 주기 바란다.

1. 영상·젠더·연애의 생권력生権力
—위안부문제를 마주하며 '국민성의 감정'을 고찰한다

식민지지배의 알레고리로서의 연애영화

어떤 영화 연구자로부터 "그런 것도 몰랐단 말이냐"라는 말을 듣고, 새삼스럽게 납득했던 일이 있었다. 그것은 국적이나 민족, 인종이 다른 등장인물들 사이의 국제연애를 그린 상업영화는 거의 예외 없이 외교관계나 국제정치의 알레고리로 읽을 수 있다는 사고방식이었다.

　그런 말을 듣고 보니, 조금 주워들은 것이기는 하지만, 전전戰前에 만들어진 리샹란李香蘭；훗날 야마구치 요시코山口淑子과 하세가와 가즈오長谷川一夫 주연의 「지나의 밤」支那の夜；오사무 후시미즈 감독, 1940에서 캐리 그랜트와 앤 셰리든 주연의 「나는 전쟁미망인」*I Was a Male War Bride*；하워드 혹스 감독, 1949, 제니퍼 존스와 윌리엄 홀든 주연의 「모정」*Love Is a Many-Splendored Thing*；헨리 킹 감독, 1955, 이브 몽탕과 셜리 매클레인 주연의 「푸른 눈의 나비부인」*My Geisha*；잭 카디프 감독, 1962을 거쳐, 케빈 코스트너 주연의 「늑대와 춤을」*Dances with wolves*；케빈 코스트너 감독, 1990이나 다케노우

치 유타카竹野内豊와 천후이린陳慧琳 주연의 「냉정과 열정 사이」冷情と熱情
のあいだ; 나카에 이사무 감독, 2001 등이 국제연애를 그린 작품들이란 게 생각
났다. 이런 영화에서 연애관계는, 나라와 나라 혹은 민족과 민족 간의
다양한 갈등을, 남녀 간의 종속과 반발 그리고 반발을 회유懷柔한 이후
화합에 이르는 것으로 그려진다. 이러한 줄거리를 통해서 나라 간의 혹
은 민족 간의 다양한 갈등은 공상적으로 해결된다. 연애 일반이 전적으
로 그렇다고 생각하진 않지만, 적어도 영화에서 우리를 매혹시키는 국
제 이성異性 연애는 외교관계의 알레고리 범위를 이탈하는 일이 없
다 —— 국제 동성애에 대해서는 일정한 유보가 필요한데, 특히 동성애
의 억압형태로서의 동성사회성homo-sociality에 대해서는 충분한 주의를
기울일 필요가 있다. 지금은 이것만 확인해 두자. 이것은 이 장 후반부
에서 일본의 전후 핵심적인 문제로 다뤄질 것이다 —— 보다 정확히 말
한다면, 어쩌면 국제적인 지배와 피지배의 관계는, '지배자=남성' 대對
'피지배자=여성'이라는 구도를 유지하면서 연애관계의 비유로 가장
집약적인 표현을 얻는다고 말해도 좋을 것이다. 국제연애를 그린 영화
는 식민지지배의 초상학iconography 장르에 확실히 속해 있다. 국제적인
지배와 종속의 관계는, 지배자=남성 대 피지배자=여성이라는 구도를
통해서 강렬한 감정적 강도를 동반하며 상징화된다. 연애의 내러티브
가 시사하고 있는 것은, 한편으로는 식민지 지배자 측 남성이 현재적顯
在的으로 그려진 이상화된 남성성super masculinity과 다른 한편으로 식민
지 피지배자 측 남성이 암시하는 탈남성성de-masculinization에 다름 아니
기 때문이다.

　　요컨대 국제연애의 영상에서 제시되고 있는 것은, 지배자 측 남성

의 남성성이 과시됨과 동시에 피지배자 남성이 남성성을 박탈당했다는 능욕·거세의 양가성을 가진 식민지지배의 의식이다. 게다가 지배자= 여성 대 피지배자=남성이라는 구도가 거의 나오지 않는다는 사실 ── 「나는 전쟁미망인」과 「M. 버터플라이」*M. Butterfly*; 데이비드 크로넨버그 감독, 1993는 귀중한 예외인데, 이 두 작품에 대해서는 뒤에서 문제 삼기로 한다 ── 은, 이 구도가 국민주의에서 상당히 주의 깊게 기피되어 있음을 예상할 수 있게 한다. 뿐만 아니라 욕망의 형식이라는 점에서, 국민주의 (민족주의)가 동성사회성을 기축으로 삼고 있음을 생각하게 만든다.

일반적인 연애의 구도에서 보자면, 여성은 남성=지배자의 민족 적·국민적 혹은 인종적 동일성을 받쳐주는 것으로 라캉 파의 정신분석 에서 말하는 남근적phallus 역할을 담당하고 있다. 이런 범위 내에서 보 자면, 영화가 다룬 국제연애가 '정상성으로서의 이성애' heterosexual normalcy의 규범을 침범하는 일은 없다. 이 관찰을 기반으로 하여 앤 로 라 스톨러가 '친밀성intimacy의 정치'[1] 라고 부른 권력관계의 상황에 관해 서 다음의 두 추론corollary을 즉각적으로 끌어낼 수 있을 것이다.

하나는 국민의 운명은 국제정치의 무대에서 다른 국민·민족 혹은 인종과의 관련 속에서 말해진다는 점이다. 즉 그 운명은 자국의 국민· 민족 혹은 인종을 알레고리적으로 표상하는 등장인물과의 관계로써 이 야기된다. 물론 국민이 민족이나 인종의 동일성이 아니라 국가와의 관 계에서 민족nation이라는 매개를 거치지 않고 직접적으로 규정된 '시민'

---

1 원어는 'the politics of intimacy'. Ann Laura Stoler, *Carnal Knowledge and Imperial Power*, Univerisity of California Press, 2002. 특히 제2장과 제3장.

의 동일성으로 주어지는 것도 있을 수 있다. 하지만 국제정치가 친밀성의 영역에서 구현될 때, 하나의 국민과 다른 국민 간의 항쟁이나 대립은 민족 혹은 인종을 대표하는 등장인물 간의 항쟁이나 대립으로 말해진다. 연애의 시나리오는 존 스튜어트 밀이 '국민성의 감정'[2]이라고 부른 집단적인 결합의식을 구성하는 데에 중요한 역할을 담당할 뿐만 아니라, 국민주의가 널리 이용하는 민족이나 인종의 범주를 조작하는 전략을 일반적으로 환기시킨다. 설사 공식적으로는 국민으로의 귀속이 인종이나 민족의 동일성과 관계없는 것일지라도, 감성-미학적인 심급審級에서 국민으로의 귀속이 현행화될 때 국민이 인종화 혹은 민족화되는 것을 피할 수 없다. 왜냐하면 '동포'로서의 국민에 자기획정self-identify, 自己劃定하는 일은 정동情動적인 수준에서 일어나고, 개인의 동포의식은 '국민성의 감정'이 제도화된 역사와 떨어져서 고찰될 수 없기 때문이다. 국민으로의 귀속이 현행화될 때, 에티엔 발리바르가 말한 '허구로서의 민족성'[3]을 불러낸다. 왜냐하면 진정으로 원초적인 국민의 동지의식이 나타날 때, '국민으로서의 우리'라는 인종화된 공동성의 감상感傷이 생성되기 때문이다.[4] 이 의미에서 '국민성의 감정'은 국민의 감성-미학적인 편제에 있어서, 기본적인 혹은 기초를 부여하는 것이라고 해야 한다. 국민으로의 귀속이 '국민성의 감정'이라는 지지를 필요로 하는 범위 내에서, 국민으로의 귀속은 민족·인종의 동일성이라는 물음을

---

2 원어는 'the sentiment of nationality'. John Stuart Mill, "Considerations of Representative Government", *John Stuart Mill*, ed. H. B. Acton, Everyman's Library, 1972(초판 1961), pp.187~428.
3 원어는 'l'ethnicité fictive'. '동화로서의 민족성'도 이 단어의 번역어로 잘 들어맞는다.

피해 갈 수 없다. 근대가 되어 국민이라는 '전체와의 동일화에 대한 개인의 욕망형식'이 등장할 때, 국민이 반드시 인종의 그림자를 끌며 등장하는 것은 바로 이 때문이다.

둘째, 국민주의는 다른 민족이나 인종을 지배하는 공상을 조작하는 식민주의의 욕망과 모순되지 않는다는 점이다. 국민주의는 동시에 식민주의일 수 있다. 확실히 역사적이라고 해도 바깥에서 온 권위나 군사력에서 국민을 해방하고자 한 반식민주의적인 희망으로 국민주의는 자신의 정통성을 추앙해 왔던 것도 사실이다. 그러나 정상성으로서의

---

4 '감상'(感傷)과 '정'(情)의 차이에 대해서는『과거의 목소리』(酒井直樹,『過去の声 : 十八世紀日本の言説における言語の地位』, 以文社, 2002)의 제2장, 제3장을 참고하기 바란다. 나의 용법에서 말하면, 밀의 '국민성의 감정'은 명확히 '정'이 아니라 국민성의 '감상'이라고 말할수 있다.
또한 동지의식의 생성에 대해서, 피히테의『독일 국민에게 고함』을 끌어와 발리바르는 다음과 같이 논하고 있다(Étienne Balibar, "Fichte et la frontièure inérieure — À propos des Discours à la nation allemande", *La crainte des masses*, Galilée, 1997, pp.131~156). "인민(people)을 '하나의 인민'으로 만드는 것에 대해서 말한다면, 의심할 것도 없이 기원적인 무엇인가의 관계가 문제가 되지 않으면 안 된다. 다만 이 기원적인 무엇은 인민의 경험적인 존재의 일은 아니다. 인민의 경험적인 존재는, 담론에서의 기원적인 것에 대한 실천적인 관계의 결과에 지나지 않기 때문이다."(p.148) 그러나 이 언어적 기원은 경험적으로 결정[同定 ; 동식물의 분류학상의 소속을 결정하는 것을 말함 — 옮긴이]할 수 있는, 독일어나 일본어와 같은 언어의 일이 아니다. 논리적으로 말해, 경험적인 것은 이러한 '내부적인 국경'의 뒤에 찾아오기 때문이다. 국민의 내부성을 부여하는 것은 '내부적인 국경'이어서, "모든 국경이 그 내부에서 본다는 게 불가능한 것처럼, 모든 국경의 표상 불가능한 한계"를 드러내는 것이다. 그것은 행위로서의 발화, 발화로서의 행위의 끊임없는 제작(制作)운동이다. "기원을 이루는 본래적인 언어란 단순히 행위의 언어인 것만은 아니다. 그것은 언어에서의 도덕적인 행위이고, 역사를 가진 언어가 아니라 진정으로 거기에서 역사가 만들어 낸 '체험된 발화 행위'이기에, 그 생성의 순간에서 포착되지 않으면 안 된다."(p.150) 허구의 민족성의 형상이 발화 행위에 주어진 원초적 동지성(同志性)에 수반된 것으로서 이해되는 한, 허구의 민족성은 그 체험된 발화 행위에서 드러난다고 생각될 것이다. '국민으로서의 우리'라는 인종화된 감상은 생리적·역사적 혹은 계보적인 경험적 존재자로서 인민에 기초될 필요는 없기 때문에, 허구로서의 민족은 내부적인 국경과 더불어 시작한다. 인간의 생리적인 특징에 기반한 이른바 과학적인 인종주의를 비판할 수 있다는 이유로, 그것을 국민주의와 인종주의의 공범관계를 탄핵한 것으로 볼 수는 없다.

이성애 즉 'heterosexual normalcy'의 공식대로, 남성성의 유지가 바로 국민의 독립을 지지하는 것과 동일시될 때, 국민주의는 국제적인 무대에서 하나의 국민이 우세가 되어 다른 인종이나 민족을 압도하는 세력을 가질 것을 희구하게 된다. 왜냐하면 정상적인 이성애를 받아들이는 한, 외부의 영토를 점유하거나 소수민족을 종속시키거나 다른 인종을 지배하거나 하는 것이 독립을 향한 국민의 원망이 충족된 증거로 지각되기 때문이다. 그것은 자국 선수가 올림픽에서 금메달을 따거나 월드컵에서 자국 팀이 승리하는 것이 자국민의 독립을 증거하듯이 느껴지는 것과 그렇게 동떨어진 현상이 아니다.

물론 사회과학에서 국제정치의 현실을 말할 때, 국제정치는 하나의 지식영역을 형성하고 있고, 물론 연애는 수없이 많이 존재하는 인간 활동의 하나이기에, 국제정치라는 영역과 연애가 전적으로 무관하다고 말할 수는 없다. 하지만 사회과학 담론에서 연애에서 표현된 인간관계가 즉각적으로 국제정치의 형상을 좌우하는 일은 거의 없을 것이다. 그렇지만 인문과학이나 문학에서 보자면 국민은 거의 직접적 은유로 말해지는 일이 많다.

국민이라는 제도가 감성-미학적으로 '느껴지기' 위해서는 상징의 역학을 필요로 한다. 이 상징적인 역학의 해석이야말로 영화 분석으로 우리를 재촉한다. 이런 상징화의 실천계야말로 '국민성의 감정'이라고 불러야 할 것인데, 19세기에 '소설'이 그 역할을 담당했듯, 20세기에는 '국민성의 감정'에 없어서는 안 될 일환으로서 국제연애를 그린 영상이 맹위를 떨치는 것이다. 말할 것도 없이, 성관계의 비유를 고찰하지 않고서는 20세기의 국민주의도, 그 연장에 있는 근대 식민주의도 이해할 수 없을 것이다.

국제연애를 다룬 이야기를 보면, 일반적으로 식민지관계는 성관계에서 이중의 심급으로 접합되는 식으로 나타난다. 우선, 일군의 남성에 의한 다른 일군의 남성지배가 한 남성에 의한 한 사람 혹은 소수의 여성을 지배하는 것으로 다시 쓰여진다. 게다가 한 남성에 의한 한 여성의 지배라는 구도에서, 여성은 행위 주체성을 박탈당해 증여와 교환에서 교환항으로 환원될 수 있는 것으로 해석되기 쉽게 제시되어 있다. 다시 말해 동성사회성의 도식으로 해석되기 쉽도록 제시되어 있다. 이 결과, 여성은 인격적인 능동성을 잃고, 소유물이 되어, 소유되어야 할 것으로만 이야기 속에 기입된다. 이 두 개의 심급을 중첩시키면, 국제연애는 여성이 스스로의 능동성을 방기해 남성에게 종속되는 것과 일군의 남성이 다른 남성에 대한 권력관계에 들어가는 것을 표현하는 시나리오로 이야기된다는 사실을 이해할 수 있다.

이와 동시에 식민주의의 지배관계는 연애관계의 이면에 해당하는 강간의 비유로도 귀착할 가능성을 안고 있다. 강간은 연애의 반의어이고, 강간과 연애라는 짝은 이접적disjunction인 선택을 구성한다. 즉 남녀관계가 연애라고 한다면, 거기에는 강간이 아니라는 함의가 담겨 있고, 그것이 강간이라면 연애가 아니라는 전제가 깔려 있다. 따라서 연애 이야기는 적어도 지배자 측 남성의 입장에서 보자면 피지배자 측의 여성에게 가진 그의 관심이 강간이 아님을 전제로 하고 있다. 일반적으로 말해, 강간은 남성이 남성에 대해서, 여성이 남성에 대해서, 또한 남성이 여성에 대해서 범할 수 있는 행위이다. 그러나 식민지 상황에서 그려진 연애에서 문제가 되는 것은 여성에게 행사된 남성의 폭력이다. 이 잠재성에서의 폭력은 연애를 이성애의 비유론tropics에 따라, 안쪽에서부터 구조화한다고 생각하는 편이 좋을 것이다.

　우선 첫째로, 강간은 한 여성의 의지를 침해한 것이다. 그러나 그것은 동시에, 부모·형제·남편 혹은 같은 국민의 남성처럼 그 여성을 **소유**하고 있는 어떤 남성의 소유권을 침해한 것이다. 가령 한국에서 (그리고 일본에서도) '위안부문제'가 전개된 상황을 생각해 보면 알 수 있듯이, 여성에 대한 침해는 국민이나 가족에 대한 침해로 다시 짜여진다. 그래서 식민지 상황에서 연애의 국민적인 이야기는 항상 두 개의 권력관계의 계기를 안고 있다. 그것을 다시 한번 확인해 두면, 하나는 우선 남성에 의한 여성의 지배이고, 다른 하나는 남성에 의한 남성의 지배다.

　식민주의자가 강간〔이라는 주제〕을 기피하게 된 이유는[5] 강간이 피지배자와의 사이에서 지배자가 **권력**관계, 즉 피지배자가 스스로 종속하고 있는 현실을 승인하는 관계성을 수립하는 데에 실패했음을 보여 주기 때문이다. 피지배자가 자신이 종속되어 있는 현실을 승인할 때 지배라는 사태는 정상화되고 제도화되는데, 강간은 그러한 종속을 제도화하는 데 실패한 모습을 분명하게 드러내 보인다. 강간이 피지배자의 의지를 폭력적으로 침해한 것임에 비해서, 연애관계는 지배자와 피지배자 간의 어떤 종류의 동의를 전제로 하고 있는 것이다.

　실제 사건이 반드시 연대기적인 순서를 따른다고 한정할 순 없지

---

5 강간을 '자기 힘의 발현'으로 보는 태도가 존재하지 않을 리 없다. 평상시에도 상습적인 강간자의 자기정당화에서도 인정되고 있고, 애초부터 강간이 권위를 수립하는 의식으로 이해된 이유가 여기에 있다. 정신분석의 수준에서도 강간하는 자가 강간할 수 없는 자보다 '힘이 있는 자'로 이해되는 일이 있을 수 있다. 이 수준을 인식하고 있지 않으면, 강간이라는 행위의 해석학은 성립할 수 없다.

만, 식민지화 **최초의** 단계에서 지배자와 피지배자 및 식민지와 원주민이라는 역할은 투쟁을 통해서 그리고 군사적인 폭력의 행사를 통해서 만들어진다고 생각해도 좋을 것이다. 식민지 종주국과 식민지 구정권 간에 은밀하게 거래가 행해져서, 종주국은 어떠한 저항도 받지 않고 군대를 식민지에 보낸다. 이에 현지 구정권이 붕괴하고 더불어 식민지 지배자에 대한 반란이 일어나는 사태는 결코 드물지 않다. 이처럼 식민지 체제의 수립은 폭력의 행사에 우선해서 일어난다. 그럼에도 불구하고 식민지 지배자와 피지배의 관계는 '폭력의 예감'[6] 위에서 만들어지는 것이어서, 식민지지배를 그 이념형에서 생각하는 한, 식민지의 권력관계는 식민지의 군사폭력 뒤에 오는 것으로 생각해도 지장이 없을 것이다. 왜냐하면 연애와 강간은 식민지 권력관계의 이념형에 대한 기본적인 비유라고 생각해도 좋기 때문이다.

그렇다면 적어도 이념형의 시좌視座에서 본다면, 강간은 폭력적인 투쟁의 계속이기에 폭력의 적나라한 행사와 **권력**관계의 부재에 의해서 특징지어진 강제적인 종속만을 야기할 것이다. 왜냐하면 군사적인 폭력에 의해 정복된 자일지라도, 목숨을 걸고 정복자의 명령을 거절할 수 있기 때문이다. 가령 압도적인 군사력과 국제정보망을 독점한 미국, 경찰국가 러시아, 이스라엘이나 영국을 향한 자살폭탄 공격이 상징하는 것은 턱밑까지 추격해 들어오는 피정복자의 자유를 향한 표현일 것이다. 그래서 폭력만으로 권력관계가 생산되지는 않는다. 재생산이 가능

---

6 물론 '폭력의 예감'이라는 표현은 도미야마 이치로(富山一郎)의 노작(勞作) 『폭력의 예감』(『暴力の予感』, 岩波書店, 2002)에 의한다.

한 권력관계를 만들기 위해서, 물리적인 강제 이상의 무엇인가가 필요하다. 루이 알튀세르는 이데올로기를 고찰하면서 성 바울의 금언에 주의를 기울이라고 말한다. 이처럼 연애와 강간의 대비를 고찰하는 데 있어서 "우리는 바로 '(신의) 말' Logos 안에서 살고, 움직이고, 자신의 존재를 갖는다"라는 성 바울의 말을 잊지 말아야 한다. "권력관계에 있다"는 말은 무엇을 뜻하는가를 생각한 위에서, 진정으로 "말 안에서 살고, 움직이고, 자신의 존재를 갖는다"를 벗어날 수 없는 것이다.

이 단계에서 나는 독자 여러분에게 다음의 두 가지에 주의를 당부하고 싶다. 첫째, 나는 권력은 편재하기에 영화에 나오는 연애의 표상조차도 권력작용의 일부로 해석되어야 한다고 주장하는 것이 아니다. 만약 권력이 모든 생활의 미세한 측면에까지 깃들어 있다면, 20세기 영화에 연애가 어떻게 표상되고 있는가에 대해서 내가 특별히 주의를 기울일 필요가 없다. 일상의 다른 측면에 비해 영상에 의한 국제관계의 표현은 정치논리에서 보자면 특별하게 중요할 까닭이 없기 때문이다. 권력이 편재한다면, 영상의 정치를 일부러 말할 필요가 없는 것이다.

두번째의 주의는 첫번째 주의를 보충하는 것이다. 식민지 상황을 배경으로 한 연애사건을 영상화한 작품에는 그 이야기에 내재하는 '구성적인 모순' constitutive contradiction을 피할 수 없다는 점이다. 왜냐하면 바로 이 모순이 연애를 강간에서 구분해 주기 때문이다. 알레고리적인 의미에서 보자면, 연애 이야기는 식민지 피지배자의 입장을 상징하는 여성이 남성=지배자에 사실적으로 종속한다는 시나리오를 확보하고자 하지만, 여성의 종속은 그녀 의지의 결과로 **일어나야 하는** 것이다. 식민지 지배자의 입장을 상징하는 남성을 사랑한 나머지, 그녀는 자신의 자유나 독립을 희생할 것을 결단하지 않으면 안 되는 것이다. 연애물은 연애 감정을 가진 남녀 간의 대화나 등장인물의 행동묘사 그리고 두 사람 사이에서 일어나는 사건의 보고 등의 연속으로 이어져 있지만, 이런 연쇄의 어느 시점에서 여성은 언어를 사용하든지 몸짓을 통해서든지, 남성을 향해서 분명하게 그녀의 의지를 표명해야 한다.[7] 그래서 그녀는, "나는 당신을 바라오. 그래서 나는 자신을 바꿔, 당신을 위해 지금까지와는 다른 자신이 되겠소"라고 말하는 남성에게 부부의 약속을 표명한다. 약속이라는 압축된 한순간이 없으면, 연애를 다룬 이야기일지라도 연애물로 간주할 수 없다. 결혼제도가 이 약속의 순간을 갖가지 상징적인 의례로 표명하고자 하는 것임은 말할 것도 없다. 특히 20세기가 되어 공업화된 사회에서 왕성해진 연애결혼관을 보면, 약속의 순간은 결혼의 순간 이전에 온다. 결혼의 의례가 이미 교환된 약속을 추인追認하는 의식이 된 것이다.

그건 그렇다고 치고, 논리적으로 말하면 식민지 지배자의 지위를 상징하는 남성이 식민지 피지배자 측 여성을 향해서 "나는 당신을 바라오. 그래서 나는 자신을 바꿔, 당신을 위해 지금까지와는 다른 자신이 되겠소"라고 약속을 표명해도 전혀 상관없을 것이다. 여성이 자신과 동류인 이들과의 동일화를 배반하는 것이 아니라, 남성이 그가 속한 측을 향한 동일화를 배반하는 형식으로도 국제연애는 충분히 성립될 수 있

---

7 이 점에서 치카마쓰 몬자에몬(近松門左衛門)의 '정사를 다룬 작품'(心中もの)은 연애의 결정적인 조건을 훌륭하게 보이고 있다. 정사(情事=心中)에의 합의 표현이 그의 연애 시나리오의 핵심에 놓여 있기 때문이다. 치카마쓰가 그린 '연애'가 근대적인 모습을 가지고 있는 것은 바로 이 때문일 것이다.

는 것이다. 요컨대 식민지 상황의 상하관계가 현존할지라도, 남성과 여성이 어느 순간에 서로 자유롭고 평등하게 자기변혁의 잠재성을 폭로하게 되는 상황, 다시 말해 자기동일성을 일탈할 우연성*aléa, 偶成性* 속에 놓이는 일이 없다면, 우리는 이 두 사람의 관계를 연애라고 부를 수 없을 것이다. 사람을 사랑한다는 것은 사랑하는 사람에 의해 자신이 근본적으로 바뀔 수 있는 잠재성에 자신을 드러내는 일이기 때문이다. 설사 아주 짧은 한순간일지라도, 둘 사이에 자유와 평등의 관계가 수립될 시간이 없다면, 즉 승리를 보증할 수 없는 도박처럼 우연에 몸을 던질 시간이 없다면, 연애는 성립할 수 없기 때문이다. 17세기의 유학자 이토 진사이*伊藤仁斎*의 말을 빌리면, 연애는 우연성에 관련되는 한, 하나의 '정'이지, '감상'이 아니다.[8] 애국심의 사랑이나 동포애의 사랑은 감상에 지나지 않지만, 연애의 '사랑'은 감상을 넘어 '정'이 되기 때문이다.

　여기에서 혼동하기 쉬운 것은 이토 진사이에게 있어서 '정'이란 사람이 타자에 의해 움직여지는 것, 사람이 변해 버리는 것이었다. 그것은 개인이 집단적인 동일성에 자기획정하는 것과 완벽하게 반대되는 사태를 의미한다. 그래서 이러한 연애가 야기한 우연적인 타자와의 만남은 '국민성의 감정'에서 일탈하는 것을 포함한다('국민성의 감정'이란 말은 후쿠자와 유키치*福沢諭吉*가 존 스튜어트 밀의 용어 'the sentiment of nationality'를 번역한 것으로, 적어도 이토 진사이의 사상에서 보자면, 이것은 이토 진사이 식의 '정'과 같은 사실*事實*이 아니라, '감상'과 같은 정태성*情*

---

8 '정'(情)에 관한 이토 진사이의 논의에 대해서는 『과거의 목소리』(酒井直樹, 『過去の声：十八世紀日本の言説における言語の地位』), 특히 제2장과 제3장을 참고하기 바란다.

態性에 지나지 않는다). 밀은 '정'을 감상의 의미에서 'sentiment' ── 현대 일본어로 '감상적'을 의미하는 'sentimental'이 바로 여기에서 왔다 ── 로 사용하고 있는데, 후쿠자와 유키치는 이것을 '정'이라고 번역했던 것이다.

그럼에도 불구하고, 극히 적은 예외를 제외하고, 식민지 상황의 연애를 그린 영화는 압도적 다수의 경우에서 식민지 지배질서를 전복하는 일이 없고, 여성의 종속으로 끝나는 줄거리를 계속해서 채용하고 있다. 이러한 영상은 끊임없이 여성이 종속적인 지위에 자신을 어떻게 순종적으로 만들어 가는가, 남성 주인공의 호의를 얻기 위해 여성 헤로인은 자신의 자유를 어떻게 희생해 가는가를 물리지도 않고 반복해서 그려 내고 있다. 여성의 사랑을 얻기 위해 국민-민족적 배신자가 된 남성의 이야기를 과연 한두 편이라도 찾을 수 있을까. 여성의 호의를 얻기 위해 남성이 새로운 동일성을 발명한다는 연애 이야기는 영화에서 **거의** 찾을 수 없다. 그리고 공상적으로 자기에 대해서 남성적인 상像을 갖는 것 ── 일단 이 사태를 '남성성'男性性이라고 말해 두자 ── 과 국민-민족적인 배신자가 되는 것을 극단적으로 혐오하는 것 사이에는 어떤 밀접한 관계가 있음이 확실하다.

이렇게 보면, 상업영화에 있어서의 연애의 영상화는 동성사회성의 배분질서economy에 준거하고 있음을 알 수 있다. 정사情事를 체험한 결과, 스스로 변신하여 새로운 경험의 분야를 열어젖힌 것은 남성보다도 오히려 여성이 더 많았다. 그렇기에 영상 속에서 여성은 주체화의 능력을 박탈당한 자로 등장한다. 여성의 종속이 몇 번이나 강조됨에도 불구하고, 여성과 식민지 피지배자의 종속을 말하기 위해서 남성과 여성 간의 원초적인 평등성을 확인해 두지 않을 수 없는 것이다. 이를 위해 연애의 영상 표상은 "[당신은 나를] 이해합니까"Vous m'avez compris?라는 발화와 마찬가지로 '구성적인 모순'을 피할 수 없다고 말할 수 있다.

정치의 역설적인 논리를 지적하면서, 자크 랑시에르는 다음과 같이 주장하고 있다.

> 통상의 사회적인 용법에서는 "이해합니까"라는 표현은 가짜질문이어서, 그 실질적인 내용은 "당신이 이해하지 않으면 안 되는 일 따위는 아무것도 아닌 것으로, 당신은 이해하지 않아도 좋습니다" 혹은 "당신이 이해하는지의 여부 따위는 상관없습니다. 당신이 해야 하는 것은, 내가 말하는 대로 하는 것입니다"라는 것에 다름 아니다. "이해합니까"라는 표현은 "이해한다"라는 말과 정반대라고는 할 수 없어도, 두 개의 전혀 다른 것을 의미함을 우리에게 가르쳐 준다. 그 두 개란 문제를 해결하는 것과 명령을 알아듣는 것이다.[9]

모든 인간은 태어나면서 자유를 갖고 있고, 권력은 자유로운 인간에게만 작용한다. 권력은 자유에 대립하는 것이 아니다. 따라서 지배관계가 계속되기 위해서 정복자와 피정복자 간에 무언가 합의가 성립되지 않으면 안 된다. 피정복자의 자유를 인정하고 지배의 관계를 승인할

---

9 Jacques Rancière, *La Mésentente*, Galilée, 1995, p.73. "당신이 이해하지 않으면 안 되는 것 따위는 아무것도 아니기에 당신은 알지 않아도 좋다", "당신이 이해하는지의 여부 따위는 관계없다. 당신이 해야 하는 것은 내가 말한 대로 하는 것뿐이다", 이것은 각각 "Vous n'avez rien à comprendre, vous n'avez pas besoin de comprendre", "Vous n'êtes pas enmesure de comprendre. Vous n'avez qu'à obéir"에 해당한다.

수 있도록 피정복자를 유혹함으로써만, 정복자는 지배자로서의 권위를 수립하고 그 권력을 계속해서 가질 수 있다. 따라서 연애의 영상은 식민지 지배자의 주권의 정통성과 깊이 관련되어 있다.

외교관계의 알레고리로 볼 경우, 연애 이야기는 다음과 같은 형식을 취한다. "식민지 지배자가 식민지 피지배자의 욕망을 훔친다." 국민들 간의 그리고 민족들 간의 항쟁은 종종 이러한 형식으로, 성관계를 통해서 말해진다. 정복자와 피정복자가 같은 전략적인 상황에 있음으로 양자 간에 권력관계가 있을 수 있다. 연애 시나리오가 양자 간의 권력관계를 알레고리적으로 묘사하게 되는 이유는, 항쟁에 대한 해결은 양자의 자유를 승인한 위에서 피지배자가 자신의 자유를 방기할 것을 합의할 필요가 있기 때문이다. '권력관계'un rapport de pourvoir라는 말은, 미셸 푸코가 콜레주 드 프랑스에서 한 강연 「사회를 보호해야 한다」나 「생정치의 탄생」이나 다른 논문[10]에서 빌려 온 것인데, 그것은 개인과 개인 간의 일정관계 이외에 그 어떤 것도 아니다. 그것은 어디까지나 역사에서의 관계인 것이다. "권력관계에 대해서 상관하게 될 때, 사람은 권리 안에 있는 것도, 주권 안에 있는 것도 아니다. 인간은 지배 안에 놓여 있는 것이고, 지배는 역사적으로 무한하게 농밀하고 다양한 것이고, 지배에는 끝이라는 게 없다. 지배에서 도망가는 것은 불가능하고, 따라서 역사에서 도망치는 것도 불가능하다."[11] 연애는 지배와 반란 사이의

---

10 Michel Foucault, *Il faut défendre la société*, Gallimard/Seuil, 1997; *Naissance de la biopolitique*, Gallimard/Seuil, 2004; '<Omnes et singulatim>: vers une critique de la raison politique', *Dits et écrits 1954-1988* vol.IV, Gallimard, 1994, pp.134~161.

11 Foucault, *Il faut de fendre la société*, p.96.

끊이지 않는 대항에 내려진 해결의 상징인 대신에, 식민지 상태에서의 해피엔딩이라는 외관 배후에 숨겨진 전쟁 상태를 넌지시 말해 주고 있다. 그러나 "이해합니까"라는 기묘한 의문문처럼, 연애 이야기에서 연인 사이에 달성되는 합의에는 애초부터 합의사항에 대한 역설적인 논쟁을 포함하지 않을 수 없다. 확실히 두 사람은 합의했다. 그러나 이 합의는 문제를 이해했다는 것인지, 아니면 명령에 종속했다는 것인지, 그 여부가 판명되지 않은 것이다.

푸코는 계속해서 말한다. "따라서 논리적이고 역사적으로 반란이 필연이었음은 역사분석 전체에 각인될 것이다. 이 역사분석은 전쟁이 사회관계의 영속적인 특징임을 명확히 한다. 사회제도와 권력의 체계 양쪽에 있어서, 전쟁은 기본 맥락임과 동시에 숨기고자 하는 비밀이기도 한 것이다."[12]

그래서 연애극을 이용해서 권력관계의 수립을 묘사할 수 있듯이, 전쟁과 폭력적인 강제의 비유를 이용해서 권력관계 수립에 실패한 사태를 그려 내는 것도 완벽하게 가능하다. 게다가 국제연애의 영상은 역사가 폭력적인 강제로 넘쳐흐르는 것을 묘사하지 않기 위해서 만들어졌다. 연애극이 양화陽畵라면 강간으로 귀결되는 전쟁의 지속은 그 음화陰畵에 다름 아니다. 실제로, 연애의 영상화에 의해서 무엇이 이루어져 있는가를 이해하기 위해서, 주권의 통치를 전제해서는 안 된다. 주권은 권력관계가 이미 성립되어 있음을 전제로 하고 있기 때문이다. 국제연애의 영상은 홉스가 말한 "만인에 대한 만인의 투쟁"을 전제로 하고, 또

---

12 Foucault, *Il faut de fendre la société.*

한 반란의 필연이 각인된 역사분석을 통해서 이해되는 것이어서, 그러한 필연성을 소거하는 듯한 이야기 — 다시 말해 주권의 성립을 전제로 한 이야기 — 를 통한 감상적인 읽기를 우리는 거절해야 한다.

그 좋은 예가 '난징대학살' 南京大虐殺일 것이다. 1937년에 자행된 일본군에 의한 중국시민학살을 영어로는 'the Rape of Nanjing' 즉, '난징의 강간'이라고 부른다. 잘 알려져 있듯, 피지배자에게 거부된 일본군(침략자)은 주민의 자유를 짓밟고 노골적으로 무력에 의한 억압을 자행했다. 침입자는 피지배자에게 거부되었고, 이들은 점령지를 관리하기 위해 벌거벗은 폭력에 호소했던 것이다. 그럼에도 불구하고 침략과 점령의 사태를 강간으로 표상하는가 아니면 연애로 표상하는가는 식민지 지배자의 동일성의 욕망, 나아가 침략과 점령을 정통화하는 데 있어서 결정적인 중요성을 가진다. 그렇기에 '난징대학살'이 일어난 지 3년이 지난 뒤, 영화 「지나의 밤」이 일본점령군 하의 중국을 포함한 동아시아 각지로 배급된 일은 단순한 우연이라고 할 수 없다.

영화 「지나의 밤」 배후에 '난징대학살'을 배치함으로써, 전쟁시기의 연애를 권력관계 수립의 일부로 읽어 낼 수 있게 되었다. 그럼 지금부터 다양한 연애 영상을 권력관계의 작희술作戯術로써 해독해 보자.

영화에서 제시된 연애 이야기는 강간으로 표현되어도 좋은 폭력적인 지배를 전위轉位하면서, 동시에 남성 측의 나르시시즘을 만족시키고 있다. 그것이 가능한 이유는 국제적인 모순이나 대립을 여성의 매개로 공상적으로 해결하고 있기 때문이다.

지금부터 국제적으로 영화시장에서 많은 관객을 모았던 영화작품에 대한 해석으로 옮겨 가고자 하는데, 그 전에 다음의 두 가지 오해가 없도록 확인해 두고 넘어가기로 한다.

우선, 연애라는 만남도 강간이라는 사태도, 그 사건에 대한 다양한 화자의 발화와 독립적으로 생기生起하는 현실로서 담론의 저편에 정립할 수 없다는 점이다. 여기서 특히 중요한 것은, 연애라는 연인끼리의 합의를 수립하는 상징적인 언어 행위言行爲와 그런 합의의 결여를 보여주는 강간이라는 퍼포먼스를 구별하는 데 있어서, 기원이 되는 사건 그 자체로 거슬러 가거나, 연애 그 자체와 강간이 이른바 즉자적으로 구별 가능하다는 전제에 의거할 수 없다는 점이다. 사회적인 의미를 전적으로 박탈당했을 때, 성교sex는 연애의 징표도 아니고 강간의 증거도 아니다. 물론 성교에 이르지 않는 연애도 상당히 있을 수 있지만, 어쨌든 연애도 강간도 담론 바깥에서 일어날 수는 없다. 어떤 행위가 합의에 따른 것인지 그렇지 않으면 강제에 따른 것인지를 한정 짓고자 한다면, 바로 그 순간에 행위와 증언 — 증언이란 일종의 발화 행위인 셈이다 — 의 분리불가능성이라는 곤란한 문제에 직면하게 된다. 이 점에서 연애도 강간도 모두 담론상의 사건이다. 따라서, 연애와 강간의 차이는 어떻게 보고되고, 논의되고, 평가되고, 혹은 공상되는가에 따라서 규정되는 것이다.

다음으로, 식민지 지배자 혹은 피지배자의 입장성positionality도 자명하다고 생각할 수 없다는 점이다. 대만총독부 관할 하의 대만 같은 곳에서도, 내지인(일본 출신)과 내도인內島人(대만 출신)의 구별은 바로 지배자와 피지배자의 구별과 일치할 수 없다. 앤 로라 스톨러가 식민지적 근대의 성性의 정치에 대해서 경고한 바와 같이,[13] 식민지통치가 일상생활의 정치를 행한다는 맥락에서 볼 때, 종주국의 국적을 가졌다고 해서 점령군의 군인·식민정부의 하급 토목기사·종주국의 빈궁한 지역에서 온 이민 노동자, 혹은 본국에서 구걸하며 살았던 성 노동자가 항상 식민자가 지녔던 특권적인 지위를 차지할 수 있는 것은 아니다. 그들의 기대는 식민지에서도 배반당했기 때문에, 그들은 인종적·민족적인 동일성을 필요로 하고 있었다.

'서양의 탈구脫臼'라는 제목 하에서 내가 연구해 온 '서양'이라는 동일성과 마찬가지로, 식민지 지배자로서의 동일성은 식민지 상황에서의 **공상된** 만남의 상황(만남의 상황 그 자체도 공상된 것이다)에서 몇 번이고 확인되지 않으면 안 되었던 것이다.

그런데 상상된 시나리오라는 점에서 식민지 지배자라는 공상된 입장은 특정한 일상성의 정치 속에서 전개된 식민지적인 만남이 실제로 일어나는 장소가 아니라, 공상적인 자기획정이 실제 식민지적인 만남이 일어나는 상황의 바깥에서도 타당하다. 「지나의 밤」에 열광한 관객은 중국 전선으로 보내진 일본 군인뿐만 아니라, 일본 본토의 여성 관객이나 홍콩의 중국계 주민이기도 했던 것이다. 제1차 세계대전 후 공개된 「사요나라」*Sayonara*; 조슈아 로건 감독, 1957. 한국전쟁 하의 고베를 무대로 미국 군인과 일본인 여성의 연애를 그린 작품를 환영한 관객에는 극동에 파견된 미국 군인뿐만 아니라, 광대한 수의 미국 국민이나 일본의 주민까지도 포함되어 있었다.

그러나 식민지 지배자라는 '입장성'[14]은 애초부터 공상적인 시나리오에 의해 짜여졌던 것인 만큼, 특정한 일상적인 정치역학에서 전개된

---

13 Ann Laura Stoler, *Carnal Knowledge and Imperial Power.*

다고 한정할 수 없다. 뿐만 아니라, 그런 입장성이 특정한 일상적 정치 역학에서 전개되는 일은 오히려 적었다. 식민지 지배자의 공상적인 자기획정이 설득력을 갖는 이유는, 식민지에서 폭력을 매개로 할 수밖에 없는 만남이 일어나는 장소가 특별히 지정되지 않았기 때문이다. 오히려 사태는 정반대여서, 연애의 영상을 보편적인 비유로 소비한 것은 전쟁터나 식민지 폭력의 현장을 알지 못하는 일반 관객이었고, 이들은 연애물 안에 그려진 등장인물의 상호배치 속에서 자신의 자기획정을 바랐던 것이다.

여기서 내가 말하고 있는 등장인물의 상호배치configuration로는 전형적으로 다음과 같은 것을 들 수 있다. 주인공 남자 군인, 이인종異人種인 원주민 여성 연인, 이인종 여성을 질투하는 식민지 종주국에서 온 주인공의 전 애인, 인종편견에 사로잡혀서 주인공과 원주민 여성 사이의 연애를 비도덕적인 것이라고 생각하는 주인공의 상관, 주인공이 속한 국민에게 적의를 갖고 연인을 그로부터 떼어 놓으려고 하는 원주민 민족

---

14 '입장'(position)과 '입장성'(positonality)의 차이에 대해서는 다른 기회에 자세히 논의하도록 하겠다. 현재 준비 중인 『哲学と帝国的国民主義 : 多民族国民をめぐる理論と少数者の政治』에서 '선교사적 입장성'(missionary positionality)에 대해 상세하게 논할 작정이기에, 여기서는 극히 간단한 설명으로 끝내기로 한다. '입장'은 주체적인 입장과의 연관에서, 개인이 가족관계나 — 아버지나 딸이거나 한 상황 — 직업적 — 상점에서 일하는 판매원이거나 학생을 가르치는 교사라는 것 등 — 다른 주체의 사회적인 동일성과 상관해서 결정된 주체가 차지하는 사회적인 입장인 것에 반해, '입장성'은 그러한 사회적인 만남의 장면에서 타자와의 관계로는 결정되지 않는 개인의 사회적 위치라고 생각해도 좋을 것이다. 사회적인 위치라는 것은, 명확히 타자와의 관계를 '입장성'이 규정해 주기 때문이다. 왕은 신하가 없으면 왕으로서의 입장을 유지할 수 없다. 마찬가지로, 의사는 환자나 간호사가 없다면, 의사일 수 없다. 그런데 '입장성'의 좋은 예로 선교사가 거론되는 것은, 선교사는 추수자가 없어도 선교사일 수 있다. 그것은 명확히 사회적인 주체가 차지할 수 있는 사회적인 입장이면서, 단순한 확신의 수준에서도 성립할 수 있다. 식민지적 지배자라는 주체적인 입장은 이 의미에서 '주체의 입장성'인 것이다.

주의 테러리스트. 이러한 등장인물의 상호관계는 국제관계에서 국민(남성)의 자기획정의 밑그림으로 있는 것이다. 즉 연애의 영상은 식민지 상황에서 특유한 일상성의 정치역학을 일반성의 차원으로 투사한다. 흡사 식민지관계가 특정 지역의 일상성의 정치역학에서 독립해서 존재하고 있는 것처럼, 그것을 일반성의 수준으로 투사하고 있는 것이다. 바로 그렇기에 특정 권력관계에 기원을 가진 '식민자'·'원주민'·'백인'·'유색인종'·'서양인' 등, '입장성'은 마치 어떤 실제 지역에 맥락을 갖고 있는 권력관계에서 독립하여 성립할 수 있는 것인 양, 인류를 구별하기 위한 일반적 범주로서 생각된다.

그래서 '종군위안부문제'는 아시아·태평양전쟁 기간 동안 일본군이 만든 '종군위안소'를 이용한 예전의 일본 군인뿐만 아니라, 일본 국민 일반이 과거를 상상하는 방식에 영향을 줄 수 있다. 따라서 '종군위안부문제'는 국민(민족적인 남성성)에 기반해서 동일성의 공상의 실천계를 훌륭하게 침식시킬 수 있었다. 현재 신자유주의적인 사회로 재편되는 가운데에 남성성의 위기를 느끼고 있는 일본인일수록 '종군위안소'의 존재 자체를 부인하고자 하는 이유가 바로 이 때문이다. 국민-민족적인 남성성을 둘러싼 동일성의 공상을 침식하는 듯한 반反-공상의 비유로서 '종군위안부'는, 국민-민족적인 국민주의자를 깊이 모욕하는 듯한 공상을 낳는 힘을 갖고 있다. 비유로서의 '종군위안부'는 현재 지구적인 자본주의 하에서 왜 사람들은 민족-국민의 자부심을 필요로 하는가를, 반어적으로 폭로하며 까발리고 있는 것이다.

한국전쟁이 진행되는 시기 홍콩을 무대로 미국인 특파원과 중국·유럽계 혼혈인 여성 의사 간의 연애를 그린 「모정」이 아카데미상 8개

부문에 노미네이트되었다. 뿐만 아니라, 그 영화가 국제이해에 공헌했다는 이유로 골든글로브 **국제이해 공헌상**Best Film Promoting International Understading(1956)을 수상한 일은 지금의 시점에서 보면 대단히 놀라운 일이다. 국제적 환경으로 동아시아를 위시해 전 세계적으로 냉전체제가 현실을 덮치며 압박해 오는 1955년이라는 시점에서, 이 상이 상징하는 '국제이해'가 무엇을 의미했는가는 다른 기회에 고찰하기로 하자. 또한 어떻게 국제이해에 공헌했는가 하는 사항도 일단 여기서는 문제 삼지 않기로 하자. 하지만 「모정」이 1950년대에 군사적인 집단지배체제를 동아시아에 만들어 냈던 미 제국주의 정책의 욕망논리와 모순되지 않는다는 점은 명확하다. 지배가 군사적인 것임에도 불구하고 강간의 비유로 말해지지 않았다는 점, 미국의 지배가 동아시아의 피지배자의 승인을 얻었다는 두 가지 점은 미국의 국민주의의 입장에서 말하더라도, '국제이해' 안에서 몇 번이나 강조되어도 이상하지 않기 때문이다. '국제이해'에 있어서 합의의 측면은 이 영화가 동서양 혼혈 작가인 한수인ハン・スーィン, 韓素英의 자전적인 소설에 기초해서 만들어졌다는 점인데, 이 점은 특히 강조되었다.

그러면 이 영화 안에 이용되고 있는 음미陰微한 인종주의의 습관을 지적하는 일에서 우리의 독해를 시작해 보자. 아직 이 시기에 주로 미국 관객에 의해 '백인'이라고 널리 인정된 배우 제니퍼 존스는 당시 동아시아인의 인종적 특징으로 간주된 아몬드 형 눈을 강조하는 화장을 일부러 하면서까지 혼혈 여성 의사를 연기해야 했다. 그녀가 영화에서 했던 화장은 이중의 기능을 하고 있었다. 하나는 유명 스타인 제니퍼 존스가 **화장을 하고 있다**는 사실을 강조하는 일이었는데, 그것은 그녀가 연기하고 있는 등장인물의 인종과 그녀 본인이 속하는 인종이 달랐음을 확인하는 일이었다. 잊어서는 안 되는 다른 하나의 기능은, 바로 그녀가 동서양 혼혈 인물을 연기하고 있다는 점, 즉 다른 인종의 인물인 듯한 몸짓을 보이고 있다는 점이다. 왜냐하면 **다른 인종 간의 육체적인 접촉을** 가능한 한 피하기 위해서 윌리엄 홀든이 연기한 '백인' 특파원과 사랑을 나누게 되는 역할은, '백인' 여배우가 연기하지 않으면 안 되었기 때문이다. 등장인물의 상호배치에서 보자면 동서양의 혼혈일지라도, 진짜 육체적인 차원에서는 이인종이 아님을 강조해야 했던 것이다. 이 시기에는 '비백인' 여배우가 동양인 역할을 하는 영화가 이미 나와 있었기 때문에[15] 이런 인종주의적인 관습은 강제력을 잃고 있었다. 하지만 거꾸로 이 관습을 지키지 않고 '백인' 남자배우와 '비백인' 여배우[16]가 사랑을 나누고 육체적인 접촉을 시사하는 듯한 전개를 보여 주는 작품은, 분명히 시청자의 성적인 기호嗜好를 부추기는 작품으로 간주되었다. '백인' 남성 스타와 '백인' 여성 스타가 연기한 「모정」은, 이런 범위 내에서는 '양식적'인 영화로 통용될 조건을 갖고 있었다. 1950년대 미국 사회의 상식에서 보자면 영화가 '국제이해에 공헌했는가의 여부'는 어디까지나 그러한 인종주의의 틀 안에서 이야기됐던 것이다. 무엇보다

---

15 가령 야마구치 요시코(山口淑子)는 전전(戰前) 리샹란(李香蘭)에서 셜리 야마구치로 예명을 바꾸어, 「東は東」(*Japanese War Bride* ; 킹 비더 감독, 1952)이나 「대나무의 집」(*The House of Bamboo*, 東京暗黒街・竹の家 ; 새뮤얼 풀러 감독, 1955)에 출연하고 있다. 특히 미국영화가 가진 인종주의적인 틀에 대한 비판을 담은 「대나무의 집」에서는 '비백인' 여배우가 인종주의적인 습관의 속박을 받지 않고 연기를 하고 있다는 점이 중요하다. 할리우드영화에서의 셜리 야마구치에 대해서는 『일본의 여배우』(四方田犬彦, 『日本の女優』, 岩波書店, 2000, 211~280쪽)를 참고하기 바란다.

16 '비백인' 남자배우와 '백인' 여배우의 국제연애를 그린 영화는, 현재에 이르기까지 그 수가 많지 않은데, 최근 수년 동안 변화가 일어나고 있는 것처럼 보인다.

반세기가 지난 오늘날, 당시와 비교해 우리가 인종주의의 주술과 속박
에서 보다 자유롭다는 주장 따위를 할 생각은 전혀 없지만 말이다.

　게다가 이러한 이국·인종취미를 한데 꼬아 만든 성적 기호를 환기
하는 작업, 그것이 바로 영화가 가장 효과적으로 수행하는 아주 통상적
인 전략임을 잊어서는 안 된다. 백인과 비백인 간의 연애를 묘사하고 있
지 않음에도 불구하고, 전전의 「지나의 밤」도 마찬가지로 이민족 간의
연애라는 전략을 이용하고 있음을 알 수 있다. 이 작품에 출연한 셜리
야마구치는 아시아·태평양전쟁 직전까지 일본인이 아니라 중국인 리
샹란으로서 일본 팬들에게 기억되고 있었다. 야마구치 요시코가 자신
의 국적을 위장했는지의 여부를 묻기 전에, 이 작품에는 유명 스타의 직
무가 어떤 구조를 띠는지가 잘 그려져 있다. 대부분의 상업영화 작품을
보면 등장인물과 배역을 맡은 배우의 개인적 생활과는 별도로, 영화를
통해서 유명 스타로서의 가상 인격이 만들어졌고, 이 스타의 인격적 수
준에서 스타에 대한 관객의 공상이 축적되었다. 「지나의 밤」을 보면, 일
본인에게 반항적인 태도를 보여 주는 중국인 전쟁고아 꾸이란桂蘭이 등
장인물로 나오는데, 꾸이란을 연기하는 야마구치가 배우 개인이라고
한다면, 리샹란은 정말로 유명 스타의 공상적인 위계를 드러내는 존재
이다. 야마구치가 그녀 자신의 국적을 위장했는가의 여부는 잠시 차치
하고, 그녀가 스타의 위계에 있는 리샹란과 동일성을 어떻게 구성해 갔
는가에 주의를 기울여 보자.

　가령 「지나의 밤」에서 관객은 세 개의 위계를 구분할 수 있다. 일본
인에 반항적인 태도를 보이는 젊은 전쟁피해자인 중국 여성 꾸이란 /
꾸이란을 연기하는 배우 셜리 야마구치 / 끝으로 리샹란. 이 마지막의

위계가 스타라는 '공상'의 세계를 드러내고 있다. 일반적으로 스타의 위계는 예명으로 지시된다. 본명이 근대국가에서의 국민 동일성을 정하는 국민등록제도의 결과라고 한다면, 예명이 본명과 다르게 통용되는 사실 자체는 바로 스타의 위계가 '개인'의 동일성에서의 차이로 말미암아 유의미성을 획득하고 있음을 나타낸다. '개인'은 분할불가능(개인의 원어인 라틴어 *individuum*은 '더 이상 나누어질 수 없는 것'을 의미한다)하지만, 스타라는 위계의 존재는 개인이 실은 분할가능하며, 자신이 맡은 배역에서뿐만 아니라 배우 개인으로부터도 차이화할 수 있음을 보여 준다. 영화산업이나 매스 미디어의 발달과 더불어, 유명 스타에 관한 공상의 세계는 거대해져 갔고, 현재에도 계속적으로 확대되고 있다. 하지만 잊지 말아야 할 것은 65년도 더 전에 「지나의 밤」을 봤던 관객 대부분은 등장인물 꾸이란과 얽힌 공상에 참가했을 뿐만 아니라, 유명 스타 리샹란이 만들어 내는 공상에도 참가하고 있었다. 스타란 미디어의 자본이 투자된 위계이고, 상업영화의 시장가치는 영화에 등장하는 스타의 시장가치에 크게 의존한다. 관객에게 결정적인 의미를 갖는 것은 본명 셜리 야마구치가 아니라 예명 리샹란인 것이다.

제니퍼 존스가 아몬드 형 눈처럼 보이도록 화장을 해야 했던 이유는, 중국계 백인 등장인물인 한수인과 백인 유명 스타인 제니퍼 존스의 차이 때문이었다. 리샹란이 중국 민족의 동일성을 가져야 했던 이유도 바로 이 차이 때문이었다고 말할 수 있다. 당시 영화 팬들이 리샹란을 인종적으로 중국인이라고 굳게 믿었던 이유는, 그들은 개인 셜리 야마구치가 아니라 스타 리샹란에 흥미를 갖고 있었기 때문이다. 개인으로서 셜리 야마구치가 아닌 리샹란의 인종·민족적 동일성은 예명의 일부였고, 영화사는 예명을 기반으로 자본을 축적해 갔다. 우리가 문제 삼아야 할 것은 야마구치 요시코가 중국인의 동일성을 위장했다는 등의 사소한 사실이 아니라, 스타라는 자본을 제국주의와 인종주의의 프로파간다에 이용했다는 사실이 아닐까?

중국의 사회주의 혁명 때문에 미국이 중국을 결정적으로 '잃은' 후, 한국전쟁 이후 동아시아의 정치 상황을 배경으로 한 「모정」은 우리에게 성적인 관계가 어쨌든 국제관계를 표현함과 동시에 그 폭력적인 측면을 전위하는 중요한 욕망의 장치임을 가르쳐 주고 있다. 종종 영화 내부에서 감상적으로 그려진 연애관계는, 「지나의 밤」에서도 전형적으로 드러나듯이, 식민주의적인 지배관계의 알레고리로 드러난다. 그럼에도 불구하고 흥미로운 점은 유명 스타의 인격과 마치 겹쳐 보이는 듯한 영화 속 등장인물의 국적·인종·민족 그리고 성별이 유동적이라는 점과, 그러한 범주가 대개 편의주의적이고 기회주의적이라는 점이다. 남자 주인공이 연인을 위해 국적을 바꾸겠노라며 연애를 희극적으로 그린 「나는 전쟁미망인」을 보면, 캐리 그랜트는 앤 셰리든이 연기하는 미국 여성 상관과 연애에 빠진 프랑스 장교의 역할을 하고 있다.

1949년이라는 시점에서 이미 캐리 그랜트는 유명 스타의 지위를 확보하고 있었기에, 미국 관객들은 캐리 그랜트가 영국 출신[17] 배우라는

---

17 여기서 사회계급의 문제에 독자의 지위를 환기시켜 두지 않으면 안 되겠다. 많은 영국 출신 배우, 가령 찰리 채플린, 그리고 최근이라면 마이클 케인의 경우, 이들은 중산계급·노동자 계급 출신이고, 그 의미에서 유럽에서 건너온 미국 이민 체험을 스스로 체현하고 있다. 영화 안에서 캐리 그랜트는 카멜레온적인 변신을 보이는데, 전후 마이클 케인은 전혀 다른 전술을 취한다. 또한 서유럽과 미국에서는 사회계급의 출신에 대한 지각의 양태가 크게 달라져 있었고, 직업으로서의 배우의 사회적 인지방식도 달라져 있었다.

것을 잘 알고 있었고, 그에게서 미국 남자배우에게는 없는 어떤 이국적 풍취를 느꼈을 것이다. 부산을 떨며 웃기려는 희극에서 남성은 여성의 지배를 받는데, 이는 프랑스 남성의 탈남성화에 대한 노골적인 알레고리가 되었다. 캐리 그랜트는 프랑스 장교 역할을 일부러 연기하고 있는 것이다. 만약 유명한 프랑스인 연기자가 이 역할을 연기했다면, 이들의 성적 관계가 너무나도 여실히 미국과 프랑스라는 국가의 힘의 차이를 그려 내기 때문에 웃으려고 해도 웃을 수 없는 영화가 되어 버렸을 것이다. 마찬가지의 양상을, 1961년에 만들어져 2년 후에 공개된 「푸른 눈의 나비부인」에서 인기 여배우(셜리 매클레인)의 자신감을 잃은 남편을 연기한 이브 몽탕의 역할에서도 찾을 수 있다. 이브 몽탕은 악센트가 강한 영어 발음에서도 알 수 있듯이, **프랑스**의 유명 스타이다. 따라서 관객은 이브 몽탕의 역할을 1960년 당시 국제정치에서 의문시됐던 미국 남성의 남성성을 참조하는 것으로는 느낄 수 없었을 것이다. 최근 중국 정부가 「게이샤의 추억」*Memoirs of a Geisha*; 롭 마셜 감독, 2005. 아서 골든의 베스트셀러 『사유리』さゆり를 영화화한 것. 중국의 스타 여배우인 공리와 장쯔이가 일본의 게이샤로 출연의 방영금지 처분을 내린 것은 일부러 이 점을 노골적으로 보이고 있다고 말해도 좋을 것이다. 영화에서 장쯔이와 공리가 맡은 역할은 국적과는 아무 관계없이, 스타로서의 장쯔이와 공리의 국적이 중국과 일본의 국제관계가 성적 종속관계라는 점을 암시하는 알레고리로 받아들여지고 있다. 이 부분이 나의 분석을 추인해 주고 있다.

그건 그렇다고 치고, 아시아·태평양전쟁 이후 미국과 일본의 관계만큼 연애관계의 알레고리에 적합한 것은 없을 것이다. 그 때문일까, 다수의 일본 여성과 미국 남성 간의 연애를 그린 영화가 미국 자본으로 만들어졌다. 이 점에서 관해서 『일본의 여배우』에서 요모다 이누히코四方田犬彦는 대단히 흥미로운 지적을 하고 있다. 전후 셜리 야마구치로 예명을 바꾼 야마구치 요시코가 로버트 스택과 로버트 라이언을 상대로 해서 연기한 「대나무의 집」이 일본에서 최초로 공개되었을 때, 어느 평론가가 이 작품을 '국가모독영화' 国辱映画[18]라고 불렀다고 한다. 필름 느와르의 거장 새뮤얼 풀러의 손으로 만들어진 이 작품에는 오히려 인종주의적인 스테레오타입이나 오리엔탈리즘이 의식적으로 자취를 감추고 있는 상태였다. 그런데 일본의 전후는 미국 군인과 일본 성 노동자 여성이 팔짱을 끼고 긴자 거리를 활보했던 시대였기에, 당시의 일본을 무대로 미국인과 일본인의 연애를 그린다면 일본과 미국의 종속관계가 그려지는 것도 당연한 일이었다. 그렇기에 오리엔탈리즘의 틀을 갖는 상업작품이 대단히 많이 만들어졌다.

그럼에도 불구하고, 흥미롭게도 일본의 영화평론가는 이 작품에 대해서만 격렬하게 반발했다. 스택이 연기한 백인 미국 조사관과 살해당한 그의 친구 조사관의 처인 마리코 간에는 유혹을 매개로 한 지배종속의 관계가 있었고, 관객은 거기서 전후 미국과 일본의 관계를 봤던 것이다. 성적으로 종속의 입장에 놓인 여성 마리코 역은 유명 스타인 셜리 야마구치가 연기했다. 그녀는 더 이상 리샹란이 아니었고, 당시에는 유

---

18 四方田犬彦, 『日本の女優』, 243쪽. 더욱이 「대나무의 집」에서는 「사요나라」 등에서 보이는 '일본=여성=전통문화' 대 '미국=남성=근대성'과 같은 오리엔탈리즘의 구도가 붕괴되어, 야유되고 있는 점은 중요할 것이다. 어떻게 「대나무의 집」 등의 작품과 비교해서 「사요나라」 등이 국욕(國辱)적이지 않다고 할 수 있는지에 대해서는 잘 모르겠지만, 일본의 비평가 대부분은 전통문화라는 규정 자체가 식민지적인 지배의 관계를 이미 담고 있음을 놓치고 있는 것처럼 보인다.

명 스타로서도 일본 민족의 동일성을 획득하고 있던 상태였다. 다시 말하면, 등장인물의 국적과 유명 스타의 인격적 국적이 일치해 버린 상황인 것이다. 그럴 때 연애로 그려진 관계는 국제관계의 알레고리로서 갖는 정서적인 효과를 과잉획득해 버렸다.

「나는 전쟁미망인」의 9년 뒤에 만들어진 「인디스크리트」*Indiscreet*; 스탠리 도넌 감독, 1958에서 캐리 그랜트는 유럽적인 교양을 몸에 익힌 미국의 상급 외교관 역을 맡았다. 그는 잉그리드 버그만이 연기하는 영국의 연극 배우와 사랑에 빠지는 역할이었다. 대영제국의 상실과 미국에 의한 찬탈을 밑바탕으로 삼고 있는 이 영화 속에서 캐리 그랜트는 미국인 외교관 역할을 영국 상류계급의 후광을 담고 있는 것처럼 연기했다. 그런 의미에서 이 캐스팅은 적절했다고 말해도 좋다. 이때에는 이미 상류계급 출신이 아닌 중간계급 출신의 아치발드 A. 리치(캐리 그랜트의 본명)가 계급착오의 연기를 한다고 공공연하게 지적하는 사람은 분명히 없었을 것이다. 왜냐하면 계급적 출신에 맞춰 캐스팅하기 위해 어느 영국의 유명 스타에게 이 역할을 맡겼다면, 일본인 평론가가 「대나무의 집」에서 대일본제국의 상실을 분명하게 봤듯, 영화는 영국의 제국상실을 너무나도 노골적으로 드러낸 작품이 되어서 영국 평론가로부터 국가를 모독한 영화라고 비판당했을지도 모르기 때문이다.

거기에는 또한 캐리 그랜트의 영국성(그의 계급성은 무시된다)뿐만 아니라 잉그리드 버그만이 스칸디나비아 출신이라는 점도 의도적으로 간과되어 있다. 왜냐하면 여기에서도 스타의 위계와 등장인물 간의 어긋남이 알레고리의 효과를 완화하는 역할을 맡고 있기 때문이다. 다시 말해 연애관계의 비유는 정치적인 현실을, 감성-미학적으로 승자와 패자의 관계로 납득시키는 정서적인 힘을 가지고 있기에, 우위에 처한 자의 나르시시즘을 만족시키는 한편 열세의 입장에 처한 자에게는 깊은 굴욕감을 낳을 수 있기 때문이다.

그건 그렇다고 치고, 배우가 그 정도로 쉽게 인종(제니퍼 존스의 예), 사회계급과 국적(캐리 그랜트의 예), 국적과 민족(셜리 야마구치와 잉그리드 버그만의 예)을 극복할 수 있었던 것일까. 영화라는 허구의 공간 내부에서만 배우의 변신술을 말할 수 있는 것일까. 리샹란의 예에서 잘 볼 수 있듯이, 유명 스타의 동일성은 배우 개인이나 등장인물에서 떨어져 나와 홀로서기를 시작함으로써 관중들의 공상을 조직해 낸다.

역사적인 분석을 행하고자 할 때, '배우 개인의 생활'이라는 사고 방식 자체에 많은 곤란함이 존재하는 것을 금방 알 수 있다. 그 곤란함은 배우 개인을 비분할적인 실체로 생각하기 때문에 생겨난다. 그러면 영화의 역사분석에서 중요한 점은 '배우 개인의 생활'과 영화작품이 조직한 공상 속 등장인물과의 차이가 아니라, 등장인물과 유명 스타라는 공상적인 인격 간 차이의 역학이다. 그래서 배우의 개인사를 조사하기 전에, 20세기 연애 이야기가 국제관계의 알레고리가 되어 버린 역사적 의미를 보다 바르게 이해하기 위해서는, 압도적인 위력으로 존재하고 있는 우리 생활의 일부를 참조하는 편이 좋을 거라고 생각한다. 그것은 바로 군대와 군사적으로 관리되는 국제적인 제도망의 존재다. 특히 중요한 것은, 제2차 세계대전 후 전 세계적으로 미군의 주둔이 반영구화되었다는 점이다. 오늘날 식민주의를 전 세계적으로 주둔하는 미군의 존재와 관계없다고 생각하는 것은 점차 곤란해질 것이다. 그리고 오늘날의 식민지 상황에서 국제적인 인물들과의 접촉이 무엇보다도 우선적으로 식민지군의 존재로 인해 야기되었음을 인정해야 할 것이다. 너무 뻔한 이야기라고 말할지도 모르지만, 지배와 종속의 관계는 군사기술로 통제되어 왔다. 20세기가 되자, 식민지지배는 새로운 조직화를 필요로 했다. 식민주의에 의해 야기된 사람과 사람의 접촉은 점차 군사적인 제도 안에서 일어났고, 군사적인 영역은 점차 다면적으로 변해 갔다. 그것은 총력전이라는 체제, 다시 말해 군사적인 것들을 국민생활의 모든 부분으로 확장해 갔던 체제에 수반되어 일어났다.

군사적인 지배의 실천계에서 보자면, 식민지 군대의 군인과 식민지 주민의 접촉은 가장 먼저 생식기의 점막과 점막의 접촉이 전범典範으로 이해되어 왔다. 일본 육군이 도입한 종군위안부제도는 이러한 합리성을 극단까지 추구한 것이라고 말할 수 있다. 인구를 관리하는 생정치 biopolitic, 生政治가 이 경우에는 해외에 주둔하는 군대의 통제로까지 연장되어 있는 것이다. 이런 지배체제에서 근대적인 군사제도는 원주민과 '접촉한' 군인의 점막을 관리하기 위한 방대한 위생관리조직을 필요로 한다. 사람들의 접촉이 가능한 조건이나 그 접촉의 장면 및 그 결말이 국가의 인구에 대한 관리와 보호의 합리성으로 통제되도록 만들어지는 것이다. 다른 식으로 말한다면, 식민지 종주국의 군사제도는 생정치의 논리에 의해서 점차 통괄되어 가고, 그런 범위 내에서 자유주의가 관철되어 갔다.[19] 종군위안부문제를 일본 제국주의에 한정된 문제로 생각할 수 없는 이유가 바로 여기에 있는 것이다.

---

19 생정치(生政治)는 자유주의라고 불리는 '통치성(統治性)의 실천계'(le régime général de la gouvernementalité)의 문맥에서 유효한 분석이다. Foucault, *Naissance de la biopolitique*, pp.23~24.

일본 종군위안부제도에서 전후 아시아 미군 기지 주변의 매춘으로

일본제국이 붕괴된 뒤에도 위안부제도는 존속했다. 비록 경영에서 사유제를 강조하거나 고용에서 성 노동자의 자주성을 강조하는 형태는 있었지만 말이다. 그래서 아시아·태평양전쟁이 끝난 뒤에도 미국과 일본·필리핀·오키나와·대만이나 한국 등 제2차 세계대전 후에 독립한 아시아 여러 나라들 간에 존재한 새로운 식민지관계의 근저에는 군사적인 지배관계가 있었음을 알 수 있다. 점차 널리 알려졌듯, 일본의 종군위안부제도가 갖는 다양한 측면들이 아시아 내 미국의 군사경영에 채용되었고, 서로 접목되어 왔다. 그리고 제2차 세계대전 후 일본·한국과 미국 간의 지배·피지배관계의 근저에는 군사적 지배에서 행해졌던 생정치의 실천계가 걸쳐 있음을 간과할 수 없다.

최근 찰머스 존슨이 그의 뛰어난 저작에서 논하고 있듯이,[20] 동아시아뿐만 아니라 전 지구적인 규모로 미국의 국제 전략이 군사 기지의 그물코로 지탱되고 있고, 그리고 그 군사적인 지배가 일본제국의 지배체제의 많은 부분을 계승한 것이라고 말해도 아마 지장이 없을 것이다. 일본과 미국 식민지체제의 연속성에 대해서 충분히 주의하지 않는다면, 전후 일본의 특수주의와 미국의 보편주의가 공범관계에 있음을 확인하지 않는다면, 우리는 동아시아에서의 과거 식민주의의 망령에서 벗어나지 못할 것이다.

---

20 Chalmers Johnson, *The Sorrows of Empire: Militarism, Secrecy, and the End of the Repubic*, Metropolitan Books, 2004.

　내가 이 장의 모두冒頭에서 서술한 사실, 즉 국적·민족이나 인종이 다른 등장인물들 사이의 국제연애를 그린 상업영화가 거의 예외 없이 외교관계나 국제정치의 알레고리로 생각할 수 있다는 사실은 역사적으로 봐도 전후 미국의 군사지배가 가진 이러한 측면에 완벽하게 대응하고 있다. 국제연애를 그린 상업영화의 내용에 대응하는 것은 다양한 군사시설에 얽힌 성산업으로 전개되는 드라마트루기〔dramaturgy ; 극작법 내지 연출법〕이고, 거기서 묶인 '친밀한' 개인과 개인의 관계인 것이다. 그것은 전전의 '종군위안소'에서 '기지촌'까지 연속되어 있다.

　여기에 이르면 군사 성 노예제도가 왜 '종군위안소'라고 불렸는지에 대해서 즉 '위안소慰安所의 어휘론에 대해서 고찰해야 할 필요성이 대두된다. '종군'은 일본군의 이동을 따라서 군대가 필요로 하는 것을 담당한 '종군간호부'나 '종군목사' 등의 '종군'을 말한다. 그런데 왜 군사 성 노예제도를 '위안소'라고 불렀던 것일까. '병사에게 성적 만족을 제공하는 장소'라는 의미 외에, 이러한 장소를 기획한 것 그 자체에 '위안'을 주는 함의가 있었던 것을 예상할 수 있게 만든다. 일본군이 점령한 지역에서 일본군 병사에 의한 강간이 많이 범해졌던 사실에 대처하기 위해서, 일본군은 일련의 위안소를 계획적으로 설치했다. 이 점을 확인해 두자. 중국 점령지역의 사령관은 점령군 병사에 의해서 저질러진 강간이 점령지역의 집요하고도 폭력적인 저항을 불러일으킨다고 몇 번이나 통괄본부에 보고했다.[21] 일본의 식민지 관리체제의 도덕적 혹은 범죄적 문제이기 이전에, 일본군이 저지른 강간은 명백하게 정치적 지배

---

21 吉見義明, 『從軍慰安婦』, 岩波書店, 1995 등.

의 문제, 즉 식민지 피지배자의 인구를 어떻게 통치하는가의 문제였다.

이 일은 동아시아에서 미국 군인에 의해서 빈번하게 저질러지는 강간 ─ 필리핀·오키나와·한국 등에서는 지금까지도 발생하고 있는 ─ 이, 그 지역에 주둔하는 미군의 정통성에 대한 심각한 장해로 받아들여진다는 것과 다르지 않다. 끊임없는 식민지 주민의 적의에 노출되어 있는 군인들에게 '위안'이란 점령지의 위험에서 해제되는 것을 의미했고, 불안에서 잠깐 해방되는 것을 의미했다. 그래서 '위안소'라는 완곡어법 그 자체가 위안이 아니라 불안의 원인 소재를 간접적으로 보여 주고 있는 셈이다.

이렇게 '위안소'라는 용어 그 자체에서도 또한 피지배자의 승인을 거친 합의의 지배라는 대략의 내용이 강간을 암시하는 폭력적인 지배라는 다른 하나의 성긴 내용에 의해서 밑받침되어 있음을 알 수 있다. '친밀한' 개인과 개인의 관계가 국제정치의 알레고리인 이유는 여기에 결부된 성애적 관계가 예외적이지 않고, 거꾸로 이 관계 안에서 정복자의 입장을 연기하도록 허락받은 미군과 피정복자의 입장을 연기하도록 요청받은 한국·필리핀 그리고 일본의 성 노동자가 미국과 그 지역민들과의 국제관계를 정서적으로 표현(표상·대리)하고 있기 때문이다.[22] 개인의 관계가 오로지 국민 간의·민족 간의, 혹은 인종 간의 관계로 간주될 때,

---

22 휘트니 뮤지엄(Whitney Museum of American Art)에서 개최된 「The American Effects: Global Perspective on the United States 1900-2003」은 미국 국민에게 자기반성을 촉구한 얼마 되지 않는 시각예술전이었다. 예술전 초점의 하나로서 Hye Jung Park에 의한 「The Women Outside」라는 한국의 군사 기지 주변의 매매춘에 관한 비디오 전시가 있었다. 내가 아는 범위 내에서, 공공 미술관에서 한국 기지촌(camp town)의 매매춘을 제시하는 내용은 미국에서는 최초의 시도였던 것은 아닐까 생각한다.

연애의 알레고리적인 비유는 강간의 부정이라는 의미를 갖게 된다. 개인과 점령지역 사람들과의 관계를 강간의 비유로 보는 것을 피하고 싶은 이가 있다면 그는 연애의 비유를 통해서 보고자 할 것이다. 국민주의자가 다른 국민·민족 혹은 인종 사이의 연애관계를 이러한 알레고리의 배분질서 바깥에서는 이해할 수 없다고 생각하는 이유가 바로 이 때문이다.[23] 국민주의자란 다양한 사회관계에서 끊임없이 국민적 동일성을 발견하고자 하는 자이기에, 그들은 종종 사회관계를 국민·민족·인종의 범주에서 벗어나 바라보는 능력을 잃어버리게 된다. 그 결과 그들에게는 모든 국제관계가 하나의 국민(민족 혹은 인종)이 다른 국민을 정복한 증거로만 이해되어 버리는 것이다. 그런 한에서, 성적인 관계에서 정복자의 역할을 맡고 싶어 하는 미군과 피정복자의 역할을 연기해야만 하는 한국, 필리핀 혹은 일본의 성 노동자는 미국 국민과 각국 국민 간의 식민지관계를 상징·대표하게 된다. 따라서 필리핀이나 일본, 한국 등의 미군 기지 근처에서 일하는 성 노동자가 이따금 그들의 나라를 '대표하는' '외교관'이라고 불리게 되는 것도 전혀 우연이 아니다. 이런 의미에서 셜리 야마구치가 연기해 온, 정복된 중국·만주·(전후) 일본·한국의 미군 기지 근방의 성 노동자는 '외교관'이었던 셈이다.[24]

---

23 1992년에 한국의 동두천에서 일어난 '윤금이 사건'은 미군 기지에서 일하는 성 노동자가 미국 군인에게 살해당한 사건이다. 여기서 문제가 되었던 것은 '지위협정'(기지는 조계의 현대판이다)이 가진 식민주의뿐만 아니라, 미군 기지를 둘러싼 성적 관계와 식민지체제 사이의 공범관계가 명확하게 드러났다는 점이다. 상세한 내용은 윤경순, 「기지촌의 발생과 전개」(尹京順, 「基地村の発生と展開」, 岩崎稔 外 編, 『継続する植民地主義』, 青弓社, 2005, 192~212쪽)를 참고하라.

24 야마구치 요시코의 영화에서의 활동과 종군위안부의 존재를 역사적으로 상관하는 것으로 보고자 하는 시도로 四方田犬彦, 「李香蘭と朝鮮人慰安婦」(四方田犬彦 編, 『李香蘭と東アジア』, 東京大学出版会, 2002, 195~230쪽)가 있다. 많은 시사를 얻었다.

캐서린 H. S. 문은 미국 군인을 상대로 하는 한국 매춘부가 한국의
정부고관에 의해서 '민간대사'로 추거推擧되기까지의 과정을 훌륭하게
분석하고 있다.[25] 문에 따르면, 기지촌 성 노동자를 '민간대사'라고 부
르거나 미군 기지 주변지역의 매춘을 '민간외교'로 간주하는 것을 반드
시 비합리적이라고 말할 수는 없다. 그것은 '국제이해에 공헌'하고 있
으며, 또한 외교의 측면을 갖고 있기 때문이다.[26] "왜냐하면 외국인 군
인과 여성들의 관계는 정부 간 관계의 기초가 될 뿐만 아니라, 정부 간
의 관계를 **인간화해서 정의하는**_personify and define_, not only underlie, relations
between governments" 것이기 때문이다.[27]

매매춘은 미국·일본 또는 한국의 애국심과 모순되는 것이 아니다.
왜냐하면 애국심이란 애초부터 그런 것이었기 때문이다. 문에 의하면,
기지촌 정화위원회의 지도를 했던 문교부 장관은, "한국의 매춘부는
1945년 이후 미국 점령군에게 몸을 팔았던 일본 매춘부의 정신을 본받
지 않으면 안 된다"고 강조했다고 한다[『동맹 속의 섹스』 리뷰에 의하면,
1973년 당시 문교부 장관이었던 민관식은 도쿄를 방문했을 때 "조국 경제 발
전에 기여해 온 소녀들의 충정은 진실로 칭찬할 만하다"고 하여 한일 양국의
여성 단체들과 언론을 시끄럽게 만들었다―옮긴이]. 그는 캐서린 문과의
회견에서, 기지촌의 매춘부에게 다음과 같은 말로 질타했음을 술회했
다. "일본을 발전시키자라는, 일본 매춘부의 애국심이 일본 전국으로
퍼졌다"고.[28]

---

25 Katherine H. S. Moon, _Sex Among Allies_, Columbia University Press, 1997.
26 ibid., p.12.
27 ibid., pp.102~103. 강조는 원저자.

한국 문교부 장관의 발언은 일본제국이 붕괴한 후의 한국에 대해서뿐만 아니라 일본의 전후에 대해서도 중요한 진리를 말하고 있다고 볼 수 있다. 그는 자신도 모르게 동아시아에서의 미국의 헤게모니에는 동성사회성이 없어서는 안 되는 요소로서 현존했음을 증언했던 것이다. 지금까지도 몇 번인가 강조해 왔듯이, 미국의 제국적 국민주의와 동아시아 위성국가의 국민-민족주의 사이에서, 미국의 다민족 보편주의와 전후 일본이나 한국의 민족적 특수주의 간에는 구조적인 상호의존 관계가 있다. 바로 미국의 보편주의와 한국이나 일본의 특수주의 간에는 공범관계가 있는 것이다. 애국심이 남성에 의한 여성의 지배를 전제로 하는 한에 있어서, 미군 기지 주변에서 일하는 성 노동자가 국민 사회에 했던 공헌은, 문교부 장관이 말했듯이 국민주의의 입장에서는 상찬賞讚되지 않으면 안 되는 것이다. 한편 이러한 여성들은 미국 군인을 향해서 '우리'의 선의의 징표로서 건네지는 증답품이다. 다른 한편에서 보면, 그녀들은 '우리' 나라를 위한 희생에 지원한 애국자이다. 그녀들은 '멸사봉공'滅私奉公의 전후 상징이다. 물론 한국에서도 일본에서도, 성 노동자는 나라의 영웅으로 칭찬받는 대신에 국민주의자에 의해 차별과 묵살의 대상이 되었지만 말이다.

전후 일본의 대표적인 국민주의 지식인이었던 마루야마 마사오丸山真男는 일본의 내셔널리즘을 논한 논문에서, 민족적 정열을 결핍한 "무기력한 팡팡 근성"을 거론하고 있다.[29] 여기서 마루야마 마사오가 말한

---

28 ibid., p.103.
29 丸山真男,「日本におけるナショナリズム」,『現代政治の思想と行動』, 未來社, 1964, 161쪽.

'팡팡 근성'이란 패전 후에 일본이 연합국 점령군 병사나 장교에게 '위안 서비스'를 제공한 일본의 성 노동자를 참조한 표현이다. 마루야마는 한국 정부의 문교부 장관과는 반대로, 일본의 '팡팡들'을 마치 국민주의의 정열을 갖지 못한 자의 대표인 것처럼 취급했다.

이미 잘 알려진 일이지만, 무조건적 항복 직후에 일본 정부는 종군 위안소를 연합국 군인들을 위해 계획했고, 일본 각지에는 연합국 군인용 위안소가 설치되었다.[30] 이것은 일부 성 노동자를 그들에게 제공해서, 연합국 군인들에 의해서 일반 일본 여성이 강간당하는 일을 미연에 방지하기 위한 조처였다. 생정치의 논리에서 보자면, 이 일은 분명 전전의 그것과 일관되어 있다. 다만 보호해야 할 것이 황군 병사의 안전과 생명에서, 일본 여성의 안전과 생명으로 바뀌었을 따름이다. 황군 병사의 안전과 생명을 보호하기 위해서, 식민지나 점령지에서 특별히 지정된 여성들이 성 노동자로서 동원되었다. 그러나 이번에는 일본 본토의 (남성의 관리 하에 있는) 여성의 안전과 생명을 보호하기 위해서, 일본 본토 내의 특정 여성이 성 노동자로서 동원되었다. 그러한 점에서 본다면, '나라를 위해 자신을 바친' 전시 애국 정신과 닮은 민족적 정열의 표현을 '팡팡들'에게서 볼 수 있으면 볼 수 있지, 그게 결여되어 있다고는 할 수 없을 것이다.

한국 정부의 문교부 장관과 비교해 보면, 마루야마 마사오의 기만성은 명확하다. 이것은 일본 남성과 미국 남성 간에 맺어진, 동성사회성

---

30 小林大治郎·村瀬昭, 『国家売春命令 ― みんな知らない』, 雄山閣出版, 1992 ; Yuki Tanaka, *Japan's Comfort Women*, Routledge, 2001.

의 표명 이외에는 그 무엇도 아니다. 전후 일본의 부흥은 '팡팡들'의 애국심에 의지하는 바가 대단히 컸다. 그러나 나는 여기서 마루야마 마사오를 예로 삼아서 탄핵하고자 하는 것이 아니다. 이 동성사회성은 '전후 천황제 담론'의 일반적인 준거축이다. 그것은 일본과 미국의 공범관계의 일반적인 귀결로, 전후 일미 양국의 국민주의에 항상 동반해 있다. 그것은 일미 '파트너십'의 필요조건으로, 이 동성사회성을 통해서 미국과 일본의(그리고 한국이나 필리핀의) 국제이해로 나아갔던 것이다. 전후 일본의 국민주의를 생각할 때, 미국과 일본의 공범관계와 동성사회성을 잊지 말아야 할 것이다.

다시 한번 말해 두지만, 한국전쟁 이후 냉전이 격화된 시기에 「모정」이 골든글로브 국제이해 공헌상을 수상한 사건은 결코 단순한 우연의 일치가 아니다.

제2차 세계대전 후 서서히 만들어진 전지구적인 군사기지망을 통해서, 일본이나 한국·필리핀·타이 그리고 베트남에 체재했던 미국 군인·군속·대사관 부속의 관료는 많았다. 실은 동아시아의 생활 체험을 가지고 있는 미국인의 대다수는 바로 이러한 사람들이었다. 그들에게 일본·한국·베트남 체험은 그들이 접했던 성 노동자와의 접촉으로 집중적으로 표현되지 않을 수 없었다.

당연한 일이겠지만, 그들에게 동아시아인들과의 접촉은 성 노동자와의 교제로 규정되어 있었다.[31] 그들 대다수는 남성이었고, 여성의 수

---

31 Elaine Kim and Chungmoo Choi ed., *Dangerous Women : Gender and Korean Nationalism*, Routledge, 1998.

는 남성보다 많지 않았다. 말하자면 여성은 인종격차와 계급격차에 의해서 격리되어 있었기 때문에 성 노동자와 교섭할 일이 거의 없었다. 그뿐만 아니라 19세기 말부터 20세기가 되어 유럽 식민지체제에서 백인 여성이 갖는 상징적인 가치로 말미암아, 미국에서 온 여성의 압도적인 다수는 자신이 내면화한 인종의식을 넘어설 수 없었다. 또한 자신들이 받고 있는 과도한 보호를 감히 문제시할 수 있는 능력조차 갖고 있지 않았다. 더구나 자신들은 백인으로 간주되고 있었고 자신들도 그렇게 생각하고 있었기에, 그것을 새삼스레 물을 용기도 기회도 없었다.[32]

그녀들은 자신들이 받고 있는 과도한 보호뿐만 아니라 그녀들이 군사체제의 현실이나 기지 주변에서 번성하는 성산업에서 왜 격리되어 있는가를 과감히 물을 수 있는 능력을 사전에 박탈당하고 있었다. 따라서 그러한 여성 대부분은 국가의 헤게모니를 대상화할 기술도 없었고, 동아시아에서 생성되고 있는 미국 식민주의나 인종주의를 당연한 것으로 받아들이는 일이 많았다. 그녀들은 남편이나 남자친구가 이국주의적인 동양의 표상에 얽혀 있는 정치에 대해서 질문할 수 있는 용기를 갖지 못했다.

다만, 미국 군인이나 군속 가족들 가운데에서도 자신을 백인이라고 자기획정하지 않는, 혹은 그렇게 할 수 없는 여성이 있었을 것이다. 이런 자들이 봤을 동아시아가 어떠한 것이었는가는 실로 중요하다고 할 수 있다.

---

32 식민지에서 백인 여성을 특권시하는 것은 식민지체제의 변화와 국민국가의 편제와 관련이 있다고 앤 로라 스톨러는 논하고 있다. 참고해야 할 문헌으로는 Ann Laura Stoler, *Carnal Knowledge and Imperial Power*를 들어 둔다.

국제연애의 영화적인 표현과 군사 기지의 주변에서 행해지는 매매춘을 대응시킴으로써, 몇 개의 중요한 논점을 발견할 수 있다. 이 장은 어디까지나 시사적인 것을 논의의 대상으로 삼았으므로, 그다지 논리적으로 치밀하게 논증하지 않아도 좋을 것이다. 앞으로의 더 깊은 차원의 논의는 다른 기회에 하기로 한다. 하지만 어쨌든 이 장에서 밝힌 다음과 같은 논점은 다시 한번 확인해 둘 필요가 있다.

유명 스타가 국적이나 민족이나 인종에 대해서 기회주의적이고, 매번 경우에 따라서 자신의 동일성을 개편하는 데에는 그 나름의 이유가 있다. 그것은 그들이 단순히 배우이기 때문이 아니라, 유명 스타라는 인격과 영화 속의 등장인물이라는 역할의 이중성을 연기할 수 있기 때문이다. 두 위계는 배우–행위자에게 자유를 준다. 바로 "~임에도 불구하고 ~이다"라는 연기–행위가 가능하다는 것이다. '행위한다' 와 '연기한다' 라는 다른 동사는 가령 영어에서는 act라는 하나의 동사(명사이기도 하고, 극장과 관련된 어휘론적 계보학과 친척관계이기도 하다)로 표시된다. 행위한다는 것은 세계 속에서 —— 물리적·정신적 혹은 상상적인 —— 변화를 야기하는 일이고, 이 변화는 행위자 이외의 인간에 의해서도 인지된다. 요컨대 일의적一義的으로는 세계에 변화를 주는 일이지만, 이의적二義的으로는 이 변화는 사회적인 변화가 된다.

이에 비해서 '연기한다' 는 것은 '~인 체하는' 혹은 '역할을 연기하는' 것으로, 행위자가 자신 이외의 것으로 자기를 제시하는 일이다. 그래서 'act'라는 동사에는 두 개의 서로 다른 의미소가 내재해 있다. 그것은 바로 세계에 변화를 야기한다는 의미에서 행위를 한다는 것과, 어떤 역할을 맡는다거나 혹은 타자에 의해 인지된 가면 즉 페르소나(인격이나 인칭)를 쓴다는 것을 말한다.[33] 물론, 페르소나는 원래 라틴어로는 '가면' 혹은 '등장인물'을 의미했다. 영화라는 허구의 공간에서 연기하고 있는 등장인물과 스타라는 공상적인 동일성, 이 두 개의 주체적인 입장 ── 입장과 입장성의 차이에 대한 논의는 다른 기회에 하기로 하고 ── 사이의 어긋남이야말로 행위자=연기자에게 어떤 자유를 부여하는 것이다. 다시 말해 이러한 자유 덕분에 행위자=연기자는 사회적인 행위를 하는 개인임과 동시에, 스타이자 등장인물이라는 이중의 역할을 충족시킬 수 있는, 그래서 야마구치 요시코나 아치발드 A. 리치라는 개인일 수 있다. 이 양의성의 이중화 덕분에, 스타 배우는 다음의 두 위계에서 행위할 수 있다. "그는 개인 A에 지나지 않지만, 동시에 스타 B이자 등장인물 C일 수도 있다." 이 어긋남은 단순히 배우 개인 A ── 야마구치 요시코 혹은 아치볼드 A. 리치 ── 와 스타 B ── 리샹란과 캐리 그랜트 ── 의 차이뿐만 아니라, 스타 B와 등장인물 C ──「지나의 밤」의 꾸이란과「나는 전쟁미망인」의 앙리 로샤르 대령── 이기도 한 것이다. 모든 연기에서 당연히 관객은 A와 B의 차이를 의식한다. 연기는 어떤 인물이 다른 인물인 척하는 것이기 때문이다. 주목할 점은, 상업영화에 그려진 연애묘사에서 관객이 리샹란 혹은 캐리 그랜트라는 스타의 모습에서 B와 C의 이중성을 인지한다는 점이다. 그렇기에 "～임에도 불구하고 ～이다"라는 방식은 개인의 집단적인 동일성의 추형雛形으로 존재하고 있다고 생각된다. 집단적 동일성을 표시하는 민족·국적·인종 역시 이러한 자유의 선물이고, 그런 한도에서 자기동일성은

---

33 坂部恵,「人格の詩学」,『ペルソナの詩学』, 岩波書店, 1989, 97~120쪽.

자유를 잉태하지 않을 수 없다.

　　이상의 고찰은 신체적으로 보다 절실한 문제에 대한 대응으로 고안되었다. 단적으로 말해 2001년, 〔북한의 일본인 여성〕 납치문제를 계기로, 한국인에 대한 일본인의 적대심은 파렴치한 형태로까지 심화되었다. 궁금한 점은, 왜 그 정도의 반응이 일어났던 것일까이다. 이를 봐도 알 수 있듯, 한국인을 향한 우월의식이 일본인이라는 동일성을 만드는 데에 둘도 없는 계기가 되었고, 한국인이라는 동일성은 일본인의 동일성을 쌍-형상적対-形象的으로 떠받치는 대조항으로 존재한다. 어쩌면 과반수가 넘는 미국인이 실증적인 근거가 전혀 없다고 여러 차례 보여 줘도, 사담 후세인과 알 카에다가 공범관계에 있다는 믿음을 수정할 수 없었던 것과 마찬가지가 아닐까. 회교도·아랍인·반미라는 완벽하게 무관한 규정이 인종주의 속으로 녹아 들어가서, 회교도·아랍인이라는 기묘한 상을 만들어 내고, 미국인들은 그들에 대한 우월성 없이는 자신의 백인성을 확신할 수 없게 된 것이다. 백인이라는 범주가 흔들리면 흔들릴수록, 그것에 대조가 되는 항을 만들어 내어 그것을 붙들고 늘어질 수밖에 없는 모습을 여기서 확인할 수 있는 것이다.

　　식민주의가 야기한 조건은 명백하게 붕괴하기 시작했다. 그런데 식민주의의 은혜를 입어 온 미국·서유럽·일본·오스트레일리아 등 이른바 제1세계 사람들 사이에서, 식민주의에 의해 마련된 이야기나 감정의 존재방식으로 회귀하고자 하는 운동이 확산되고 있다. 일본의 경우, 종군위안부문제의 거절이 가장 상징적인 회귀운동으로 드러난다. 성관계가 표상되는 방식과 국제관계 간의 상관성을 이해하는 방식과 탈식민지화를 위한 전략을 다시 짜낼 필요성이 있다. 그렇기에 종군위안부문제를 포함해, 강간으로 묘사되어 온 역사와 군사적 매매춘의 고찰은 대단히 필요한 작업이다. 최근 '아시아 백인으로서의 일본인'의 자신감은 붕괴를 보이고 있는데, 이 붕괴는 한국이나 동남아시아의 성 노동자가 마치 기꺼이 고객에게 종속되어 있는 듯 보이게 하는 연출로 간신히 보호받았던 백인·미국인과 같은 인종·국민적인 긍지가 최근 20여 년의 기간 동안에 붕괴되는 과정과 상응하는 것이 아닐까. 백인 남성에게서 찾을 수 있는 내향화withdrawal의 경향과 일본에서의 한국인 배척운동을 떠받치는 이데올로기를 접합해서 고찰해야 하는 것은 아닐까.

이것은 다시 한번 크로넨버그 감독의 「M. 버터플라이」의 훌륭함을 말하는 것이 될 것이다.

2. 어떻게 피해자가 되는가
―공감의 공동체와 부인된 제국적 국민주의 : 「 '가자 가자, 신군' 서설 I」

「 '가자 가자, 신군' 서설」이라는 것

내가 이 장의 부제를 「 '가자 가자, 신군' 서설」이라고 붙인 이유는, 하라 가즈오原一男 감독의 「가자 가자, 신군」ゆきゆきて, 神軍, 1987이 관객에게 준 충격이 도대체 어떤 성질의 것인지, 이 작품은 어떻게 역사와 관련을 맺는지에 대한 물음에서 논의를 시작해야 한다고 생각했기 때문이다. 보통 서설이라고 하면 본제本題에 이르기까지의 경로를 보여 준다. 따라서 「가자 가자, 신군」을 본 주제로 삼는다면, 여기서 내가 말할 수 있는 것은 그저 이 작품에 이르기까지의 과정이다. 그리고 이 과정을 아마도 사람들은 역사적 문맥이라고 부를지도 모르겠다.

역사적 문맥은 작품과 관련 있는 역사적 현실을 기술한 것임과 동시에 사람들이 현재에서 출발해 작품으로 도달하기 위해서 통과해야 하는 길이라고 생각해도 좋을 것이다. 작품의 해석에 들어가기 전에, 우선 「가자 가자, 신군」이 훌륭하게 포착하고 있는 감각이라고도 말할 수 있는, 즉 역사적 현실에 대한 깊은 어긋남의 감각이 어디서부터 오는지 명확히 해둘 필요가 있다고 나는 느꼈다. 그래서 이 작품이 직면하고 있는 역사적 현실이 어떤 것이었는지가 우선 어떤 방법으로든 간에 드러나야 한다고 생각한다. 다만 '서설'은 작품 제작의 내막이나 배경을 설명하는 일도 아니고, 또한 전후 일본영화사의 일부분으로서 이 작품을 위치 지으려는 시도도 아니다. 이러한 작업은 내게는 너무나 무거운 부담이다.

1987년에 공개된 이 다큐멘터리 영화는 2005년에 타개한 오쿠자키 겐조奥崎謙三라는 극도로 자기현시욕이 강한, 그러나 트릭스타trick-star 적인 인물에 초점이 맞춰져 있다. 그는 이 영화가 촬영되었을 당시에 이미 전과 3범의 범죄자였다. 그는 아시아·태평양전쟁에 징병되어 뉴기니아 전선으로 보내졌는데, 전멸당한 일본군 가운데 오스트레일리아군의 포로가 되어 거의 기적적으로 귀환한 과거를 가진 인물이다. 하지만 그의 전후戰後 인생은 많은 귀환병의 그것과는 달랐다. 패전 후, 미국 통치 하에서 천황제가 부흥되었고, 패전의 사실과 그 책임이 얼버무려지면서 감상적感傷的으로 전위(轉位; 프로이트가 Verschiebung이라고 한 것으로, Übertragung＝전이轉移와는 구별해 사용한다)[1]되는 가운데, 오쿠자키는 패배의 사실과 일본 국가의 책임(특히 히로히토의 책임)을 간과할 수 없었다. '전후 사회'가 차례로 정비되고, 패전이나 전사자에 대한 생

---

1 '전위'(轉位)란 어떤 표상을 다른 표상으로 대신하는 것을 말한다. 더구나 이 표상의 전환에서는 처음의 표상에 대한 관심이나 강조 및 강도가 두번째의 표상으로 이전할 수 있다. '전위'는 종종 '치환'으로도 변역된다. 이에 비해 '전이'(轉移)는 특히 정신분석의 치료과정에서 드러나는 현상으로, 무의식의 욕망이 일정한 소여(所與)의 대상 관계에서, 어떤 종류의 대상에 대해 현실화되는 과정의 일이다.

존자의 책임이 조직적으로 망각되자, 그는 홀로 천황파친코사건(1969
년)이나 천황포르노비아사건(1976년)을 일으켰다. 오쿠자키는 전후 국
가질서 속으로 짜여지는 것을 거부하는 삶을 걸어갔던 것이다.

하라 가즈오 감독의 「가자 가자, 신군」은 오쿠자키가 저지른 사건
을 통해서 점차 폭로된, 전쟁 중 일본군이 자행한 범죄와 관련된 일련의
사건(주로 1983년에 일어난)을 촬영해서 편집한 작품이다. 이 영화는 오
쿠자키가 전쟁터에서의 식인食人 사실과 그 사실을 은폐하기 위해 일본
군이 패전을 통고받은 후 일본군 병사를 살해한 것은 아닐까 하는 의심
을 전前 일본 군인에게 행한 심문을 통해서 명백하게 밝히는 과정을 다
루고 있다.

하라 가즈오에 따르면, 촬영은 일본 국내와 전장이었던 인도네시
아에서 이뤄졌지만, 옛 전쟁터에서 촬영된 필름은 인도네시아 정부에
몰수되어서 일본으로 가지고 돌아올 수 없었다고 한다. 말할 것도 없이,
식인 사실을 은폐하는 일본군 장교나 병사들의 전후 존재방식은, 전후
일본사회가 천황 히로히토의 책임을 간과함으로써, 이른바 공법적으로
일본 국민의 전쟁책임이나 식민지책임을 부인했던 전후의 역사를 환유
적으로 말하고 있다. 하라의 이 작품이 시청자를 격발시켰던 이유는, 바
로 오쿠자키의 폭력적인 행동이 일본 국민의 공동성共同性을 유지하기
위해서 얼마나 많은 부인否認이 이뤄졌던가를 보여 줬기 때문이다. 결국
이 영화를 촬영한 직후에, 오쿠자키는 식인의 죄를 범한 것으로 추정되
는 일본군 중대장으로부터 강한 저항을 받았으며, 결국 중대장 본인이
아닌 그 아들로부터 총격을 받아 중상을 입고 말았다.

어쨌든, 내가 여기서 다루고자 하는 것은 이 '작품'이 격하게 직면

하고 있는 역사적 현실이 어떤 것인가를 보여 주는 것이다. 그것은 재현-표상의 작업이 아니라, 역사적 실천과 작품이 역사에서 작용하는 접점 사이에 유추관계를 만드는 일이다. 요컨대 재현-표상에 환언되지 않는 '비교'의 회로를 열어 펼치는 작업인 것이다.

이를 위해서 먼저 이러한 역사적 현실과 그것과 계속적으로 관련을 가지면서 구성된 국민주체가 어떤 종류의 기술에 의해서 제작되었는가를 확인해 두자. 게다가 이러한 기술은 이식가능성을 항상 내포하고 있는데, 그런 한에 있어서 물신화된 유기적 전체로서의 국민 문화나 전통이 내세운 국민이나 민족의 고유성을 배반하는 듯한 움직임을 보인다. 오히려 민족의 고유성이라고 간주되는 것이 이식가능성을 가진 기술에 의해 제작되기 때문에, 그것은 특수한 것일지라도 특이한 것일 수는 없다. 물론, 같은 기술이 서로 다른 장소와 서로 다른 사회 편제에서 같은 효과를 낸다고 한정할 수 없고, 기술은 그때마다 변용된다. 그러나 역사적 운영 속에서 자기인식을 기술의 결과로서 이해할 수 있다는 것은, 유한수有限個의 절차에서 그 작동을 분해할 수 있음, 그리고 그러한 절차 각각이 일정한 범위에서 독립성을 가지고 있음을 의미한다. 따라서 기술을 추출함에는 이식가능성에 기반해서 거꾸로 다른 역사적·지정학적 문맥에서도 유효한 절차를 도출할 것을 필요로 한다. 이러한 작업을 위해서, 우선적으로 우리는 전후 일본의 장면을 떠나지 않으면 안 된다.

여기서 다룰 텍스트는 주로 영화작품이다. 그렇다고 해서, 여기서 문제가 되는 기술이 영화에 제한되어 있을 리 없다. 이 책이 영화라는 매체 해석에 관심을 갖고 있다는 의미에서의 영화 비평이 될 수 없는 이유는 바로 이 때문이다. 그 대신에 이 책은 제국적 국민주의의 감상의 기술을 '비교' 의 작업을 통해서 전개하고자 한다.

'부인' 의 한 형태로서의 제국적 국민주의와 1980년대의 미국

많은 논자들도 인정하듯이, 1900년대 중반이 되자 점차 그 속도를 더해 가는 미국의 보수화 경향 —— 이후 보수화 경향은 더 가속화되어 2001년 9월 11일 이후에는 흡사 파쇼체제인 듯한 국민주의적 광란을 부르게 되는 —— 은, 1980년대에 이미 많은 징조들을 보이고 있었다. 할리우드의 이른바 B급 영화 배우에서 캘리포니아 주지사를 거쳐 대통령에 당선된 도널드 레이건의 이상異常에 가까운 인기는, 당시 힘을 얻고 있었던 마이너리티minority를 옹호하는 언론이나 페미니즘 보급과 기묘한 대조를 이루고 있었다. 1980년대는 「람보」나 「스타워즈」 시리즈가 레이건이 1950년대 냉전 시작기의 레토릭을 재이용해서 유포시킨 '악마의 제국' , '정의의 전쟁' 과 '정의의 미국' 이라는 이야기를 연출하고 있었던 시기이다. 다른 한편으로 '오리엔탈리즘' 이라는 용어가 대학 인문과학분야에서(이른바 '지적 주류' 에서 격리되어 병에 갇힌 전문분야는 제외하고) 그 범용성을 획득한 시기였다.

다만 1970년대 베트남전에서 미국이 패배하고 후퇴하는 과정에서, '제국적 국민국가로서의 미국' 이라는 의심할 바 없었던 사실이 점차 구석으로 몰렸다. 물론 1970년대 미국 사회가 제국적 국민국가였다는 사실이 널리 인정받았다고 말할 이유도 하등 없다. 그러나 이 사실의 '부인' 은 그 나름으로 지나치게 명백한 역사적 증명에 대한 은폐를 위해서 방대한 노동을 필요로 했다. 이 은폐의 작업은 「가자 가자, 신군」이 보여 준 전후 사회의 은폐 작업에 호응하는 것이었다. 1980년대 후반, 1990년대 초가 되자, 은폐를 위해 필요한 노동의 양은 훨씬 적어졌다. 이때 제국주의자가 가진 죄책감의 심리적 부하負荷를 전위하는 일이 주도면밀하게 이뤄졌고, 또 역사적 증명이 **솜씨 좋게** 다시 해석되어 사람들의 관심에서 떨어져 나가 잊혀졌다. 더구나 제국주의 폭력의 형상은 식민지의 주민을 말살하는 네이팜탄燒夷弾(즉 야만인을 다 태워 죽이는 폭탄)과 같은 잔인한 짓이라는 의미부여에서 애국심의 긍정적인 표현으로 혼동되었다. 이른바 남성의 사정射精이라는 행위에 등치될 수 있는 나르시시스틱한 자기긍정의 행위라는 의미부여로 변환되어 간 것이다.

1980년대가 되어 「람보」 시리즈와 기타 액션영화에 점차 빈번하게 드러났던 과도하게 강조된 남성의 벌거벗은 신체는, 일면 남성상의 패티시화라고까지 말할 수 있는 측면을 가지고 있다. 수전 제퍼드가 논하고 있듯이, 이런 남성의 자기현시욕을 오히려 찬양하는 경향은, 특히 미국 국민정치에서 남성중심주의로의 반동적 회귀에 수반되어 두드러졌다. 현재의 태국을 샴이라고 거리낌 없이 부를 정도로 [레이건은] 국제인식이 없음에도 불구하고, 미국의 매스 미디어가 투사한 "의지할 만하고" 결단력 있는 지도자라는 레이건 대통령에 대한 환상은 이러한 남성신체상과 제휴해서 만들어졌다고 수전 제퍼드는 생각하고 있다.[2]

그때까지 영화작품이나 광고에서는 플롯의 전개와 거의 관계없이

---

2 Susan Jefford, *Hard Bodies-Hollywood Masculinity in the Reagan Era*, Rutgers University Press, 1994.

여성의 벌거벗은 모습만을 제시하기 위해서 종종 이용되어 왔던 영상 기술이, 이러한 작품에서는 남성성을 드러내기 위해서 남성의 배역에 응용되었다. 그러나 대부분 여성의 벌거벗은 몸이 이성애적인hetero-sexual 남성의 시선을 전제로 하고 있는 것처럼, 이러한 남성의 벌거벗은 몸이 여성의 시선을 예상하고 있다고 말할 수는 없다. 그것은 오히려 동성인 남성의 시선을 보다 많이 배려하고 있다고 생각된다. 일견 관료성이나 관리에 대한 반발(연방정부의 관료나 워싱턴 정치가에 대한 혐오, 혹은 '작은 정부'라는 모토에서 드러나는 감정)을 과시하면서, 끊임없이 자신의 모습을 거울에 비추고 식이요법과 웨이트 트레이닝 등으로 고도로 자기관리를 하는, 거의 인공적이라고 할 만큼 '건강'한 벗은 신체가 미국의 애국주의를 전시하는 것으로 전면에 부각되고 있는 것이다.

따라서 관리주의와 개인주의가 전체적으로 모순되지 않는 것처럼, 1970년대의 풍속을 생각나게 하는 람보의 장발과, 기회가 있다면 유니폼을 벗어 던지고 벌거벗을 수 있는 '야만'은, 내면화된 관리와 나르시시스틱한 자기이상화와 결코 모순된 적이 없다. 요컨대 관리와 나르시시스틱한 자기이상화는 이러한 기묘한 원시주의 속에서 그 매체를 발견했던 것이다.

제1차 걸프전쟁에서 극적인 상황을 만들어 낸 것은 바로 이라크 국내의 표적을 미사일로 공격하는 영상이라고 할 수 있다. 이것과 1980년대를 통해서 만들어진, 상처 입은 '서양' 자존심의 회복이라는 이야기는 미사일이 목표물을 향해서 쏘아 올려진, 마치 사정의 쾌감을 동반한 듯한 공격성 속에서 훌륭하게 종합될 수 있었다. 이미 롭 윌슨이 해석하고 있듯이,[3] CNN 등을 통해서 전 세계로 보도된 '패트리어트'patriot, 愛

國者 미사일로 상징되는 미국 국민공동체의 숭고성은 미국 그리고 '서양' 남성성의 과시라는 동기를 강하게 띠고 있었다고 말해도 좋다.

그러나 이러한 공격적이고 자율적인 남성성의 상투적인 표상 이면에는 미국 국민공동체의 표상에서 1970년대 이래로 주조저음主調低音으로 상처 입고 나약한 '피해자' 가 된 남성이라는 주제가 존속해 왔다는 점도 잊어서는 안 된다.

1980년대 말, 일본의 경제호황을 '서양' 에 대한 위협으로 느껴 '일본 때리기' Japan bashing의 시대가 도래했다. 마이클 크라이튼의 베스트셀러 소설인『라이징 선』이나『디스클로저』는 이러한 미국의 유럽계 남성이 '피해자' 로 인지되고 싶다는 암담한 바람에 아주 훌륭하게 응했다.[4] 전자에서는 일본 자본에 의해서 착취되고, 후자에서는 여성에게 학대받는 '피해자' 로서 남성 자신을 드러내고 싶다는 바람을 중심으로 플롯이 구성되어 있다.[5] 자신을 '피해자' 로 드러내고 싶은 바람은, 말할 것도 없이, 자신이 역사적으로 '가해자' 였다는 인식과 음양화陰陽畵의 관계에 있다. 또한 여기서 자기결정은 개인적 맥락이 아니라, 한결같이 젠더·인종·민족·국민과 같은 집단적인 혹은 종種적인 동일성과 관련

---

3 Rob Wilson, "Techno-euphoria and the Discourse of the American Sublime", ed. Donald Pease, *National Identities and Post-Americanist Narratives*, Duke University Press, 1994, pp.205~229(神岡伸雄 訳,「テクノ-ユーフォリアとアメリカの崇高性の言説」,『批評空間』第9호, 1993, 41~105쪽).

4 Michael Crichton, *The Rising Sun*, Ballantine Books, 1992(酒井昭伸 訳,『ライジン・サン』, 早川文庫, 1993); *Disclosure*, Baltimore Books, 1993(酒井昭伸 訳,『ディスクロジャー』上·下, 早川文庫, 1997).

5 이 문제를 엄밀하게 논하고 있는 책은 다음과 같다. Brett de Bary, "Japaness Studies in the Era of Japan-bashing", eds. Naoki Sakai, Brett de Bary, and Iyotani Toshio, *Deconstructing Nationality*, Cornell University Press, 2005.

되어 있다. 「람보」First Blood; 테드 코트셰프 감독, 1982 시리즈 제1탄의 경우, 주인공 존 람보는 고국 사람들로부터 거절당한 베트남 귀환병이라는 '피해자' 역할을 맡았다. 미국 군인이 '가해자'로서 마주섰던 북베트남 군인이나 베트콩은 적으로 등장하지 않는다. 이 작품에서는 람보의 파괴 행위가, 베트남 귀환병이 고국의 국민공동체에게 행하는 '구애'의 행위로서 그려지고 있는 셈이다. 즉 베트남 귀환병과 국가(연방정부)의 관계에 '피해자'와 '가해자'의 관계가 설정되어 있고, 미국 국민을 '가해자'의 입장에 두는 미국 국민공동체와 베트남이나 캄보디아의 관계는 주도면밀하게 말을 빠트리고 있는 것이다. 따라서 람보가 휘두른 폭력과 파괴 행위는 그가 목숨을 걸고 고국을 위해 싸웠던 것일지는 모르지만, 미국 사회에 의해 배반당한 '피해자'라는 점에서 정서적인 정당성을 찾아낸다.

　　미국에서 발표된 베트남 귀환병을 주제로 한 영화는 1970년대의 「귀향」Coming home; 할 애시비 감독, 1978에서 1990년대 올리버 스톤의 「하늘과 땅」Heaven & Earth, 1993에 이르기까지 많다. 하지만 이런 작품들은 이구동성으로 베트남전쟁에 대한 미국 국민공동체로서의 관련성을 긍정하고 있지 않고, 또한 다수파의 의견을 단적으로 반영하지도 않는다. 오히려 이러한 작품은 내셔널 시네마national cinema로, 미국인이 제국적 국민으로서 '가해자' 역할을 담당했다는 사실에 관한 인식과 관련한 헤게모니 투쟁에 관여하고 있다. 그리고 그 헤게모니 투쟁이란 진정으로 국민공동체의 과거를 어떻게 기억하는가, 혹은 어떻게 망각하는가를 둘러싼 다툼이었다고 말할 수 있다. 여기서 미국 국민공동체가 누구에 의해 대표되었는가, 그리고 미국민이 동남아시아의 민중·공산주의자·동양인 여성과 같은, 각각의 문맥에서 규정되어 일반화된 '상대' 와 어떤 관계에 있었는가가 중요하다.

전쟁과 관련된 언론이나 영상은 군사력을 행사하는 자와 군사력에 희생된 자를 대립시켜 서로를 규정하는 두 개의 주체적 입장으로 정립함으로써 공상空想의 기제를 만들어 낸다. 이 공상에서 대립하는 두 입장은 다양한 사회관계에서 분절分節할 수 있다. 군사적인 폭력의 사용은 타자와 맺을 수 있는 갖가지 가능한 사회관계를 '친구' 와 '적' 이라는 이항대립으로 재조직한다. 가령 국민주의는 '친구' 와 '적' 의 대립을 '자국민' 과 '적국민' 의 국민 간 대립으로 간주하도록 요구한다. 왜냐하면 국민주의는 국민공동체의 상상적인 통합성을 전쟁이라는 기회를 이용해서 강화하고자 하기 때문이다. '자국민' 과 '적국민' 이라는 이항대립은 역사적 조건으로 말미암아 인종 간 대립이나 민족 간 대립으로 변주될 수 있다. 국민주의가 요구하는 적국민과 자국민이라는 가장 단순화된 대립은, 종종 적국민과 자국민을 '가해자' 와 '피해자' 라는 입장으로 각각 환원한다. 혹은 군사투쟁이 식민주의적인 성격을 가질 때, 원주민과 서양인이라는 대립으로 전쟁의 폭력을 분절할 수도 있다. 게다가 가령 영화 「그린 베레」*The Green Berets*; 존 웨인·레이 켈로그 감독, 1968가 영상화하고자 했던 것처럼, '공산주의자' 와 '자유를 옹호하는 자' 라는 인종·민족·계급을 초월한 관계 속에서, 전투의 폭력에 의해 대립하는 두 개의 주체적 입장을 분절하는 일도 가능하다.

국민주의가 요구하듯, 미국 국민이라는 입장은 균질적인 통합성을 가진 입장일까, 그렇지 않으면 미국 국민 속에는 가해와 피해의 분열이 담겨 있는 것일까. 이것이 헤게모니 투쟁에서 결정적인 의의를 가지고 있음은 말할 필요도 없다. 미국 국민이 군사력의 사용뿐만 아니라 경제적인 착취나 인종차별로 인해, 실은 내부적으로도 가해와 피해의 대립으로 분단되어 있는 것일까, 그렇지 않으면 국민은 같은 주체적인 입장을 공유할 수 있는 집단으로서 표상할 수 있는 것일까. 이것은 국민국가의 성립 근간과 관련을 갖는다. 국민이 하나가 되어 외부의 적에 대결할 수 있기 위해서, 가해와 피해의 대립은 국민 내부에 자리 잡아서는 안 된다. 미국 국민은 '피해자'로서 자신을 인식하는가, 그렇지 않으면 '가해자'로서 자신을 인식하는가, 또한 누구에 대해서 '피해자'이고 혹은 '가해자'인가.

이것은 국민공동체의 재현-표상을 통한 주체화에서 결정적인 의미를 갖는다. 이 경우에도 과거를 어떻게 표현하는가는 바로 국민공동체를 어떻게 감성-미학적으로 구성하는가라는 문제와 닿아 있다. 그리고 자신을 '피해자'로 기억하고 싶다는 바람에 어떻게 대응하는가는 실은 공격적인 남성성의 나르시시스틱한 찬가에 우선해서, 먼저 대처해야 했던 문제이다.

이와 같은 의미에서 보자면, 1978년에 발표된 미카엘 치미노 감독의 「디어 헌터」*The Deer Hunter, 1978*는 대단히 중요하다. 상업적인 성공뿐만 아니라 아카데미상을 포함해 다수의 영화상을 휩쓴 이 작품은, 베트남전쟁에 대한 상이한 태도를 취한 사람들에게 정치적 입장을 초월해서 호소하는 힘을 가지고 있었다. 이 작품은 베트남전쟁으로 분단된 미국 국민을 재통합하는 불가사의한 힘을 가지고 있었던 것처럼 보인다. 가령 이 작품을 그 이전에 발표된 일종의 프로파간다 영화 「그린 베레」와 비교하면 즉각적으로 알 수 있다. 그것은 바로 「그린 베레」에 내재되

어 있는, 즉 관객의 비판능력에 대한 놀랄 정도의 둔감함, 독단적인 감
정의 강압으로 관객이 납득한다는 제국적 국민주의 특유의 믿음이다.
이에 비해서 「디어 헌터」는 어떤 기성의 입장에서 획일적인 감정을 인
위적으로 만들지 않고, 정치적으로 다양한 각각의 입장에 대해서 미묘
한 차이를 가진 감정의 타당성을 인정하고, 각각의 경우에 따라서 대응
하고자 함을 발견할 수 있다. 즉 '전쟁의 트라우마外傷' 에 얽힌 감정의
논리에 충실한 것이다.[6]

그렇다고 해서, 이 작품이 미국의 제국주의 비판을 목적으로 하고
있는 것은 아니다. 「디어 헌터」가 성공한 원인은, 아마도 미국의 호전적
인 국민주의가 아슬아슬할 정도로까지 쫓기고 있는 지경에서 이 작품
의 발상이 시작되고, 더구나 미국의 제국적 국민주의를 유지하기 위해
서는 어떠한 '부인' 의 형태가 제안되어야만 한다는 필사必死의 입장에
서 작품이 구성되고 편집되었다는 점을 들 수 있을 것이다. 「그린 베레」
에 보이는 조잡한 국민적 감상의 조작操作에서, 보다 세련된 국민적 감
상의 제작制作으로, 이 작품은 제국적 국민주의를 재편성했다. 정말이
지, 끊임없이 헤게모니가 변환됨으로써, 헤게모니로서의 위치를 보전
하는 양상을 이 정도로 훌륭하게 보여 준 작품은 없었다.

그러면, 다른 영화작품이나 영화장르 이외의 작품과 경쟁하면서,
제국적 국민주의자의 죄책감의 심리적 부하를 전위하기 위한 기초적인
헤게모니 작업을 이 작품은 어떻게 이룰 수 있었을까?

---

6 '전쟁의 트라우마(外傷)' 라는 용어에 대해서는 다음의 저작을 참조하시오. Kaja Silverman,
Male Subjectivity at the Margins, Routedge, 1992.

피해자로서의 '서양'과, 반감에 의한 공감의 구성

「디어 헌터」는 명확하게 구분되는 두 지역을 무대로 하고 있다. 북미 대륙의 동부 애팔래치아 산맥에 걸쳐 있는 듯한 모양으로 동서로 펼쳐진 펜실베이니아 주 어느 공업도시와 그 근방에 있다고 생각되는 산山을 포함한 세계가 그 중 하나이고, 다른 하나는 전쟁 장소인 베트남이다. 용광로가 나무처럼 서 있는 이 마을이 '홈' 또는 '고향'이다. 이에 비해 베트남은 멀리 떨어져 있는 곳으로, '고향'과는 별세계이다. 왜냐하면 베트남은 그것과의 대조를 통해서 '고향'이 구성되는 대조항의 역할을 담당한 '별'別 세계이기 때문이다. 게다가 이 작품에서 특징적인 것은 '고향'과 '별' 세계를 매개하는 지리적 공간도, 하나의 세계에서 다른 세계에 이르는 여정에 있어야 하는 미국 서해안의 로스앤젤레스나 샌디에이고 등의 도시도, 또한 홍콩이나 도쿄와 같은 동아시아의 도시도 전혀 그려져 있지 않다. 그렇기에, '고향' 마을과 베트남은 마치 우주에 떠 있는 단 두 개의 세계로 느껴진다.

　　'고향'의 경관은 두 개의 상징적인 광경으로 구성되어 있다. 하나는 수많은 용광로가 만들어 내는 제철소 풍경이고, 다른 하나는 러시아 정교회의 둥근 지붕에서 연상되는 것으로 이 공동체가 러시아 이민자(더 정확하게 말하면 우크라이나 소수민족인 리투아니아인)에 의해서 성립됐음을 시사하는 풍경이다. 물론 이 마을 전체가 우크라이나에서 이민해 온 자들로만 이뤄졌을 리 없지만, '고향'을 이루는 내용물은 어떤 이민 공동체에 의해 주어진다고 말할 수 있다. 이야기의 중심인물은 이 마을의 노동자계층에 속하고, 또한 우크라이나에서 이민해 온 문화적으로 인종적으로 **균질적인** 공동체의 성원으로 그려져 있다. 따라서 작품 모두冒頭의 용광로에서 일하는 노동자를 찍은 장면에서 작업을 마치고 귀가하는 노동자 무리에서 중심인물이 선별되고, 그들이 즐겨 찾는 술집 '웰슈즈 라운지'로 향하는 뒤를 쫓아 카메라는 움직인다. 이러한 카메라의 움직임을 통해서 '고향'은 노동자계급과 이민자 공동체라는 두 성격을 갖고 있음을 알 수 있다. 작품 전체를 아울러, 카메라는 반복적으로 용광로와 러시아정교회의 둥근 지붕이 있는 풍경을 보여 준다. 여기서 그려지고 있는 것은 미국 국내의 특수한 사회여서, 미국 지방공동체의 평균적 혹은 전형적인 모습이라고 할 수는 없다. 작품은 미국의 일반적인 모습이 아니라 특수한 모습을 찍어 내고 있다. 그러나 이러한 '고향'의 제시에서, 미국 **어디서나 볼 수 있는 듯한** 지방공동체의 대표적인 모습을 얻을 수 있다. '고향'의 두 성격을 제시하는 풍경은, 미국의 중심적인 도시도 아니고, 미국 건국신화의 주인공 역할을 담당해 온 앵글로색슨의 프로테스탄트 공동체도 아닌, 주변의 잊혀진 외진 시골 제철마을 주민들의 사회라는 걸 이야기한다. 그것은 그 주변성에서 제유적으로 국민공동체를 대표한다. 요컨대 여기서 그려지고 있는 것은, 영웅도 아니고 대부호도 아니다. 바로 '사회의 구석에 있는, 잊혀진 서민'의 생활이다.

　　주변성과 '서민'성의 강조를 통해서 국민공동체의 재현—표상을 행하는 이 기술은, 「24개의 눈동자」를 논하는 부분에서 다시 다루기로 하자. 다만 여기서는 우선 다음과 같은 점만은 꼭 지적하고 넘어가고자 한다. 이렇게 서민으로 그려진 주인공들은 커다란 역사의 흐름에 대해서 수동태로, 아무것도 모르는 채 휘말려 들어가 고향 '풍경' 속에서 점點景

으로 위치 지어져 있다. 성격이나 행동과 상관없이, 그들은 고향의 '풍경' 속에서 살아가는 인물들인 것이다. 가령 최근의 예로 말한다면, 첸 카이거陳凱歌 감독의 「황토지」黃土地, 1984(나아가 「패왕별희」覇王別姬, 1993도 포함해서)와 같은 국민주의적 작품에서 이 기술은 가장 훌륭하게 사용되었다. 특수하고 지리적 혹은 직업적으로 주변에서 살아가는 '서민'의 생활이 국민의 역사를 제유하는 것으로 등장했다. 따라서 「디어 헌터」의 중심인물은 모두 이 고향의 '풍경'에 소속된 인물로 우선 등장한다. 안젤라와 스티븐의 러시아정교회에서의 결혼식, 그 뒤의 결혼피로연은 미카엘(마이크)과 니콜라스(닉), 그리고 스티븐 세 사람의 출정축하연을 겸하는 자리였다. 결혼피로연-출정축하연의 풍경은 특수한 이 이민 사회의 풍속을 면면하게 그린다. "자부심을 갖고 신과 국가에 봉공奉公한다"라고 쓰인 커다란 현수막과 출정 군인 세 명의 커다란 사진이 걸린 넓은 객실에서 춤을 추는 사람들. 이 장면을 본 관객은 이 민족공동체가 낳아 키운 중심인물의 지방성에 강렬한 인상을 받는다.

「디어 헌터」에 등장하는 주요인물은 틀림없는 지방성을 각인하고 있다. 그들은 외국사투리를 가진 영어를 하는 부모를 둔 자식으로, 미국의 주류 사회로 곧장 들어갈 수 없는 주변성을 드러내고 있다. 그럼에도 불구하고 그들은 다른 누구에게도 뒤지지 않는 정통 미국 시민이다. 후반부가 시작되는 부분을 보자. 정원에 군인의 시체를 담은 보디백bodybag이 나란히 놓여 있는 사이공의 미군 병원에서 의사는 "러시아인입니까"라고 닉에게 묻는다. 그러자 닉이 분연히 "미국인"이라고 답한다. 이 장면에서 드러나듯이 이러한 지방 사회의 성원도 미국의 버젓한 일원이고, 그들은 '국가를 위해' 멸사봉공한다는 사실로 미국 국민공동체로의 귀속을 보증받는다. 미국은 이러한 주변의 특수한 사회의 사람들로 구성되어 있고, 진정한 미국인이란 이러한 다양한 습속을 배경으로 가진 자들에 다름 아니라는 사실이 강조되어 있다. 획일성이 아닌 다양성이 국민공동체의 상을 강렬하게 투사한다. 따라서 여성과의 능숙한 교제 기술과 사회적 기량을 갖고 있지 않은 마이크(로버트 드 니로), 알콜중독인 부친이 휘두르는 학대를 참으면서 그를 돌봐야 했던 린다(메릴 스트립)와 같은 중심인물은 개성을 가진 인격으로 조각되어 있다. 마이크는 여성에게 유혹을 받지만 좋아하는 여성과는 대화조차 잘 나눌 수 없고, 출정의 불안과 여성에게 가까이 갈 수 없다는 초조함에 그는 출정축하회 겸 결혼피로연이 끝난 뒤에, 야밤에 스트리킹[steaking ; 나체로 거리를 질주함—옮긴이]이라는 돌발적인 행동을 한다. 린다는 결혼식 바로 직전에 부친에게 구타를 당해 뺨에 멍이 든 채로 결혼식에 참석한다.

또한 남성 중심인물들은 미성숙한 청년처럼 여성을 완벽하게 배제한 남성들만의 폐쇄적인 동료관계를 만들었다. 그들 사이의 동성애적 유대는 강고했다. 이 이민자 공동체에는 남성과 여성의 역할이 명확하게 규정되어 있었고, 그런 한에 있어서 그들이 살아가는 사회적 현실은 이른바 '봉건적인' 모습을 드러냈다. 여성은 명확하게 가부장적인 제도의 지배 하에 있었다. 더구나 등장인물 어느 누구도 자신들이 나고 자란 사회의 규정을 의문시하거나, 남성의 전제專制에 항의하는 '근대적'인 인격으로 그려지지 않는다. 그들은 사회에 반항하거나, 상식을 의문시하는 근대적인 독립된 개인이 아니었다. 베트남전쟁을 수행하기 위해서 징병되었으니, 조용히 "나라를 위해" 몸을 바치고자 할 따름이었다.

물론 불안하긴 했지만, 그들은 국가로부터 강요받은 의무에 괴로워하면서도 주어진 운명을 받아들이고 묵묵히 인내하고자 했다. 그들은 커다란 역사의 흐름에 뒤집히는 나약한 개인에 지나지 않고, 또한 개개인의 생활에서 대부분 개인적인 문제를 안고 있었다. 이들은 마치 관객 한 사람 한 사람과 똑같은, 너무나도 '인간적인' 인물들이었다.

이렇게 설정된 중심인물에서 우리는 두 가지 가설을 추출할 수 있다. 하나는 이런 설정 하의 중심인물은 역사를 향해서 적극적으로 연관을 맺으려는 능동적인 주체가 아니기에, 역사에 농락당하는 역사의 피해자로서만 그들을 이해할 수 있다는 점이다. 게다가 이런 인물들은 관객이 스스로를 일상성의 수준에서 '봉합' 할 수 있는 실물 같은 인물로 주어져 있기 때문에, 관객과 등장인물 간의 공감은 "자신도 또한 피해자이다"라는 이해 아래서 전개되는 일종의 투사가 된다는 점이다.

여기서 전반부 클라이맥스인, 「디어 헌터」라는 제목이 붙게 된 사슴사냥 장면을 주의해서 살펴보자. 결혼식이 끝난 뒤, 마이크와 닉은 베트남으로 출정하기 전, 남자들끼리의 유대를 확실히 하려는 듯 마지막 시간을 5명의 친구들과 함께 사슴사냥을 갔다. 그들은 마을을 떠나 산으로 갔다. 산으로 가는 도중에 차는 한 사람을 남기고 앞서 가 버렸는데(이 에피소드는 후반부에서도 반복되는데, 이 반복을 통해서 시간의 돌이킬 수 없는 경과가 드러난다), 여기서 남성들 간 연대의 유희적이고 유치한 성격이 강조되어 있다. 여성을 배제하고 있지만, 이들의 유대는 자립적이지 않다. 어린아이의 집단이 곤란한 문제에 직면하면 부모의 비호를 구하며 해체되어 버리는 것처럼, 뒤에서 볼 수 있듯이, 이 남성 집단도 실은 그 외부로부터 결합의 원리를 필요로 했던 것이다. 군대 조직이

한편으로 이런 남성 집단과 유사한 성격을 갖고 있음은 말할 필요도 없다. 또한 사슴사냥이 행해진 산속도, 실은 제철마을이 있다고 설정된 펜실베이니아 주에는 있을 수 없는 풍경이다. 영화의 배경이 되는 산에는 빙하가 있지만, 미국 동해안에는 빙하가 있음 직한 높은 산이 없기 때문에, 그것은 오히려 국민적 숭고성의 신화적인 형상을 이용해 온 언셀 애덤스Ansel Adams의 사진에 있음 직한 미국 서해안의 록키 산맥 등의 높은 산을 생각나게 한다. 산속 풍경과 사슴의 모습이 연결되면서 '고향'은 이렇게 토지의 고유성을 상실하고 미국 어디에서고 찾을 수 있는 기묘한 국민적 상징성을 획득하게 된다.

이러한 세부적인 장치가 쌓여서 '고향'의 실재감이 증가함과 동시에, '고향'은 점차 국민적 공동체의 상징적 표현이라는 성격까지도 띠게 된다. 다만 여기서 우리는 이러한 세부적인 묘사가 일정하게 말을 빠트리면서 일관되게 작동하고 있음에 주의를 기울여야 한다.

우선, 제철소에서 일하는 노동자를 찍은 도입장면에서 시작해, '고향'에는 한 사람의 아시아계 미국인도 출연하지 않는다. 제철소에서 일하는 노동자 가운데, 아프리카계 미국인 두셋을 발견할 수 있지만, 이들조차도 이야기가 전개되면서 사라진다. 그들이 모습을 다시 드러낸 것은, 베트남 병원에서 두 손을 잃은 부상병, 마이크가 귀국했을 때 탔던 택시의 운전사, 그리고 '웰슈즈 라운지'의 손님으로 등장하면서뿐이었다. 즉 그들은 미국의 다양성을 과시하기 위한 액세서리적 존재로서 등장했던 것이다. 사실, 1970년대 펜실베이니아 주 벽촌에 아시아계 주민이 없었다는 것은 그렇게 이상한 일이 아니다. 그러나 이러한 조건을 그대로 제유적으로 확장할 경우, 미국 국민공동체에는 아시아계 인간이 없다라는, 아주 기묘한 그러나 미국의 유럽계 미국인 사이에 상당히 널리 퍼져 있는 상식이 재생산된다. 미국 국민공동체에 아시아계 인간이 없다는 것은 1970년대라고 하더라도 이상하다. 그러나 '고향'에서의 아시아계 주민의 부재는 단순한 우연이 아니다. 여기에는 이른바 백미주의White Americanism, 白米主義라고 통칭되는 '허구로서의 민족성'[7]을 통해 형상화된 미국의 국민공동체가 훌륭하게 드러나 있는 것이다.

미국의 민족주의와 백인의식

종종 미국에 국민주의가 있기는 해도, 그 국민공동체는 민족주의를 벗어나 있다는 식의 '상식'이 선전되어 왔다. 이민자들의 나라라는 것, 그리고 인종주의는 있어도 미국민은 시민이기 때문에 미국에서는 민족적인 동일성을 묻지 않는다는 것이, 이른바 국가 프로파간다가 제공해 온 설명이다.

그런데 일단 미국의 국내 정치에 눈을 돌리면, 끊임없이 질문되는 것이 민족적인 동일성의 정치이다. 미국의 대도시는 민족적인 게토로 잘게 구분되어 있고, 한 거리를 넘어가면 전혀 다른 세계가 펼쳐진다. 폴란드계 거주지역은 중국계 거주지역과 명확히 구분되어 있고, 중국계 거주지역은 멕시코계 주민들을 배제한다. 아프리카계 미국인이 거

---

7 '허구로서의 민족성'은 에티엔 발리바르의 용어로, 민족의 동일성은 항상 허구(fiction)로 주어진다는 것이다. Etienne Balibar & Immanuel Wallerstein, *Racism and Nationalism, in Race, Nation, Class — Ambiguous Identities*, Verso, 1992(若森章孝 外 訳, 『人種·国民·階級』, 大村書店, 1997)를 참고하시오.

주하는 지역이 명확하게 구분 지어져 있는 것은 말할 것도 없다. 이는 일본 간사이 지역에서 볼 수 있는 부락민의 게토를 생각나게 한다. 민족 성의 특징이 약해져 있는 곳은 중산계급 이상의 주택가인데, 미국 국민 의 반 이상이 실은 민족성의 정치 속에서 그 일상을 보내고 있는 것이 다. 민족성의 정치를 배려하지 않고, 미국의 국내 정치를 말하는 일은 불가능하다. 특히 초보적인 사회학적 고찰조차 행할 수 없을 정도다. 이 렇게 본다면 미국의 국민적 동일성을 말함에 있어서 민족 개념은 빼놓 을 수 없는 것이다.

그러나 민족 개념은 종종 인종 개념으로 대치된다. 민족 개념과 인 종 개념의 변별성 그것 자체가 착종되어 있다. 또 민족 개념과 국민 개 념은 명확하게 변별할 수 있는 것이 아니어서, 영어 'nation'이 국민과 민족 사이에서 끊임없이 동요하고 있음을 국민·민족 개념의 사회학적 검토를 행한 적이 있는 사람이라면 누구나 잘 알고 있을 것이다(국민· 민족의 다양성에 대한 인식은 국민주의의 사회학적인 검토의 제일보여서, 이 인식을 가지지 않은 국민국가론은 악질적인 국가 프로파간다를 복창하는 것으로 끝나고 말 것이다).

미국의 국가 프로파간다는 민족성의 정치를 부인하고, 민족주의가 종종 호소하는 민족의 초역사성, 즉 민족이 역사적으로 영속하는 집단 이라는 믿음을 거꾸로 취한다. 가령 영국·독일·한국 등과는 달리, 이 민자가 국적을 획득한 그 다음 날부터 미국 국민이라는 동일성을 획득 할 수 있다는 '미국 국민'이라는 규정은 민족성에서 자유롭기에, 미국 에는 '미국인'이라는 민족이 없다는 것이다(이것은 어디까지나 명목이어 서, 다음 날부터 '미국인'이 될 수 있는 자와 백 년이 지나도 '미국인'이 될 수 없는 자가 있다). 거기에는 민족이 국가에 선행해서 국가와는 독립적으로 존재한다는 전제가 있고, 그러한 국가에 선행하는 '인민'people이란 미국에는 없다라는 전제가 깔려 있다. 그런데 미국에 인종에 의한 완고한 구별이 있다는 사실을 누구나 다 인정할 것이다. 수 세대 동안 미국에서 생활했더라도, '백인'이 아닌 자 대부분은 '미국인'으로 인정되지 않는다. 거꾸로 10년 전에 이민해 온 자라고 할지라도, 이른바 백인이라면 '미국인'으로 통용된다. 게다가 아일랜드 이민의 예로 잘 알려져 있듯이, 19세기에 대량으로 북미 대륙으로 이민해 온 아일랜드인은 당초 '백인'으로 알려진 일도 거의 없었지만, '미국인'이 됨에 따라서 — 요컨대 미국 사회의 인종차별의 위계 속에서 '백인'의 위치를 획득함에 따라 — 백인이 되었다. 정말이지, '허구로서의 민족성'이 미국인이라는 '인민'을 규정하고 있는 것이다.

에티엔 발리바르가 말했듯이, — 일본이든 한국이든 프랑스든 미국이든 — 무릇 민족의 동일성을 기반으로 가진 국민국가는 존재하지 않는다. 그러나 모든 국민국가가 '인민'에서 유래한다고 생각되는 한, 〔모든 국민국가는〕 허구로서의 민족성을 필요로 한다. 이 말을 미국의 경우에서 보면, 이 '백인'이라는 규정이 미국의 국민공동체에서의 민족을 의미하지 않는다는 것일까. 민족은 그 경우, 일반적으로 인종으로서 인정되는데, 여기서 인종과 민족을 특별하게 변별할 필요는 없다. '백미주의'에 대해서 우리가 이해하고 있는 것은 바로 이러한 사태이다. 그리고 아시아계 주민이 '미국(아메리카) 민족'의 일원으로 인정받지 못하는 것은 미국의 민족주의에 의한 것이다.

미국 내에서 아시아계 주민이 분명하게 눈에 띄는 곳은 어디일까.

그것은 로스앤젤레스나 샌프란시스코와 같은 서해안의 도시나 각지의 대도시일 것이다. 그곳은 펜실베이니아의 '고향'에서 베트남으로 가는 여정 위에 있는 도시이고, 그곳은 미국이 아시아계 사람들을 포함해서 만들어 가고 있는 도시임을 여하튼 인정하지 않으면 안 된다. 그러나 미국의 아시아계 사람들의 존재를 인정할 때, '고향'과 '베트남'의 대비는 인종으로서의 '아시아'와 '유럽'의 대립에 모순을 만든다.

우선 여기서 이 점을 확인해 두자. 그것은 바로 「디어 헌터」의 구성 원칙이라고 볼 수 있는 '고향'과 '베트남'의 이극성二極性이 두 세계를 두 인종의 세계로 표상하려고 하는 한, 미국의 대도시를 배제시키지 않을 수 없었다는 점이다. 물론 뒤에서 상술하겠지만, 두 세계를 두 인종의 세계로 표상하지 않는다면, 영화의 유명한 '러시안 룰렛' 장면은 그 충격력을 가질 수 없을 것이다. 왜냐하면 거기에는 적과 아군의 구별이 이 두 세계의 대립으로 가시화되어 있기 때문이다. 게다가 이미 근대세계에 널리 미치고 있는 인종 분류법을 재생산해서 적과 아군을 이렇게 표상할 때, '우리'라는 동일성은 강렬한 공감을 불러일으키며 관객에게 받아들여질 것이기 때문이다. 적은 '황인종'이고 아군은 '백인종'이라는 기본적인 분류법이 이렇게 점차로 명확해져 갔다.

베트남인민공화국 및 베트콩은 미국이 지원하는 남베트남 괴뢰정권에 항쟁하고 있기 때문에, 베트남전쟁의 적과 아군을 '황인' 베트남인과 '백인' 미국인의 전쟁으로 표현하는 것은 전적으로 타당하지 않다. 그러나 베트남에서 미군이 함께 싸웠던 것은 남베트남 군인이었음에도 불구하고, '고향'과 '베트남'이라는 두 세계의 대립에서 보자면 아군으로서의 '황인'의 존재는 기묘하게도 관객의 의식에서 소멸되어 버린다. '러시안 룰렛'의 고문장면에서, 수상水上의 적의 기지에서 고문을 당했던 포로 가운데에 베트남 민족이라고 생각되는 군인도 포함되어 있다. 그럼에도 불구하고 알아들을 수 없는 언어를 지껄이는 자들과 대비해서 영어를 말하는 '우리'는 서로 통할 수 있는 자들이라는 식으로 '그들'과 '우리'의 구별짓기는 적과 아군의 차이를 감지하는 관객의 지각을 압도적으로 결정해 버린다.

일반적으로 제국적 국민주의의 나르시시스틱한 표현을 짊어지고 있는 영화를 보면, 종주국어를 말하는 '문명화된' 원주민이 등장해서 '그들'의 의견을 관객 측에 있는 종주국 '우리'의 자존심을 만족시켜 주는 형태로 전달한다. 이러한 공상은 '우리'의 욕망이 '그들'의 형상 위에 투사된 것이다. 여기서 전이의 관계를 어렵지 않게 볼 수 있다. 우리에게 대상으로 드러나는 '문명화된' 원주민의 형상을 통해서 '우리'의 욕망이 현실화되는 것이다. 그러면 '우리'의 자존심을 만족시켜 주는 공상을 분석하기 전에, 그런 '우리'와 '그들' 간의 전이관계가 성립하기 위한 전제에 대해서 잠시 고찰해 두자.

종주국어를 말하는 '우리'는 원주민인 '그들'과의 대비를 통해서 대조적으로 주체적인 입장을 획득한다. 즉 '우리'와 '그들'은 짝이 되어, 문명화를 밀고 나간 선교사적 위치를 점하는 '문명인'과 문명화시키지 않으면 안 되는 '원주민'으로서 각각의 주체적인 입장이 획정劃定된다. 관객은 등장인물인 '우리'와 '그들'의 역할분담에 공상적으로 참여함으로써, '우리'와 자기획정할 수 있다. 우선 '우리'와 '그들'의 대비적인 공상의 기제에서의 두 계기를 지적하기로 하자.

하나는, 사회적인 만남이란 한 인간과 다른 인간 사이에 관계를 만드는 과정이기에, 각각 개인의 집단적 동일성은 만남 이전에는 미결정 상태지만 만남의 과정을 통해서 선택된다. 만남이라는 사건에서 개인은 다양한 집단적인 동일성에 열려 있다. 그런데 영상이 낳은 공상에 의하면, 개인의 집단적인 동일성은 흡사 결정 완료된 것처럼 주어져 있다. 그렇기에 영화 속 등장인물이 종종 집단적인 동일성을 구현하는 자의 역할을 부여받고 있다는 점을 거론하지 않을 수 없다. 가장 노골적인 예를 굳이 든다면, 「그린 베레」에 나오는 두 등장인물은 아주 대조적이다. 존 웨인은 미육군 특수부대인 그린 베레의 커비Kirby 대령을 연기하고 있고, 크레이그 주에Craig Jue는 현지의 어린 고아인 햄청크Hamchunk라는 인물을 연기하고 있다. 이 두 등장인물의 역할을 보자.

커비 대령은 미국 군대 나아가서는 미국 국민의 대표로서, 미국인 일반을 나타내고 있다. 이에 비해서 햄청크는 원주민 일반을 대표하는 것 이외에는 어떤 존재도 아니다. 햄청크는 공산주의자의 폭력에 의해 가족을 잃은 난민이다. 그는 미국인의 비호가 없으면 생존할 수 없는, 교육을 시혜받아서 문명화되어야 하는 원주민의 동일성을 집중적으로 짊어지고 있는 존재다. 이와 대조적으로 미국 군인인 커비 대령은 원주민을 공산주의로부터 비호하고, 문명화하고, 교육하는 '선교사'의 역할을 맡고 있다. 성인 백인인 커비 대령과 미성년 황인인 햄청크를 통해 미국 국민과 베트남 민족의 동일성을 대조적으로 보여 주고 있음이 분명하다.

그러나 이런 식의 주체적 입장의 배치는 두번째의 계기를 포함하고 있지 않을 경우 구체성을 획득할 수 없게 된다. 미국의 대표인 커비 대령이 원주민을 비호하고 문명화하려는 '선교사'와 같은 역할을 맡고 있고, 햄청크가 그런 '선교사'의 지도를 통해서 문명화되기 이전인 야만의 상태에 있음을 몸으로 보여 주기 위해 필요한 장치는 바로 커비 대령과 햄청크의 대조적인 묘사다. 요컨대 커비 대령이 미군·미국 국민·원주민을 비호하는 선교사·백인 일반 등과 같은 일련의 중첩된 동일성을 획정할 수 있는 것은 햄청크와의 대조적인 관계에서 가능하다. 그의 동일성은 사실, 햄청크가 획정한 어린 고아=교육받지 못한 원주민=미국 국민에 의해서 비호되어야 할 약자와 같은 동일성에 대비적으로 의존하고 있다.

대조적인 관계에서 하나의 항은 다른 항과 자신을 대비하면서 자기획정한다. 따라서 한쪽의 자기획정은 반드시 다른 항의 자기획정을 경유한다. 다시 말하면 햄청크가 자신을 어린 고아=교육받지 못한 원주민=미국 국민에 의해 비호되어야 할 약자=황인종이라고 자기획정하는 한에서, 커비 대령은 연장자인 성년=문명화를 담당하는 선교사=원주민을 비호하는 미국 국민=백인이라는 집단적인 동일성으로 자기획정을 하게 된다. 여기에 있는 것은 일종의 미메시스이다. 그러나 모방되어야 할 상像은 반조反照적으로만 주어진다.[8]

다양한 주체적 입장은 잠재적으로 주어져 있지만, 이러한 주체적 입장이 선택적으로 획정되는 것은 영상의 내러티브가 실제로 작동할 때이다. 영화는 장면의 연속으로 이뤄져 있고, 또한 버추얼적인 연속성을 구성한다. 이 연속성 속에서 관객이 자기획정할 수 있는 주체적 입장

---

8 이 미메시스를 통해서 성립된 상호적인 동일성의 기제를 쌍-형상화[対-形象化]라고 부른다. 酒井直樹, 『日本思想という問題』, 岩波書店, 1997 서장을 참고하시오.

이 선택적으로 현실에 드러난다. 자기획정이 특별하게 지정된 '다른 주체적 입장'과의 대조에서 한정된다는 점을 잊지 말자.

이렇게 대비와 상호의존의 조건이 충족되었을 때, 짝이 되는 등장인물들의 배치를 통해서 관객은 등장인물 간에 상정된 식민지 권력관계의 전이를 공상적으로 재연할 수 있게 된다. 이 전이는 각각의 주체적 입장의 자기획정에 따른다. '우리'의 자기확인의 욕망은 '그들'이 '우리'의 자기획정을 지탱해 주는 타자인 한에서, '그들'을 향한 욕망이라는 형태를 취할 수 있는 것이다. 그리고 관객은 그러한 이야기 속의 '우리'에 자기획정을 한다. 그러나 「그린 베레」와 같은 영화에서, 원주민은 '우리' 욕망의 수단이라는 위치를 넘어, 자율적인 욕망을 가진 자로 그려지지 않는다. 전쟁이나 점령을 둘러싼 연애영화에서 보이듯, 원주민 여성의 욕망이 항상 '우리' 욕망의 수단 이상의 위치를 획득하는 일이 없는 것처럼 말이다. 제3장에서 다룰 「M. 버터플라이」는 놀랄 정도로 정확하게 식민주의적인 전이와 연애관계를 통한 자기획정의 기제를 드러내고 있다.

따라서 '그들'은 '우리'가 말하고 싶어도 말하기 힘든 것을 말해 주고 '우리'에게 자기만족을 주는 존재에 불과하다. 가령 노골적으로 제국주의를 표현하고 또 국민적 나르시시즘을 뽐내지 않고 표현하는 「그린 베레」나 고전적인 「모정」에 나오는 '좋은' 원주민은 대체로 영어를 말하는 '서양 문명의 숭배자이다. 햄청크도 이와 다르지 않다. 이들은 영어로 말하고 미군 사이를 민첩하게 움직인다(다만 이 서양숭배자는 중도반단中途半端적인 인물이어야 한다. 왜냐하면 이들이 철저하게 서양문명 숭배자로 있을 경우, 필시 그들은 파농이 말한 '모방자' mimic의 효과를 산출할 것이기 때문이다).

그런데 「디어 헌터」에는 이런 중간자이자 통역의 역할을 담당한 원주민이 도박장 관리인 등과 같은 단역을 제외하면 거의 등장하지 않는다. '우리'의 나르시시즘을 확보해 주는 데 안성맞춤인 '원주민'이 등장하지 않는 것이다. 게다가 등장하는 소수의 중간자도 '서양'에 대한 숭배를 완벽하게 드러내지 않는다. 화면에서 통역이 빠지자, 외국어의 기분 나쁜 울림이 퍼지는데, 관객의 입장에서 보자면 그 울림은 '우리' 욕망의 회로로 모이지 않는 '그들'의 존재를 가리키는 징조일 뿐이다. 그 이상도 그 이하도 아니다.

이 작품에 등장하는 인물의 구분에서, '알아들을 수 없는 언어를 말하는 자들' 대 '영어를 말하는 자들'이라는 이항대립은 적 대 아군이라는 이항대립과 완벽하게 일치하지 않는다. 반복해서 말하면, 미군에서 보자면 북베트남 정부군이 미군에게는 적일지라도, 남베트남 군인은 당시 정치상황을 고려하면 아군이다. 즉 남베트남 원주민은 미군이 공산주의의 독니로부터 보호해야 할 '우리' 측에 있는, 말하자면 '가족'이다. 등장인물의 설정에서 말하자면, 인종대립과 '알아들을 수 없는 언어를 말하는 자들' 대 '영어를 말하는 자들'이라는 이항대립이 중첩되지 않게 만드는, 흡사 인종주의라는 비판에 대한 알리바이처럼 많은 단역들이 준비되어 있다. 그럼에도 불구하고, 중간자의 부재는 외부인인 '그들'과 영어로 서로 통하는 '우리'의 대립이 마치 적과 아군, 나아가 '아시아인' 대 '백인'의 대립으로 겹쳐지는 것처럼 관객에게 압도적인 인상을 준다. '아시아인'＝적＝고문자라는 연상의 연쇄가 만들어지는 것이다.

러시안 룰렛과 자기획정의 논리

「디어 헌터」 중간에 놓인 휴식 직전의, 카메라 앵글이 '베트남'으로 이동한 후의 영상편집 과정을 꼼꼼하게 거슬러 올라가 보도록 하자. 일반에게 공개된 「디어 헌터」는 휴식에 의해 각각 1시간 반 정도로 1부와 2부로 나뉘어져, 전체 상영시간이 3시간 정도가 된다. 휴식 바로 직전의 마지막 28분을 제외하고 1부는 모두 '고향'에서의 사건에 할애하고 있고, 마지막 28분에선 장면을 단숨에 베트남으로 옮기고 있다. 거기서 마이크와 닉, 스티븐 세 사람은 기묘하게 해후했다. 이들은 전쟁이 한창 벌어지고 있는 어느 마을에서 우연히 만났고, 같은 수상 포로수용소에서 '러시안 룰렛' 고문을 받았다. 「디어 헌터」에서 관객에게 특별히 강렬한 인상을 주는 이 부분은, 이 영화작품과 관객의 공상적인 국민공동체의 공감이라는 구조를 생각할 때 놓쳐서는 안 되는 몇 가지 기법을 보여 준다.

우선, 첫번째로 들어야 할 것은 바로 미국 텔레비전 네트워크를 통해서 미국 국내뿐만 아니라 국제적으로 배급된 베트남전쟁에 관한 뉴스가 의도적으로 응용되었다는 점이다. 공중에서 기관포를 발사하는 미군 헬리콥터, 네이팜탄의 폭발, 화염에 뒤덮힌 야자나무, 불타오르는 원주민의 집, 부상병을 긴급히 운송하는 헬리콥터, 그리고 전화戰火를 피해 이동하는 난민의 긴 행렬. 이러한 장면은 1960년대 중반부터 10년도 더 넘는 시간 동안, 거실의 텔레비전 화면을 채웠던 베트남 관련 뉴스 영상에서 재생산된 것이다. 더구나 1970년대 후반에서 1980년대 초반, 관객에게 익숙했던 영상인 보도영상으로 포착할 수 없는 세부묘사에 이르는 심리묘사나 개인적인 시각이 투입되어 있다. 말할 것도 없이, 영상은 국민사國民史에 접합되어, 다음 장에서 검토할 「24개의 눈동자」(1990년대의 예로는 「포레스트 검프」*Forrest Gump* ; 로버트 저메키스 감독, 1994. 이 작품은 컴퓨터영상생성CGI 기술을 사용해, 등장인물을 직접 과거의 보도영상 속으로 삽입하고 있다)처럼 전형적인 국민영화로 이용되고 있다. 이는 공적公的인 기억에 새로운 영상을 접목함으로써 국민적 기억을 바꿔 쓰고자 하는 시도로 보인다.

특히 베트콩 혹은 북베트남 군인인 듯한 병사가, 지하에 숨어 있는 마을 사람들 가운데로 수류탄을 던지는 장면은 상징적이다. '고향'을 떠나온 화면은 '베트남'으로 이동하자마자, 곧장 미군이 폭격한 베트남의 작은 원주민 마을로 이동했다. 촌락을 두른 무성한 야자나무와 그 사이에 있는 집을 향해 네이팜탄을 투하하는 미군 전투 헬리콥터를 비추는 카메라는 다음 순간 지상에서 우왕좌왕하며 도망가는 주민의 모습을 쫓는다. 네이팜탄의 폭발과 지하참호로 도망가는 마을 사람들. 그리고 지상에서 기어가면서 헬리콥터의 공격이 멈추기를 기다리는 병사 마이크. 이와 동시에 적군으로 보이는 북베트남 군복을 입은 군인이 전쟁이 벌어지는 마을을 습격하는 장면이 비춰진다. 이 일련의 극히 짧은 숏들의 연속에서, 관객은 명확하게 혼란에 빠지고 만다. 일련의 숏들을 이어서 일관성을 부여해야 하는 내러티브를 잠시 놓치고 만 것이다. 누가 누구를 공격하고 있는 것인가. 누가 가해자이고, 누가 피해자인가, 이 점을 알 수 없게 된 것이다. 「디어 헌터」가 공개된 1978년까지, 미국 사회 내부에서는 가해자(미국 군인) 대 피해자(인도차이나의 서민)라는 틀이 널리 받아들여지고 있었는데, 「디어 헌터」는 더 이상 이런 틀로는 처리할 수 없는 영상을 연속적으로 제시했던 것이다. 그리고 주민들이 숨은 지하에 수류탄을 던진 북베트남 군인의 모습이 일순 비춰졌다. 가해자는 미국 군인이 아니었다! 가해자와 피해자의 역할이 역전되기 시작한 것이다. 짧은 숏들이 1분 30초라는 아주 짧은 순간에 겹쳐지듯 집중적으로 비춰졌다.

'고향'을 떠난 마이크, 닉 그리고 스티븐을 기다리고 있는 '베트남'은, 그 최초의 전투가 있었던 마을장면부터 그들에게는 패배의 연속으로 그려진다. 이 작품이 배급되었을 당시, 미국의 국민의식에 상처가 되었던 미라이 마을 학살사건[1968년 3월 미군 부대가 대부분 부녀자인 베트남 미라이 마을 양민 수백 명을 무참히 죽인 사건으로, 미군 역사상 가장 치욕스러운 사건 중 하나로 꼽힌다. 당시 헬리콥터 조종사 휴 톰슨 준위가 이를 발견하여 더 이상의 학살을 막을 수 있었지만 미군 당국은 1년 동안 이 사실을 감췄다. 뒤늦게 「뉴욕 타임스」 세이무어 허시 기자가 이 사건을 취재해 보도함으로써 세상에 알려졌다—옮긴이]이 이미 관객 측에 내면화되어 있었을 것이라고 예상할 수 있다. 그러나 중요한 점은 「디어 헌터」에서는 학살을 집행하는 자가 미군에서 베트남 측으로 이행되어 재연되고 있다는 점이다. 학살당한 피해자가 베트남 농촌의 비전투원 — 여성·아이들·노인 등 — 이라는 점에는 변함이 없는데, 학살을 행한 자가 바뀌어 있다.

여기에서 내가 문제 삼고자 하는 것은 북베트남 측에도 미라이와 같은 집단학살이 있었는지의 여부가 아니다. 다시 말해 실증주의자가 역사를 고찰하는 식으로, 이 작품이 역사를 충실히 반영하고 있는가의 여부를 문제 삼고자 하는 것이 아니다. 아마도 북베트남 측도 비전투원을 학살했을 것이다. 그러나 미국 및 미국 영화회사의 배급망을 통해서 관객에게 배급된 이러한 묘사가 '베트남'의 세계를 보여 주는 의미는 다른 데에 있다. 그건 바로 '고향' 뿐만 아니라 '베트남'의 세계에서도, 미국 군인인 마이크·닉·스티븐이 기묘하게도 희생자로 등장하기 위한 포석이 된다는 점이다.

'러시안 룰렛'은 일종의 도박이다. 회전식 권총에 총알 한 발만을 넣고 탄창을 회전시킨 다음, 총구를 자신의 관자놀이를 향해 겨누고, 확률을 기반으로 자신의 목숨을 걸어 승부를 낸다. 다만 이 도박이 고문으로 사용된 이유는, 목숨을 건 본인은 포로이기에 포로는 명령에 거스를 경우 발생할 확률 100%의 죽음과, 명령을 따를 경우 직면할 확률 100% 이하의 죽음 간의 선택의 자유를 살려야 하기 때문이다. 고문으로서 '러시안 룰렛'의 잔학함은 정말로 이 강제된 자유에 있었다. '러시안 룰렛'의 고문은 단순한 육체적인 학대뿐만 아니라, '적'을 인간적 정서를 갖지 못한 극단적으로 가학적이고 능동적인 무리로 설정한다는 점이다. 여기서 적(=베트남인 =아시아인)은 과도하게 비인간화되어 있다. 그들은 공감sympathy의 대상이 될 수 없는 자로 그려졌고, 전적으로 반감antipathy의 대상이 된다. 그러나 '러시안 룰렛' 삽화는, 「그린 베레」와 같은 단순한 역할설정으로는 촬영될 수 없다. 관객의 공감을 환기하기 위해서 감독 미카엘 치미노는 아주 교묘한 기법을 사용했다. 감독이 사용한 기법을 잠시 살펴보자.

우선, 등장인물로 드러나는 가해자와 피해자가 단순하게 미국 군인(아군)과 베트남인(적)으로 배분되어 있지 않았음을 지적해 두자. 이 점에서 적어도 '러시안 룰렛' 삽화에 관한 한, PC(정치적 올바름)의 원칙은 보호된다. 탄창에 총알 한 발만을 넣은 권총으로 자신의 관자놀이를 겨누고 방아쇠를 당겨 죽은 최초의 희생자는 바로 남베트남의 군인이었다. 고문을 집행하는 포로수용소의 총책임자인 베트콩 장교의 잔학함을 보여 주기 위해, 죽어 가는 남베트남 포로의 공포에 찬 표정과 더불어 권총 방아쇠가 당겨질 때마다 스티븐이 받는 충격은 관객에게 강한 충격을 주었다. 고문의 묘사는 스티븐과 닉이 받은 트라우마적인 영향을 각인하기 위한 조건을 준비하는 장치다. 남베트남 군인이 자신의 두개골을 쏘는 장면은 소리로만 암시되고, 그의 사체는 바로 포로 사체유치장에 내버려진다. 그 뒤 스티븐이 끌려 나오자, 백인 포로와 베트남인 고문자의 대비 구도 속에서 영화 플롯이 이행하기 시작하는 것처럼 느껴진다.

'느껴진다'고 말하는 이유는 치미노의 편집이 해석의 다의성을 온존하려는 것처럼 되어 있기 때문이다. 스티븐이 신체적으로 '러시안 룰렛'의 공포를 참지 못하자, 이 도박을 할 수 있는지의 여부를 판명하기 위해서 고문자는 그를 수중감옥에 투옥한다. 이에 관객은 고문자와 피고문자의 대비를 미군 아군과 그 적의 대비에서, 점차적으로 미국인 대 베트남인, 나아가 백인 대 황인의 대비로 이해하기 시작할 것이다. 스티븐 다음에는 닉과 마이크가 러시안 룰렛의 당사자가 될 것이다. 장면이 이렇게 전개되면서, 증오해야 하는 가해자 베트남인과 공감해야 하는 피해자 백인 군인이라는 틀이 만들어진다. 그런데 이 틀은 관객이 투사한 것으로 생각해야 이야기가 잘 통한다. 왜냐하면 그러한 틀을 거부하는 견해도 가능하도록, 「디어 헌터」1부의 마지막 28분이 편집되어 있기 때문이다.

차례차례로 반복해서 등장하는 숏이 거기서 무엇이 일어나고 있었는가를 다 설명해 줄 수는 없다. 등장인물의 집단적인 동일성은 관객에 의해서 보충되었다. 고문자와 비고문자를 백인 대 황인이라는 틀로 볼 수 있는 이유는 영상의 연쇄에 일관성을 주기 위한 숏의 연속에서 관객이 플롯의 전개에 투자하고 있기 때문이다. 다시 말해 백인과 황인이라는 인종적인 배치가 미국인 대 아시아인이라는 이항대립과 중첩되면서 표상되는 것은 바로 관객의 투자에 의한 것이기 때문이다. 관객의 인종주의가 '러시안 룰렛' 일화를 해석하기 위한 틀로서 채용되고 있는 것이다.

주의할 것은, 내가 백인과 황인이라는 등장인물의 배치가 관객의 투자에 의한 것이라고 말했다고 해서, 「디어 헌터」를 인종주의로 귀속시킬 수 없다고 말하려는 것은 아니다. 사람과 사람의 만남을 다른 사회적 입장의 대비로 선택해서 취할 자유가 없는 곳에서, 민족적 동일성이나 국민적 동일성이 긴급한 사태로서 관객에게 충격을 가하는 일은 없다. 등장인물의 동일성을, 남베트남에서 미국을 지원하는 자들과 미국에 반대하는 자들, 미국인과 베트남인, 백인과 황인과 같은 서로 다른 선택지에서 선택하는 일은 관객이 자신의 주체적인 입장을 선택하는 것의 재연이 되기 때문이다.

자기획정을 한다고 함은 무수하게 존재하는 잠재성으로서의 동일성 하나를 선택해 취하고 다른 동일성을 선택하지 않는다는 뜻이다. 모든 개인은 복수의 동일성에 의해 과잉결정되어 있고, 그들은 매번 동일성을 선택해서 취한다. 하나의 동일성과 다른 동일성은 항상 서로 독립적이다. 혹은 직교orthogonal한다고 말할 수는 없지만, 일반적으로 동일성은 서로 배제적인 관계에 있기 때문에, 개인은 주체적인 입장을 차례로 나눠 연기해 나가지 않을 수 없다. 인종이나 민족도 이러한 주체적 입장의 하나에 지나지 않지만, 개인이 가족이나 학교와 같은 소규모 집단에 자기획정하는 것과 달리, 인종이나 민족은 개인의 생리적·문화적 신체에 각인된 자연적인 특징으로 생각되는 일이 많다. 그래서 사람들은 자신이 언제라도 설사 잠을 자고 있든 깨어 있든 간에, 일정한 인종이나 민족의 동일성을 가진 자라고 믿고 있다. 하지만 사실 자기획정의 과정이 없다면 사람들의 인종이나 민족은 결정되지 않는다.

'러시안 룰렛' 일화는 영상에 달라붙은 공상을 통해서, 등장인물의 인종·민족적 동일성을 획정하는 것이다. 여기서 마이크·닉·스티븐의 인종·민족적 동일성은 결정되어 있는 것이 아니라, 오히려 미결정의 상황에서 관객의 해석을 받아들일 수 있는 것으로 구성되어 있다. 왜냐하면 미결정의 상황이 아니라면 자기획정이라는 과정이 일어나지 않기 때문이다. 등장인물을 '불쌍한 백인 군인'으로 인정하고 그를 공감의 대상으로 정립하려는 것은, 관객이 버추얼한 이야기 속으로 들어가 자신을 등장인물의 입장에 획정하는 것 바로 그 자체인 것이다. 정말로 이런 의미에서 「디어 헌터」는 관객에게 인종주의적인 편견을 강요하는 것이 아니라, 관객 속의 민족주의를 환기한 것이다. 더구나 이 민족적인 자기획정은 영상의 연쇄가 다의적인 해석에 열려 있음을 전제로 하고 있다.

'러시안 룰렛'은 제비뽑기로 징병자를 선발한 징병제의 기본적인 기능을 표현하고 있고, 전쟁에서 죽음은 기본적으로 우연적이고 확률적인 성격을 갖는다는 의미를, 즉 정신분석에서 말하는 '압축'으로 드러내고 있다. 그 긴박함이 너무나도 강렬하기에 관객은 수세적인 상태의 미군 포로에게 압도적인 정서로 떠밀려서 공감하게 된다. 이렇게 관객의 반성과 비판의식을 정서적으로 압도하는 영상의 조작이 성공의 열쇠가 되었음은 의심할 바 없다. 스티븐·닉·마이크를 향한 정서적인 일체화가 관객의 자기획정의 결과임에도 불구하고, 이른바 '문답무용' 問答無用처럼 그렇게 관객에게 반성의 여지를 주지 않았다. 그래서 '러시안 룰렛'의 고문장면은 전쟁의 우연성과 그 우연성을 통괄하는 국가의 근본적인 위화감을 끄집어낸 다음, 그것을 적에 대한 반감으로 해소한다. 다시 말해 이 장면은 전쟁에 대한 사람들의 반감을 적의 반감으로 전위하는 것이다. 미군 주인공에게 동정하는 관객은 이 반감에 의해 반작용적으로 산출된 공감 속에서, 잠시 잠깐 주인공과 봉합되어 '우리' 가 되는 것이다. 따라서 이러한 '우리'를 묶는 공감은 인종주의적인 증오를 지지대로 필요로 하는 것이다.

식민주의자의 죄책과 역사적 부인

그건 그렇다고 치더라도, 포로라는 조건에서뿐만 아니라, 이러한 적에 대해서도 '우리'는 그저 수동적일 수밖에 없다. 앞에서 여성과 사회적 교제를 잘 할 수 없는 성격으로 그려진 마이크는 '고향' 친구로부터 '자기관리의 괴물' self-control freak이라고 불렀는데, 상대편 군인을 하나씩 죽이면서 그는 1980년대에 나오는 문자 그대로 '자기관리의 괴물'인 '람보'나 '터미네이터'를 생각나게 하는 영웅적인 활약으로 동료들을 구해 냈다. 이런 마이크조차 희생자의 역할을 맡았던 까닭은 이렇게 몇 겹을 가로지르면서 ‘우리’를 희생자로 만들기 위한 도구를 마련하기 위해서였다.

　적의 극단적인 비인간화와 원주민과 사이에 중간자가 없다는 사실에 역사적으로 어떤 의의가 있는가에 대해서, 「버마의 하프」를 독해할 때 보다 상세하게 논의하기로 한다. 여기서 분명한 것은 「디어 헌터」가, 당시 많은 미국인들이 ‘그들’을 받아들일 수 없었고, ‘우리’ 안의 제한된 공감을 향해서 ‘우리’가 극도로 내향적인 상태에 있었음을 아주 훌륭하게 포착하고 있다는 점이다. 베트남전쟁은 미국 팽창 정책의 결과로 일어났지만, 이 작품의 주인공인 미국 군인에게는 외향적으로 타자를 향하는 기세라곤 전혀 없다. 1950년대 이래로 동아시아를 제재로 만들어진 많은 할리우드 영화를 보면, 어떨 때는 존 웨인 또 어떨 때는 그랜 포드가 연기한 미국을 대표하는 주인공은 원주민에게 미국적 가치의 훌륭함을 교화하고 과시하는 역할을 부여받았다. 하지만 「디어 헌터」의 주인공들에게서는 그렇게 ‘선교사’적으로 자신의 신념을 상대에게 강요하는 태도를 발견할 수 없다. 그뿐만이 아니라, ‘선교사’적으로 강요할 수 있는 기반은, 최종적으로는 원주민이 우리를 존경하고 우리의 가치에 굴복할 것이라는 식민주의자 특유의 자신감인데, 이 작품의 주인공들은 그것을 잃어버리고 있다.

　그 대신, 여기에는 원주민에 대한 수동적인 상태와 그들에 대한 거의 병적인 공포가 있다. 앞에서 봤듯이, 이 공포는 적＝고문자＝베트남인＝아시아인＝비인간이라는 연쇄를 만들면서, ‘고향’과 ‘베트남’이라는 두 개의 이질적 세계 사이에 심리적인 장애를 만들어 갔다. ‘서양’인인 ‘우리’가 ‘동양’으로 나아가는 것이 아니라, 어떤 기분 나쁜 ‘동양’인들이 '우리'를 향해 몰려온다는 강박적인 이미지에 주인공들이 이미 사로잡혀 있는 것처럼 보인다. 따라서 전적으로 이러한 공감의 기술에 내재하는 논리(등장인물과 관객 사이에 '우리'라는 일체화의 상상적 관계를 만든다는 의미에서의 공감과 등장인물 사이에서 공유된 정서로서의 공감이라는 양방의 의미에서)를 거슬러 올라가면, 「디어 헌터」에서 보이듯 '그들'과 '우리' 사이의 중개자 부재는 '그들' 속의 통역도 이미 신뢰할 수 없게 되었고, 또한 '그들' 안에서 나온 것은 일절 신뢰할 수 없다는 '우리'의 피해망상적인 심리 상태를 작품이 성공적으로 형상화하고 있다고 할 수 있다.

'러시안 룰렛' 장면에서 '우리'＝백인은 여러 가지 해석 가운데 하나의 해석에 지나지 않지만, 「디어 헌터」 2부가 되면, 이 인종·민족적 동일성은 기정사실이 되어 버린다. 마침내 관객은 과거소급적으로 '러시안 룰렛' 장면을 인종 간의 피해와 가해의 관계로 기억하게 된다.

이렇게 해서 미국 군인들은 패배자 혹은 장애자로서 '베트남'을 떠나 '고향'으로 돌아온다. 스티븐은 '러시안 룰렛' 고문에서 도망치는 과정에서 입은 부상으로, 두 다리를 잃고 만다. 마이크는 '자기관리의 괴물'의 초인적인 능력 덕분에, 혼자서 건강하고 완전한 신체로 '고향'에 돌아왔지만, '베트남'에서의 경험은 '고향' 사람들과 그 사이에 넘을 수 없는 도랑을 만들어 버렸다. 닉은 '러시안 룰렛' 고문으로 인한 정신적 장애 때문에 일상적인 생활을 감당할 수 없게 되어 '베트남' 세계에서 행방불명되어 버린다. 출정 직전, 스티븐과 결혼식을 올렸던 안젤라는 당시 약혼자가 아닌 닉의 아이를 임신하고 있었고, 스티븐이 귀환한 후에 부상병 재활센터에서 지내게 되자, 그녀는 아이를 데리고 한

가정을 꾸릴 수 있는 힘을 잃고 만다. 그들이 돌아온 '고향'은 그들이 떠나기 전의 '고향' 그대로였다. 마을 곳곳의 용광로들, 러시아정교회의 둥근 지붕으로 대표되는 펜실베이니아 주 시골마을. 그러나 '고향'이 변하지 않으면 않을수록, 돌아온 베트남 귀환병이 돌이킬 수 없는 식으로 변해 버린 것도 사실이었다. 이렇게 머나먼 타국에서 싸웠던 전쟁은 아무것도 몰랐던 서민의 생활에 어두운 그림자를 드리웠다.

전쟁은 '바깥' 세계에서 일어났다. 그러나 '고향' 사람들의 생활은 이 전쟁으로 되돌릴 수 없을 정도로 변해 버렸다. 따라서 전쟁에 대해 갖는 '고향' 사람들의 관계는 기본적으로 수동태이다. 그들은 전쟁에 대해서 피해자의 입장만을 취할 수 있는 자로 규정되어 있다. 그들은 "자부심을 갖고 신과 국가에 봉공한다"고 노래 부르며, 자신의 애국심에 어떠한 회의도 가지지 않은 채 그들이 알고 있던 젊은이를 전쟁터로 보냈다. 그럼에도 불구하고 그들은 수동태로밖에 전쟁에 관여할 수 없었던 자들로 그려지고 있다. 역사의 구석에서 소소한 삶을 보내고 있는 서민에게, 전쟁은 잔학한 생채기를 남겼다. 그러나 풍경의 일부가 된 서민이 역사에 대해 단지 희생자로서 관여한 것은, 그들 한 사람 한 사람이 어떤 행동을 취했는가 혹은 어떠한 정치적 의견을 가지고 있었는가와 무관하게 일정한 틀 속에서 그들이 표상되고 있었기 때문이다. 지금까지 내가 분석해 왔던 것처럼 영상 기술은 주인공과 '고향' 사람들을 가해자로 제시할 가능성을 모조리 배제해 버렸기 때문이었다.

따라서 전쟁이 일어나고 있는 세계인 '베트남'을 적=고문자=베트남인=아시아인=동양인=비인간이라는 연쇄적인 상으로 묘사하는 것은, 실은 쌍-형상적으로 '우리'의 재현-표상을 부여하기 위한 필요

조건의 하나인 것이다. 「디어 헌터」가 베트남인과 아시아인을 비인간적인 모습으로 그려야 했던 이유는, "우리는 가해자가 아니라, 역사의 피해자다"라는 바람을 만족시키기 위해 없어서 안 되는 절차였기 때문이다. 거꾸로 말하면, '그들'을 이러한 방법으로 형상화해야 했던 까닭은 그들이 실제 우리에 대해서 잔혹했는지의 여부와는 관계없이, "우리는 피해자이지 않으면 안 된다"라는 요청을 만족시키기 위해서였다.

물론 이 요청은 국민공동체 수준에서 죄의식을 전제하지 않으면, 의미를 갖지 못한다. 즉 "우리는 피해자이지 않으면 안 된다"라는 요청은 우리가 정당화할 수 없는 잘못을 범해 버렸다는 사실에 직면하고 있다는 것이므로, 그런 잘못의 희생자가 따지고 든다면 "어떤 변명도 할 수 없는" 일종의 사실확인을 전제로 하고 있기 때문이다. 다시 말해 집단적인 피해자의식은 제국적 국민주의가 자신의 제국주의적 행동의 결과에 직면했을 때 취하지 않으면 안 되는 부인을 위한 상투적 수법이어서, 자신들 쪽이 피해자가 됨으로써 희생자가 따지고 들 가능성을 기피하고자 하는 공상적인 조치로 생각해야 한다. 물론 제국주의적인 행동은 국민 모두에 의해 수행되는 것이 아니라, 소수의 정책 실행자에 의해 수행된다. 따라서 한 국민국가에 있어서도, 이른바 식민주의자의 죄의식colonial guilty은 일률적이지 않다. 입장과 경우에 따라서 커다란 차이가 있다고 말할 수 있다.

「디어 헌터」에서 주의할 것은, '그들'과 대조되면서 쌍-형상화되어 가는 '우리'는 다의성을 가진다는 점이다. 왜냐하면 국민공동체가 일의적으로 표상되는 일은 결코 없고, 매번 다양하게 다른 상을 갖기 때문이다. 어떤 국민공동체가 실체로 존재하고, 다른 상이 그 배후에 같은 지시대상을 가진다는 상상적인 믿음이 그러한 상들을 연계한다. 게다가 '그들' 동일성의 반조로서 쌍-형상화될 때, 항상 이차적으로 즉 '그들' 표상의 음화로서 '우리'가 주어진다는 점을 잊어서는 안 된다. 따라서 '그들'이 적=고문자=아시아인=동양인=비인간의 연쇄로 규정될 때, 연쇄 각각의 대조항으로 아군·피고문자·유럽인·서양인·인간적이라는 연쇄로 '우리'가 주어지게 된다. 그러나 이 연쇄에서 직접적인 공통의 성격을 발견하기란 쉽지 않다. 유럽에는 많은 유색인이 있고, 또한 북미나 서유럽 거주자라고 해서 인종적으로 백인이라고 단정할 수 없기 때문이다. 그럼에도 불구하고 이렇게 연쇄된 항에 굳이 공통의 성격을 구한다면, 사람들의 상식에 내재하는 근대세계의 분류법을 지배하는 인종주의가 작동할 것이다.[9] 공통의 특징으로 드러난 것은 '백인'이라는 인종의 범주이다. 그 결과 미국을 이 연쇄로 표상한다면, 토머스 제퍼슨 이래로 두 세기 이상의 오랜 전통을 가진 화이트 아메리카니즘白米主義, 즉 미국은 백인의 나라다라는 미국 국민주의의 인종·민족주의적인 정의가 재생산된다.

「가자 가자, 신군」의 경우, 제2차 세계대전 중 뉴기니아에서 일본군이 행한 식인에서 '흰 돼지·검은 돼지'의 인종적인 범주가 백인 포로와 원주민 포로를 구별하는 지표로 이용되었다. 「디어 헌터」의 고문장면이나 또한 후반부 사이공의 '러시안 룰렛' 도박장면에서 가장 명확히 드러나듯, '백인'과 '황인'의 구별이 '우리 미국인'과 '그들'을 변별하

---

9 酒井直樹 「現代保守主義と知識人 : 西洋への回帰と人種主義をめぐって」, 『現代思想』 2巻, 岩波書店, 1994, 277~325쪽.

기 위한 주요한 장치가 되어 있다(또한 '인간 부스러기' 같은 프랑스인 도박 브로커의 존재는 예외이다. 이 인물에는 미국을 베트남의 진흙탕 속으로 끌고 들어간 단서가 된 프랑스 식민주의를 향한 전위된 원망이라고 해야 할 것이 투사되어 있다. 이럴 경우, 이 작품에서 전개된 공감의 이론에서 말한다면 건전한 백인이라고 말할 수 없다). 즉 원주민과 미국인인 '우리'의 관계는 인종주의의 범주계를 경유해서 가해자와 피해자의 관계로 접합articulate되어 있다. 요컨대 인종주의를 매개로 삼아, 미국의 국민적 공동체는 "우리야말로 피해자이지 않으면 안 된다"라는 바람을 충족하는 것으로서 재현-표상되었다.

이 바람은 일반적으로 알려져 있는 제국주의적인 유럽 혹은 서양이 비서양인에게 폭력을 휘두르고 차별하고 착취하는 체계를 만들었다는, 근대세계에 관한 지식을 강하게 부인한다. 베트남전쟁은 약 5만 명 이상의 미군과 200백만 명이 넘는 '원주민' 사상자를 낳았다. 물론 숫자만으로 피해와 가해의 관계를 결정할 수는 없지만, 투하된 군사 기술의 양과 질, 전쟁터와 자신들의 거주지의 관계 등에서 말하면, 미국 국민이 피해자였다고 말할 사람이 과연 세계 어디에 있을 것인가. 일반적으로 말해 그렇게 말하는 것은 미국 국민 이외에는 생각할 수 없다. 피해자임을 인정하는 것은 피해자뿐이라는 사태가 생겨 버리는 것이다. 사실상, 미국 사람들은 이 부인을 모두 공유하지 않기 때문에, 이 바람은 이 부인을 공유하는 자들에 의해서만 폐쇄된 국민공동체를 만들고 싶다는 바람이 된다. 그 바람은 부인을 거절하는 자를 배제한 국민공동체를 만들고 싶다는 욕망이자 국민공동체를 제작하는 하나의 기술을 의미한다고 할 수 있다.

자기연민에 의한 공감의 구성과 국민공동체

이러한 부인에는 두 개의 서로 모순되는 욕구가 존재한다. 하나는, 제국주의적인 정책은 국민공동체의 모든 사람들에 의해서 행해지는 것이 아니라, 일부 군사전문가와 정치가에 의해서 국민이 모르는 사이에 행해지는 사태를 해석하고자 하는 욕구이다. 그러나 이러한 해석에서 보면, 베트남 귀환병은 실로 성가신 존재가 된다. 왜냐하면 그들의 존재 자체가 미국 베트남 정책의 살아 있는 증인이 되기 때문이고, 나아가 베트남에서 그들의 패배가 점차로 명확히 드러나기 전까지 국민 대다수가 "자부심을 갖고 신과 국가에 봉공할" 작정이었던 사실을 그들 존재 자체가 폭로하기 때문이다. 게다가 베트남 귀환병을 배제해서는 "우리야말로 피해자이지 않으면 안 된다"고 주장할 수 없게 된다. 죽었거나 수족을 잃은 자들을 무시하고, 전쟁에 참가하지 않은 자들이 자신들을 피해자라고 말하는 것에는 무리가 있다. 한편 국민공동체는 애국자를 포용해, 나라를 위해 희생한 무명전사를 싸서 안에 넣고 싶다는 욕망을 가지고 있다. 왜냐하면 근대 민족국가로의 궁극적 귀속은 '나라를 위해서 봉공' 하고, 목숨을 바쳐도 좋다는 자기죽음에 대한 선구적 각오에 기반하지 않으면 안 되기 때문이다. 자신의 목숨을 바쳐 나라를 위해 멸사봉공한 자를 배제하는 일은 국민공동체에서 정통성의 박탈과 이어져 있기 때문이다.

주지하듯이, 1970년대 말부터 1980년대에 걸쳐서 미국의 여론은 이 두 모순된 욕구 사이에서 요동쳤다. 때문에 「람보」의 일련의 삽화는 가해자를 연방정부와 정치가에서 구해 내어, 그들의 사보타지 탓에 베트남전쟁에서 졌다는 대강의 줄거리를 만들고자 했다. 이러한 개요는 그라나다와 파나마침공 그리고 걸프전쟁과 이란-콘트라 사건에서의 장본인 중 하나인 올리버 노스의 발언에 이르기까지 몇 번이나 반복되었다. 하지만 가해자를 찾는 작업은 책임을 전가하여 자신의 죄책감을 전위하기 위해서는 도움이 되지만, 적극적으로 국민공동체의 정서적 공감의 유대를 낳지는 않는다.

베트남 귀환병과 '고향'에서 베트남 세계를 체험하지 않은 사람들 간의 분열은, 국민공동체를 구성하는 데에 가장 깊은 문제를 낳는다. 이 분열을 어떻게 극복할 것인가, 어떻게 속이고 갈 것인가, 이것이 국민공동체를 재생산하는 데 사활이 걸린 문제가 된다. 「디어 헌터」는 이런 문제에 대해서도 훌륭한 감상적인 회답을 제시했다. 감상적이라고 한 이유는, 개인의 주체적인 존재방식이나 사회편제의 관계를 변화시키지 않고 집단적으로 공유된다고 상상된 정서 즉 공감에서만 문제를 해결할 수 있기 때문이다. 요컨대 사회관계를 바꾸지 않고 정서로 해결하고자 할 때, 그 정서는 '정'이 아니라 '감상'이 된다. 우선 이렇게 규정해 두고 넘어가자.[10]

"우리야말로 피해자이지 않으면 안 된다"라는 바람은 이것을 인지하고 있는 주체의 설정을 필요로 한다. 식민주의자에게 있어서 최종적으로 원주민이 우리를 존경하고 우리의 가치에 굴복한다는 자기의 주체 구성과 관련된 자신감은, 원주민이라는 주체에 의한 인지라는 가설

---

10 '감상'과 '정'의 구별은 『과거의 목소리』(酒井直樹, 『過去の声 : 十八世紀日本の言説における 言語の地位』) 제3장에서 상세하게 논했다.

을 필요로 한다. 식민주의자는 자신을 직접 인지하는 일이 불가능하고, 나르시시스틱한 자신의 바람을 원주민의 입에서 들음으로 해서 자신의 주체화를 달성할 수 있기 때문이다. 그래서 레이 초우가 슬라보예 지젝에 의거해 서술하고 있듯이, 가설된 원주민은, 식민주의자에게 그 주체적인 일관성을 주는 식민주의자에 있어서의 '징후' symptom인 것이다.[11] 그러나 베트남에서 패배한 미국민은 그들에게 '징후'일 나르시시스틱한 요구를 원주민에게 거부당하고, 이에 제국주의자로서의 자기해체의 위기에 빠지게 된다. 제국주의자가 자기긍정의 말을 해주는 원주민을 상실했을 때, 도대체 어디서 '징후'를 구할 수 있을 것인가. 더구나 "우리야말로 피해자이지 않으면 안 된다"고 하는 바람 자체가 우수한 식민주의자의 응석을 받아 주는 원주민을 상실한 것에 대한 반작용일 경우, 이 바람을 인지해 줄 주체를 어디에 설정하면 좋을 것인가.

여기서 메릴 스트립이 연기한 린다의 역할이 중요해진다. 베트남 귀환병을 대표하는 마이크와의 관계에서, 린다는 "우리야말로 피해자이지 않으면 안 된다"는 바람을 인지하는 주체의 역할을 담당하고 있다. 그 인지는 린다가 마이크를 바라보는 시선에서 이뤄지고 있다. 마이크는 개선장군처럼 '고향'으로 돌아온 것이 아니었고, 나라에 대한 충성을 다했다는 충족감과 함께 귀환한 것도 아니었다. 린다가 순간적으로 감지한 것은 마이크의 이런 패배감이었고, 자신이 희생자라는 걸 알아 달라는 바람이었다. 마이크가 출정하기 이전부터 그리고 출정축하

---

11 Rey Chow, "Where have all the natives gone?", *Writing Diaspora*, Indiana University Press, 1993, pp.27~54.

연에서도, 이미 카메라는 마이크와 린다 사이의 시선의 오고감을 집요하게 쫓았다. 설사 시선이 상대에게 미치지 않았을지라도, 그들은 자신이 상대에게 보이고 있다는 의식을 계속 갖고 있었다. 그러므로 돌아온 마이크에게서 린다가 발견한 것은 바로 연민을 바라는 자세였고, 그 자세는 타자의 시선을 받고 싶다, "봐 줬으면" 하는 요구로 이뤄져 있었다. 그건 바로 아이들이 어머니를 향해 던지는 은밀한 '구애'의 행위이다. 린다 이외의 '고향' 사람들이 볼 수 없었던 것은 마이크 내부의 이 "봐 줬으면" 하는 요구였다.

귀향했던 그날 밤, 자신을 위해 마련된 귀환환영회를 일부러 빠져 나간 마이크. 그는 혼자가 되어 방안에서 베트남에 있었을 때에도 몰래 계속 가지고 있었을 것이 분명한 린다의 사진을 지갑에서 꺼내어 봤다. 그리고 다음 날 아침 그를 환영하기 위해 모인 사람들이 다 돌아간 후, 마이크는 혼자가 된 린다를 방문했다. 거기서 린다는 닉을 향한 마음을 토로하고, 닉의 행방불명에 깊이 상처받고 있는 자신의 감정을 저도 모르게 마이크에게 드러내 보이고 만다. 그러나 마이크는 똑같은 '희생자'인 자신의 감정을 드러낼 수 없었다. 린다는 자신의 나약함을 드러냈고, 그렇게 함으로써 전이적으로 자비를 주는 주체의 위치에 마이크를 놓았다. 요컨대 여기서 린다의 역할은 바로 린다가 보호받아야 하는 젠더로서의 '여성' 위치를 떠맡음으로써, 여성을 비호하는 젠더로서의 '남성' 위치에 마이크를 놓는 것이다. 그러나 이러한 입장으로서의 '여성'과 '남성'이 곧바로 상황을 만드는 적극성에서의 능동성과 수동성을 드러내는 것은 아니다. 그것은 식민주의자와 원주민의 입장이 명목상으로는 보호하는 자와 보호받는 자의 대비에 따라서 상상되지만, 실은 식민주의자가 원주민에게 생활의 수단뿐만 아니라 그 자존심까지도 지탱받고 있는 것과 닮아 있다. 린다는 자신의 나약함을 드러내 보일 수 있는 감정적 능력을 갖고 있다는 점에서 상황을 만드는 주체이지만, 마이크는 그런 능력을 갖지 못하는 한 주체로서 조작된다. 그래서 마이크는 린다에 의해 '남성'으로 만들어지는 것이다. 그 후의 상황은 린다에 의해 진행됐다. 다음 날, 그들은 자신들이 닉의 부재를 기회로 맺어졌고, 더구나 닉을 배반한 것은 아닐까라는 죄책감을 강하게 느낀다. 그러나 죄책감에서 오는 금기를 무릅쓰고 말을 꺼낸 것은, 마이크가 아닌 린다였다. "마이크, 우리 언제 잘까? 우리가 그저 위안하는 것이 왜 나쁜 거지?" 전쟁터에서의 상처를 내면에 안고 있었던 마이크는 이러한 적극적인 신청에 망설였지만, 린다는 마이크의 뒤를 쫓았고 마침내 그의 주저함을 없애 주었다. 린다는 마이크를 깊이 사랑하는 것은 아니었지만, 닉의 부재에 대한 대리보상으로서 서로 사랑하고 있다는 허구를 만들었다. 그것으로 두 사람 사이에는 자기연민의 교환이라는 공감의 회로가 만들어졌다. 요컨대 마이크는 린다 내부의 나약함을 확인함으로써 스스로 보호하는 자로서의 '남'성의 입장을 다시 취할 수 있게 되었고, 그렇게 주어진 자신감을 통해서 자신의 약함을 드러내며 서로를 위안하는 능력을 획득했던 것이다.

　이렇게 공감의 회로가 두 사람 사이에 만들어졌다. 그러면 공감은 어떤 식으로 공동체 내부의 개인들에서 공동체와 국민·민족공동체로 확대되는 것일까? 베트남에서 귀환한 후 린다와 마이크가 만났던 장면을 보면, 거기에는 육체적인 의미의 성적 관계가 복선으로 깔려 있기 때문에, 역할로서의 젠더의 관계로 파악할 수 있는 '여'와 '남'의 관계가 자칫하면 간과되어 버린다. 아마도 역할로서의 성性과 공감의 기술이 가장 훌륭하게 이용되고 있는 장면은 다음과 같은 장면일 것이다.

사이공의 한 도박장에서 '러시안 룰렛'을 하는 닉은 마침내 자신의 행운이 다했던지 머리에서 피를 쏟으며 마이크에게 안긴 채, 공동체의 죄과를 짊어진 속죄양의 역할[12]을 맡아 절명한다. 이 장면에 이어 남베트남에서 패배한 미국이 후퇴하는 모습을 보여 주는 텔레비전 뉴스장면이 나온다. 이 뒤를 이어 닉의 장례식에 참석한 '고향' 사람들의 역사와의 화해장면이 나온다. 닉의 장례식에 린다와 안젤라를 포함해 그의 남자 친구들이 모였다. 휠체어를 탄 스티븐이 처음으로 안젤라와 아이를 데리고 공적인 장소에 모습을 드러냈다. 닉의 죽음을 애도하는 이 사람들은 적어도 닉을 잃었다는 의미에서 모두 전쟁의 '피해자'다. 게다가 스티븐과 안젤라도, 린다와 마이크도, 각각 전쟁으로 치유하기 힘든 상처를 입었다.

닉의 유해를 매장한 뒤, 그들은 '웰슈즈 라운지'로 갔다. 그 뒤로 약 5분 정도 계속 이어지는 2부 마지막 장면은 1부 마지막의 '러시안 룰렛' 장면과 훌륭한 대조를 이루고 있다. 여기서 오가는 대화는 놀라울 정도로 적다. 이 장면을 지탱해 가는 것은, 대화의 연쇄 대신에 린다와 마이크 사이에 오고 가는 무언의 시선이다. 둘은 마치 둘 사이에 공감의 회로가 열려 있는 것을 확인이라도 하듯이, 억제할 수 없는 시선을 상대에게 던진다. 이 두 사람의 시선이 교차하고 이동하는 모습을 카메라는

---

12 다만 속죄양이라는 규정은 다음과 같은 점에서 맞지 않다. 「디어 헌터」에서 죄는 어디까지나 '적'에 귀속되어 있다. '러시안 룰렛'을 강요한 것은 '적'이고, 그 은유적인 해석—징병제도나 전장에서의 죽음의 우연성—의 수준에서만 '우리'의 죄이다.

연속적인 짧은 숏으로 집요하게 추적한다. 식탁 주위에 앉은 친구들이 죽은 이를 생각하면서 식사를 시작하려고 할 때, 그때까지 말을 잃고 있었던 안젤라가 돌연히 이야기를 시작했다. 그리고 별실의 조리실에서 울리기 시작한 울음소리를 계기로, 린다는 「성조기여 영원하라」*America the Beautiful*를 노래하기 시작했다. 그곳에 있는 다른 다섯 명의 시선은 조용히 린다를 향했고, 그때까지 끊임없이 움직이고 있던 카메라는 딱 움직임을 멎어, 이 '최후의 만찬'을 생각나게 하는 등장인물이 나란히 있는 장면에 고정됐다. 요컨대 린다의 선도로 안젤라를 포함한 동료들은 울면서 「성조기여 영원하라」, 즉 단조短調로 불리는 애국가를 합창하기 시작했다. 합창을 통해서, 동시에 노래를 부른다는 공시성synchrony, 共時性 에 기반한 파토스pathos의 공유라는 의례를 통해서, 그들은 공감sym-pathy을 달성한다. 그것은 국민공동체로의 귀속을 노래하는 과정에서 일어나는 공감이다. 부재하는 닉에 의해서 한곳에 모인 동료들은, 미국이 얼마나 훌륭한가를 자랑스레 노래하는 「성조기여 영원하라」를 함께 부름으로써 자기연민의 정서를 공유할 수 있게 되었고, 자기연민의 정서를 국민·민족공동체의 공감으로 투사함으로써 '고향'으로서의 국민·민족공동체로 회귀할 수 있었다.

노래를 부르는 행위를 통해 개인은 국민공동체의 수준에서 주체로 구성된다. 흡사 국민공동체의 수준에서 성립한 것처럼, 합창을 통해 린다와 마이크 사이에 만들어진 공감을 사람들은 믿을 수 있게 되었다.

그러면, 이렇게 성립된 공감의 공동체는 어떠한 성격을 가지고 있을까. 이 공동체는 자기 공동체의 외부인에 대해서 피해망상적인 반감을 통해서 제일의적인 자기동일화를 꾀하고 있다. 더구나 외부인을 다른 인종으로 보고 싶어 하기 때문에, 이 국민적 동일성은 인종에 기반한 동일성으로 미끄러질 가능성을 끊임없이 가지고 있다. 게다가 이 공동체는 자신을 '피해자'의 공동체로 간주하고 싶어 하는 바람으로 그 공동성을 지탱하고자 한다. 그리고 그 바람은 자기연민의 상호적인 승인을 야기한 공감에서 그 바람의 실현형을 구하고 있다. 그러므로 이 공동체는 자신을 외부의 비판으로부터 눈물로 절연하고 울음소리로 노래함으로써, 과거를 망각한 공동체라는 모습을 가질 수 있다. 나는 여기서「디어 헌터」에 나타난 국민·민족공동체의 존재방식이 곧 미국 국민공동체의 형상이라는 따위를 말하고자 하는 것이 아니다. 내가 말하고 싶은 바는, 국민공동체의 규정이, 끊임없이 다른 규정과 경합관계에 있고, 헤게모니를 구해 쉴 새 없이 다른 가능성과 투쟁을 반복한다는 점이다. 국민적 동일성뿐만 아니라, 민족공동체도 과잉결정되어 있는 것이다.

1980년대, 미국의 영화제작자들은 이렇게 제국의 패배를 처리하고자 했다. 물론「디어 헌터」와는 다른 식으로 패배에 대해서 감성-미학적인 전략을 제공하고자 한 영상작품도 있다. 그러나 20여 년이 지난 오늘날(2007년), 나는「디어 헌터」에 대해 느꼈던 위구심을 아직도 가지고 있다. 1990년대, 미국의 국민주의는 피해망상적인 반감을 통해서 자기획정하는 경향을 점차 강화시켜 갔다. 베트남인＝아시아인이 아니라, 아랍인＝회교도와 같은 대조항을 정립함으로써, 미국의 국민공동체는 점차 자기동일성을 확립하고자 하는 방식으로 진행되고 있다. 특히 상업영화에서 진행되고 있는 아랍인의 스테레오타입화는 우리의 눈을 가린다. 그리고 2001년, 9·11이 일어났다. 9·11은 미국 국민 전체를 '피해자' 의 입장에 두기에 아주 좋은 사건이었다. 잠시 동안 미국의 국민공동체는 자기연민의 상호승인을 야기한 공감에 도취된 것 같았다. 뉴욕세계무역센터와 워싱턴특별구의 국무성을 향한 테러공격이 단숨에 국민 전체에 대한 공격과 개인에 대한 공격을 융합시킨 사건으로서 받아들여졌다. 사실, 세계무역센터 폭발사건 피해자 가운데에는 외국인이 많이 있었을 터인데, 미국의 매스 미디어는 이러한 비非 미국인의 존재를 완벽하게 무시했다. 미국의 국민공동체는, 잠시 영적靈的인 일체화를 달성했던 것 같았다.

마나이 에이코生井英考가 논문에서 훌륭하게 지적하고 있듯이, 집단 성원 한 사람 한 사람에게 있어서 "자기의 기쁨이 타자의 기쁨이고, 타자의 고통이 자기의 고통이고, 자기와 타자를 구분하는 기존의 경계가 의미를 잃은 듯한 현상"으로서, 국민주의의 유포리아euphoria, 高揚에 도취한 자들이 빈번히 출현했다.[13] 개인이 타자로 나아가 집단으로 융합해 버린 현상이 나타난 것이다. 그리고 거기에 놀랍게도 「성조기여 영원하라」의 대합창이 있었다! 연일 텔레비전에서는 「성조기여 영원하라」의 합창이 방송되었다. 이러한 자기연민의 집단적인 공감과 비판의식의 철저한 억압을 바탕으로 부시 정권은 '악의 축' 을 말했고, 아프가니스탄에 진주進駐했고, 알 카에다와 사담 후세인이 동맹했다는 소문을 조작했고, 그 이유로 이라크정복에 매진했다. 그것은 총동원체제가 단숨에 만들어지는 과정이었다.

---

13 生井英考, 「テロリズムと総動員の修辞学 ― トラウマ, ユーフォリア, 9月11日」, 『総力戦体制からグローバリゼーションへ』, 平凡社, 2003, 121~166쪽

물론 여기서 내가 관심을 갖고 있는 것은, 이렇게 적출된 기술로 공감을 만드는 방법이 다른 역사와 다른 대지에서는 어떻게 효과적일 수 있을까이다. 지금까지 「디어 헌터」의 해독은 이 목적을 위해 수행되어 왔다. 이런 방식의 독해에서, 나는 「디어 헌터」가 아시아·태평양전쟁 패배 이후 일본에서 발표된 두 개의 영화작품을 종합하고 있다는 인상을 받았다. 그 두 작품 중 하나는 「버마의 하프」고 다른 하나는 「24개의 눈동자」이다.

망각의 기술로 창출된 공감의 공동체를 찾아서, 지금부터 패전 후의 일본을 찾아갈 것이다.

3. '인정받는 것'의 정치와 구애의 행위

―공감의 공동체와 부인된 제국적 국민주의 :「'가자 가자, 신군' 서설 Ⅱ」

1956년에 발표된 이치카와 곤市川崑 감독의 「버마의 하프」ビルマの竪琴는 1947년에서 1948년에 걸쳐 발표된 다케야마 미치오竹山道雄의 소년·소녀를 대상으로 한 소설을 영화화한 작품으로, 훗날 발표된 「24개의 눈동자」二十四の瞳와는 확실하게 다르다. 오히려 이 두 작품들은 서로 대립되는 전쟁관을 제기한 것으로 알려져 있다. 다케야마에 의하면, 전쟁은 일부 억압적 군국주의자 혹은 군사지도자와 하급 군인 및 일반 시민으로 이뤄진 피해자들 사이의, 다시 말해 가해자계급과 피해자계급이라는 상극의 극劇으로 이해되어야 하는 것이 아니라, 적도 아군도 지배계급도 피지배계급도 커다란 역사적 흐름 속에서 피해자로서 휩쓸려 들어간 운명으로서 포착해야 한다. 전쟁에는 가해자는 존재하지 않고, 다만 피해자만 있을 뿐이다. 따라서 전쟁이라는 과거와 작품의 관계는 우선 진혼鎭魂으로, 당시 일본에서 지배적이었던 마르크스주의 진영이 전쟁을 표상화하려고 했던 시도와는 전혀 다른 방향을 내세우려고 했다.

피해자와 가해자의 대비를 없앤다는 점에서, 전쟁에 대한 죄책감의 원천 그 자체를 치환해, 보편적인 인류 일반의 원죄와 그 원죄로부터의 (제도적인 개혁을 포함하지 않고 끝나는) 정신적 참회를 통한 종교적 구원의 서사로 전쟁을 환원하려는 것으로 읽을 수 있다. 바로 이 점에서도 「버마의 하프」는 전쟁책임을 사회편제의 계급적 분석에서 구하고자 하는, 이른바 좌익적인 역사관과 첨예하게 대립하는 것으로 받아들여졌다. 실제로 이 작품은 제17회 베니스 영화제에서 가톨릭교회상을 수상했다.[1] 여기서 알 수 있듯, 당시 일본영화로서 구로사와 아키라黑沢明 감독의 「라쇼몽」羅生門의 뒤를 이어 국제적인 평가를 받았던 이유는, 이 작품이 강하게 주장하고 있는 반공주의적 측면 외에도 이러한 죄책감을 인류 일반의 원죄로 해소하고자 하는 바람이 당시 유럽에도 강하게 존재하고 있었기 때문일 것이다. 유럽의 이런 바람에 먼 극동에서 찾아온 작품, 다시 말해 전쟁에서 알베르트 슈바이처 자서전의 일본어 번역자였던 다케야마 미치오가 만든 작품이 훌륭하게 응하고 있었던 것이다.[2]

다만 영화 「24개의 눈동자」가 「버마의 하프」와 당시 일본의 국민정치에 있어서의 정치적 당파성에 있어서 대립한다고 해도, 그 대립이 갖

---

1 이외에 「버마의 하프」는 리스본 국제영화제 심사위원 특별상, 제11회 에든버러 국제영화제 골든 로렐상, 일본에서는 NHK '영화 베스트10' 1위, 제11회 마이니치 영화콩쿠르 음악상 등을 획득했다. 원작인 소년·소녀용 소설 『버마의 하프』는 마이니치출판문화상(1947), 예술선장 문화대신상(1950)을 수상했고, 여러 언어로 번역·출판되었다. 竹山道雄, 石川欣 訳, 『The Harp of Burma』, 中央公論社, 1950 ; Michio Takeyama, *Harp of Burma*, trans. Howard Hibbiett, Unesco collection of contemporary works, Charles E. Tuttle Co., 1966(재출간) : *Chun Phrabhavivadhana*, 1968(태국어 번역).

2 다케야마 미치오는 1939년에 슈바이처의 자서전 『わが生活と思想より』(白水社)를 번역 출판했다.

는 의미 맥락은 극히 제한되어 있다. 하지만 다른 문맥에서는 실은 많은 공통성을 가지고 있음을 여기서 우선 지적해 두자. 그리고 단순히 「24개의 눈동자」뿐만 아니라, 「버마의 하프」는 이미 앞에서 해석을 시도했던 「디어 헌터」와도 많은 공통점을 갖는다. 지금부터 신중하게 해석해야 하는 논점으로서 우선 다음과 같은 두 가지를 미리 말해 두기로 한다. 하나는 「버마의 하프」에 드러난 여성 인물의 역할이고, 다른 하나는 주체의 구성에 있어서의 '노래'의 문제다.

위계질서와 죽은 자를 취급하는 방법

「버마의 하프」에는 기묘한 인물이 등장한다. 바로 이야기의 중심인물군을 이루는 일본군 포로가 수용되어 있는 무동수용소에 물건을 팔러 오는 '원주민' 노파다. 식민지 상황을 식민자의 시각에서 다룬 작품이 대부분 그러하듯이, 이 작품에서 '원주민'은 침묵을 지키고 있고 등장인물이라기보다는 이야기의 배경과 거의 분간하기 어려울 정도로 풍경이나 자연에 융해되어 있다. 그들은, 군인들이 지나간 토지를 말없이 경작하는 농부나 일본군을 접대하는 마을 사람들 무리, 포로수용소의 철조망 바깥에서 포로인 일본 군인을 바라보는 고요한 시선 그 이상의 존재가 아니다. 그런데 이 행상 노파에게는 일본 군인들과 사회적으로 교섭할 수 있는 '성격'이 주어져 있다.

　　노파가 갖고 있는 '성격'은, 이 역할을 기타무라 다니에北村谷米라는 일본인 배우가 연기하고 있다는 점과 뗄 수 없는 관계를 갖는다. 요컨대 원주민 배우가 아니라 일본인 배우에 의해서 연기된다는 점이 이 '원주민' 행상 노파라는 역할의 본질적인 요건으로 등록되어 있다. 이 작품에는 대사가 주어지지 않은 다른 '원주민'도 등장하는데, 이들 중 몇 명은 일본인 엑스트라가 연기하고 있을 가능성도 있다. 하지만 그것도 행상 노파가 일본인 배우에 의해 연기되는 것과는 전혀 다른 차원에 속하는 사태이다.

가령 일본에서 셰익스피어극을 영어로 무대에 올린다면, 무엇보다도 영국인이나 기타 서유럽 사람들의 역할을 일본인 배우가 연기하겠지만, 그것과 동렬에 두고 이 배역을 고려했을 리가 없다. 왜냐하면 이 역할에는 관객에게 배우가 등장인물을 연기하여 보여 준다는 모방의 차원 외에, 일본인 혹은 더 일반적으로 말해 '원주민'이 아닌 자가 '원주민'을 일본인 관객 혹은 '원주민'이 아닌 자들로 이뤄진 관객에게 연기해서 보여 준다는 다른 차원의 모방이 있기 때문이다. 그것은 「모정」 *Love Is a Many-Splendored Thing*에서 제니퍼 존스가 혼혈 여의사인 한수인을 연기한 것과 같은 사태이다. 일부러 서투른 일본어를 말하며, 서투르기 그지없는 '원주민' 일본어 발음을 재현하고자 하는 시도에는 기묘하게 도착된 모방성이 드러나는 것이다. 일본인 배우가 셰익스피어극의 등장인물의 대사를 말한다면, 그것은 서투른 엘리자베스 왕조 시기 영어 발음을 재생산한 거라고 할 수 있다. 그러나 그 배우는 외국인의 서투른 영어를 재생산하기 위하여 연기하는 것이 아니다. 또한 엘리자베스 왕조의 영어가 바르게 발음되었는지 여부를 판단할 수 없는 일본의 관객에게 '가짜 같다'는 말을 듣기 위해서 연기를 하고 있는 것도 아니다. 그런데 이런 것들과는 달리 기타무라 다니에가 연기하고 있는 행상 노파의 경우, 그녀의 역할은 '원주민'의 시각을 경유하지 않고 이른바

'일본인'의 시각에서만 구성되어 있다. 즉 그녀가 말하는 서투른 간사이 지방 사투리는, '원주민'이 간사이 지방 사투리를 말한다니, 무슨 틀린 부분이 있을 거야, 발음상 틀린 부분이 있을 거야, 라며, 요컨대 '원주민' 자신의 귀로 그들 자신이 말하는 간사이 지방 사투리를 들을 수 있는가의 여부에 대해서는 전혀 고려하지 않는다. 다시 말해, 기타무라 다니에가 연기하고 있는 것은 바로 식민지 지배자인 일본인을 위한, 즉 일본인용 '원주민 여성'인 것이다.

그러므로 이 원주민 여성이 이른바 '일본인'에게 말을 거는address 구조, 다시 말해 '수신자의 지정'이라는 구조를 이루고 있는 점을 본다면, 원주민 여성은 이른바 '서양인'에게 있어서의 '나비부인'에 대응하는 존재[혹은 역할]라고 말할 수 있다. 행상 노파의 형상에는 식민주의 특유의 사회적 상상체social imaginary가 선명히 각인되어 있다.

행상 노파의 인물구성에 한정해서 보자면, 소설 『버마의 하프』에는 이런 이중 모방성의 측면이 영화만큼 명확하게 드러나지는 않는다. 소설이라는 서사형식과 영화라는 다층매체의 서사형식의 차이가, 행상 노파가 형상화되는 방식에 커다란 차이를 낳았던 것이다. 무엇보다 영화에서 명확하게 드러난 식민주의적 상상력에서 종종 보이는 이중 모방성의 편집이 원작 『버마의 하프』에 전혀 없었다고 말할 수도 없다. 오히려 영화판 「버마의 하프」가 원작이 가지고 있는 건너기 힘든 식민주의적 성격을 여하튼 현재화했다고 생각하는 편이 좋을 것이다.

행상 노파는 일본인이 너무나 좋아서 어쩔 줄 모르는 인간으로 그려져 있다. 일본군이 항복하기 전에는 일본군의 어용상인으로 이익을 얻었고, 일본군이 항복한 후에도 일부러 포로수용소로부터 특별허가를

받아 찾아왔다. 인격적인 수준에서 보자면, 일본 군인과 노파의 관계는
문명화된 강자와 문명화 정도가 낮은 원주민의 관계가 변함없이 유지
되고 있다. 패전과 일본군의 항복으로 완전히 변해 버린 일본 군인과 원
주민의 관계에서, 이 행상 노파와 일본군 포로의 관계만은 이전 그대로
남아 있다. 일본군의 패배에 원주민의 태도가 180도로 변화하기는커
녕, 노파의 충성은 일본군과 원주민이 그때까지 갖고 있었던 관계가 일
본군의 군사·경제·정치적인 우위로 유지되고 있었다는 사실을 완벽하
게 숨긴다. 일본군 병사가 수용되어 있는 포로수용소에 와서도, 그녀는
흡사 하녀처럼 그들을 위해서 심부름을 해주었다. 그래서 이 노파를 통
해서 포로인 일본군 병사는 자신들의 본래적인 우월성을 '인정받을' 수
있었다. 일본군 병사가 원주민보다 우월한 문명인이라는 전前 제국 국
민으로서의 자존심은 일본인을 동경하는 노파의 시선으로 위안을 받았
고, 위무를 받았으며, 또한 인정을 받았던 것이다.

　일본이 항복한 직후, '노래부대'うたう部隊 대장(미쿠니 렌타로三国連太
郎가 연기)의 명령으로 하프를 능숙하게 켜는 미즈시마 상병(야스이 쇼지
安井昌二가 연기)은 삼각산이라는 바위가 많은 지역으로 파견되었다. 그
의 임무는 바로 이 지역에서 계속 항전하고 있는 일본군 부대를 항복하
도록 설득하는 것이었다. 작품의 실질적인 주인공인 미즈시마 상병은
일본군 부대를 설득하는 데에 실패하여 부상을 당하고, 그는 '인육을
먹는' '야만인'에게 구출되었다. 부상을 당해서 기절한 미즈시마 상병
은 부락민 전원이 한 조각씩 자기 몫을 받을 수 있도록 토실토실해질 때
까지 병간호를 받는다. 요컨대 '야만인'은 미즈시마 상병을 식용으로
삼기 위해 구해 준 것이었다. 그런데 일단 실제로 요리를 할 단계가 되

자, 미즈시마 상병은 순간적인 판단으로 그가 마침 알고 있던 토착민족에 관한 민속적인 지식을 이용해 '야만인'을 놀라게 만들고 그들에게 공포심을 심어주는 데 성공했다. 다시 말하면 천박한 정도의 지식만으로 그들을 조종할 수 있을 정도로 원주민은 우매하다는 말이 된다. 그러자 이번에는 추장이 자신의 딸과 결혼을 시켜 그를 사위로 삼고 싶다고 말했다. 이 부분은 전후에 쓰여진 『모험 단키치』(『冒険ダン吉』, 혹은 '제임스 본드'의 선구)라고 말해지지만, 역시 영화판에서는 잘려 있다. 그 대신 원주민 스님에게 구출되어 불교사원에서 상처를 치료받고, 불교의 가르침에 깨달아 미즈시마 상병이 스스로 삭발을 하고, 원주민의 친절함으로 살아남는다는 상황으로 고쳐 쓰여 있다. 다시 말하면 버마(미얀마)의 '원주민'에 대한 문명 대 야만의 가치질서에 따라서 원주민을 깔보는 필자의 태도가 영화판에는 수정되어 있는 것이다.

버마전선은 일본군이 아사자나 전사자 및 부상자로 그 병력의 과반수를 잃은, 생존율이 아주 낮았던 전쟁터로 유명하다. 식인이라는 점에서 「가자 가자, 신군」과 함께 보면, 「버마의 하프」가 어떤 부인을 행하고 있는지 알 수 있다. 나아가 버마 소수민족에 대한 노골적인 인종주의는 우리에게 '흰 돼지와 검은 돼지' 일화를 생각나게 만든다. 「가자 가자, 신군」이 「버마의 하프」의 감상이 만들어 낸 '전후 사회'의 상식에 대해 과격하게 간섭할 수 있음에 비해서, 「버마의 하프」는 「가자 가자, 신군」이 폭로하고자 한 전후 사회의 기만을 비춰 주고 있다고 할 수 있다. 물론 작품이 의도하지는 않았지만 말이다.

여기서 나는 '야만인'·'토인'·'미개인' 등 이른바 '차별어'가 거의 자기억제되지 않은 채 사용되고 있는 점을 들어, 다케야마 미치오 원작의 식민주의적 성격을 문제 삼으려는 것이 아니다. 그것보다는 「버마의 하프」에 등장하는 원주민이 '일본인'의 은밀한 나르시시스틱한 욕구를 만족시키기 위해서 설정되어 있고, 행상 노파의 형상이 그러하듯, 그들이 '일본인'의 비대한 긍지를 유지하기 위한 도구로 전락하게 된 점에 주의를 기울이고자 한다. 다케우치 요시미竹内好는 이 소설을 비판하며 "인류애가 관념으로 처리되어 있어, 대립의 모습 속에서 결정結晶되어 나오지 않은 것. 그 때문에 버마인이 그려져 있지 않다. 버마인은 모두 무지하고, 게으름뱅이이고, 현대생활에 적합하지 않다는 인상을 준다"[3] 고 말하고 있다. 저자 다케야마 미치오가 신경을 쓰고 있었는지 여부는 알 수 없지만, 버마인이 그려져 있지 않은 것은 당연하다. 왜냐하면 저자에게는 처음부터 버마인을 그릴 마음 따위가 없었기 때문이다. 다케우치 요시미는 비판의 초점을 잘못 잡고 있었던 것이다.

그러므로 이 작품을 꿰뚫는 문명비판이라는 주제도, 실은 '원주민'을 보는 일본인용 시각에서 한 발자국도 나가지 못했다. 가령 다음과 같이 반복적으로 표명되는 문명관의 대립을 보자.

앞의 사람이 말했다. — "그렇다면, 언제까지나 이 버마인처럼 미개한 채로 있어도 좋다, 그런 겁니까?"
뒤의 사람이 말했다. — "버마인이 미개한 건가요? 우리 쪽이 어지간히 야만인 것은 아닐까, 그런 생각이 자꾸 드는데."
"놀랍군요. 이렇게 불편하고, 학문이나 노동으로 혼자서 살아가려는 의

---

3 竹内好, 「『ビルマの竪琴』について」, 『日本と中国のあいだ』, 文芸春秋, 1973, 465쪽.

지조차 없는 국민보다, 우리 쪽이 더 야만적이라는 말입니까?"

"그렇지요. 우리는 문명의 이기를 가지고 있지만, 소중한 그것을 사용하는 인간의 마음이 야만스럽지 않은가요. 문명의 이기를 가지고 있고, 그것으로 뭔가를 한다는 차원에서 말한다면 이런 대규모 전쟁에서, 이런 곳까지 공격해 들어와, 버마인에게까지 큰 폐를 끼쳤는데도, 버마인은 이런 일 따위는 신경 쓰지도 않고, 언제나처럼 평온하고 조용하게 살아가고 있지요. ……"[4]

버마인들이 전쟁에 휘말렸어도 "언제나처럼 평온하고 조용하게 살아가고 있다"고 말할 수 있는 근거가 도대체 어디에 있는지에 대해서는 묻지 않겠다. 다만 다케우치 요시미가 지적했듯이, "버마인은 모두 무지하고, 게으름뱅이고, 현대생활에 적합하지 않다"라는 식민지지배를 곧장 정당화하는 그런 선험적인a priori 판단이 「버마의 하프」의 문명관을 지배하고 있음은 확실하다. 그러한 버마인의 상태를 긍정적으로 말하든 부정적으로 말하든 간에 말이다. 당시 버마에서 진행 중이었던 대영독립운동에 대해서 다케야마 미치오가 어느 정도로 알고 있었는지에 대해서는 알 수 없다. 또 이 식민지지배의 정당화가 당시 영국이 식민지 버마를 유지하도록 지원하기 위한 아부였는지에 대해서도 알 수 없다. 그러나 '우리' 문명과 '원주민' 문명의 대립이 몇 번이고 식민지지배의 정당화에 사용되어 왔던 '게으름뱅이 원주민'lazy natives의 신화에 완벽하게 규정되어 있음은 놓칠 수 없을 것이다. 어쨌든 이러한 미개문명의

---

4 竹山道雄, 『ビルマの竪琴』(昭和文学集 28), 小学館, 1989, 446~447쪽.

찬미는 미개문명을 담당한 자들에 대한 치유하기 어려운 멸시 위에 세워진, 일종의 역겨운 겉치레 인사말의 영역에서 떠도는 것이다. 이는 많은 사람들이 이미 알고 있는 대로이다.

소설이 발표된 1947년부터 다음해 1948년이라는 시기 동안에도 버마는 영국의 식민지였으므로, 당시 일본을 통치하고 있었던 연합국 일원의 식민지지배를 비판하는 일은 어려웠을 것이다. 무엇보다도 전쟁에서 패배한 후에도 일본인으로서의 '우리'를 문명을 대표하는 식민지 지배자 측에 다시금 자리매김하는 작업은 더욱 어려웠을 것이다. '우리'는 제국을 잃었고 이전의 식민지나 병합했던 영토를 빼앗겼다. 그뿐만이 아니었다. 외국 군인에 의해 점령을 당하기까지 했다. 나아가 잊지 말아야 할 것은 미국이나 영국의 국민 대부분은 전쟁 이전부터 줄곧 일본인을 '비서양의 원주민'의 일종으로만 인정하고자 했다는 사실이다. 작품 내부에서 패전의 사실과 일본의 재건은 여러 번 말해지고 있다. 그러나 그렇다고 해서 이러한 역사적 체험은, 스스로 식민지의 상태에 있는 건 아닐까라는 시각을 이 작품 안에 확립하고 있지 않다면, 일본인과 원주민의 관계를 어떻게 지각할 것인가에 대해서 어떠한 변화도 야기하지 않는다. 더 정확하게 말한다면, 역사체험을 통해서 일본인과 원주민의 관계를 다시 보라고 압박을 가하는 계기들은 모조리 억압되었던 것이다. 역사체험이 야기했음직한 불안이나 깊은 자기회의의 고통은 신중하게 제거되어 있다. 이 작품의 '우리'는 이른바 역사성에서 격리된 상태에 놓여 있다.

그래서 작품에 그려져 있지 않은 것은 버마인만이 아니다. 포로수용소를 관리하고, 일본군 병사의 새로운 '주인'이 된 영국인도 전혀 그

려져 있지 않다. 설혹 그려져 있다 해도 그들은 모두 나무인형처럼 보이는데, 그건 이 작품이 철저하게 역사적 체험을 부인하고 있기 때문이 아닐까? 원주민 부락의 꾐에 빠져 포위당했을 때, '노래부대'가 합창한 「즐거운 나의 집」埴生の宿은 영국군의 「홈·홈·스위트·홈」*Home Home Sweet Home*의 합창으로 응수되었다. 이 일로 두 군대 간의 쓸데없는 죽음을 피할 수 있었다는 사건은 청소년용 소설에 기반하고 있는 이 작품의 성격에서 본다면 너그럽게 봐줄 수 있다. 하지만 그건 그렇다고 치더라도, 영국군 납골당에 포로수용소에서 죽은 일본군 병사의 유골을 이장하는 의식 장면은 어떻게 해석해야 좋을까.

거의 10년의 시간차를 두고 만들어진 영화판 「버마의 하프」가 소설과 크게 차이 나는 부분은 바로 영국군의 유해를 어떻게 취급하고 있는가에 대한 것이다. 첫째, 소설에 있었던 대영제국의 방대한 식민지체제를 과시하는 영국 의장병이나 종군사제의 행렬 등은 완전히 삭제되고, 이장식은 불교사원에서 행해진 스님들의 행렬로 변경되었다. 즉 이장식에서 영국군의 존재가 완전히 말살되어 버린 것이다. 이것은 말할 것도 없이, 영화가 만들어지기 전에 버마는 영국의 식민지지배에서 독립했기 때문이다. 작품 안에서 철저하게 부인되고 있는 식민주의의 문제가, 이렇게 영화화의 조건 속에서 드러나 버린 것이다. 그리고 역사적 조건을 이렇게 철저하게 잊으려고 하면 할수록, 영화에서 영국인의 존재는 점차 희박하게 되고, 실재감이 없어지는 것은 당연한 귀결이다.

게다가 영화를 만들 즈음, 이치카와 곤은 보다 많은 국제적인 관객을 확보하기 위해 그만큼의 국제적인 배려를 해야 할 필요가 있었던 것은 아닐까. 그래서 영화에는 죽은 영국 군인과 일본군 포로수용소의 관계가 모두 덮였다. 즉 영화에서 납골당은 버마 및 태국 지역에서 죽은 영국군 **모두**를 위한다고 설정되어 있다. 이는 소설에 있었던 태국과 버마를 잇는 태국-버마 철도泰緬鉄道와의 연관관계를 교묘하게 피하고 있는 것이다. 소설을 보면, 포로가 된 일본군 병사의 노동력을 이용해서 만들어진 납골당은, 특별히 버마와 태국을 잇는 철도를 건설하는 데 강제로 동원되어 사망한 뒤, 아무렇게나 매장된 영국군 포로의 유골을 발굴해 고향으로 돌려보내는 작업의 중개점으로 건설되는 것으로 되어 있다.

그러면 왜 감독은 태국과 버마 간 철도와의 연관성을 주의 깊게 피하고 있는 것일까. 이 점을 이해하기 위해서 같은 시기에, 「버마의 하프」와 거의 같은 주제를 영국 측의 시각에서 다루고 있는 「콰이강의 다리」*Bridge on the River Kwai*, 1957를 고찰해야 한다. 연말이 되면, 매년 일본에선 홍백가요제가 방영되고, 매년 크리스마스 시즌 미국에서는 프랭크 카프라 감독의 「멋진인생!」*It's a Wonderful Life*, 1946이 방영되듯이, 영국에서는 「콰이강의 다리」가 1960년대부터 1970년대에 걸쳐 매년 연말에 방영되었다. 이는 영국 국민에게 있어서 「콰이강의 다리」가 국민적인 영화이자, 자신들의 '국민성'을 이해하는 데 커다란 역할을 담당했음을 말한다. 이 영화를 보면, 영국인의 성격은 포로수용소의 일본인 병사의 잔혹함과 대비되어 있다. 영국군 병사는 자기관리와 합리적인 계획성을 가진 주체성을 갖고 있는 데 비해서, 일본군 병사는 그러한 근대 공업을 지탱하는 주체성을 결여한 대비적인 모습으로 그려져 있다. 현재 시점에서 본다면 대단히 아이러니하지만 말이다.

요컨대 전후 대영제국이 차례로 식민지를 잃어 가는 과정에서, 대부분 영국 국민의 국민적 자긍심을 지탱해 왔던 것은 일본인과 같은 잔혹한 파시스트와의 전투의 기억이다. 영국군 병사는 일단 패배하여 포로가 되었지만 국제법을 짓밟는 일본군의 잔학한 비문명성에 굴복하지 않고, 계획성과 자기관리 능력을 가진 내면적 주체성에서 그들을 압도했다는 거의 몽상된 기억이다. 이런 의미에서 일본인을 향한 증오는 전후 영국인 자신의 국민적 동일성에 그림자를 드리우는 형태로 각인되어 있었다. 아일랜드와 영국 혹은 인도와 영국의 오랜 역사를 고려한다면 충분히 납득할 수 있는 일로, 데이비드 린 감독이 만든 「콰이강의 다리」에는 이런 영국인의 자기인식이 때로는 야유적으로 묘사되어 있다.[5] 하지만 많은 영국 시청자들은 그 야유를 눈치 채지 못했던 것으로 보인다. 그것은 흡사 「디어 헌터」를 반전영화로 오해한 미국의 많은 사람들처럼, 또한 「버마의 하프」의 반전 메시지를 자기 마음대로 읽어 낸 일본의 관객처럼, 영국 시청자들 대부분도 자신의 국민공동체의 자폐성에는 주의를 기울이지 않았다.

태국-버마 간 철도 건설에 동원된 영국인 포로에 대한 학대는, 시간이 지날수록 영국인에게 잊혀지기는커녕 끊임없이 상기되는 일이었다. 그것은 영국인의 국민적 고정관념의 차원으로까지 형성되었다. 그뿐만 아니라, 전쟁에서 그렇든지, 혹은 식민지체제 내에서의 항쟁에서 그렇든지 간에, 탄압을 받고 학대받았던 사람들이 일단 그러한 경험을 거치게 되면, 그 이후로 탄압을 행한 자 혹은 학대한 자와 관계를 맺는

---

5 영국의 제국주의에 대한 데이비드 린(David Lean)의 관심은 그의 다른 작품 「아라비아의 로렌스」(*Lawrence of Arabia*, 1962)나 「라이언의 딸」(*Ryan's Daughter*, 1970)로 이어졌다.

데 있어서 자신들의 비참한 체험을 떠올리지 않을 수 없다.

영화 「버마의 하프」에 상정된 화자는 '노래부대'의 한 병사다. 즉 이 작품에 그려진 영국인은 영국인 포로에 대해서 학대를 행한 당사자 집단의 일원인 일본군 병사의 눈에 비친 영국인이었다. 그래서 이 시기의 버마라는 상황설정에는 영국인이 일본인에 대해 가졌음 직한 감정을 경유하지 않고는 그들을 그려 낼 수 없다(물론 이번에는 역할을 바꿔서 같은 문제가 버마 사람들과 영국인들 사이에 있을 것이지만, 그에 대해서는 다른 기회에 묻도록 하자). 만약 일본군이 포로수용소의 경험을 하지 못했다고 한다면, 이번에는 거꾸로 포로가 된 일본군 병사의 눈에 비친 영국인을 고찰할 수조차 없을 것이다. 왜냐하면 타자를 그린다는 것은 타자를 향한 자기 주관의 관계성 그 자체를 거슬러 추인하는 것이기 때문이다.

소설과 영화 두 '버마의 하프'에 묘사된 영국인이 나무인형 같다고 말할 수 있는 까닭은, 영국인을 연기한 배우의 연기력이 부족했고 감독이 외국인 배우를 잘 지도할 수 없었다는 기술적인 문제를 넘어서, 작품 창작의 기본태도와 관련해서 찾을 수 있다. 여기서 이들은 버마인뿐만 아니라 영국인까지도 묘사할 생각이 없었던 것이다. 요컨대 여기에 그려져 있는 것은 행상 노파가 그랬던 것처럼, 철두철미하게 일본인용 버마인이고 일본인용 영국인이었다.

적어도 영화에서는 노골적인 철면피는 피하고 있지만, 소설에는 납골당 공사가 왜 필요했는지에 관해서 다음과 같이 놀라울 정도로 둔감하게 말하고 있다.

일본군이 작전상의 필요에서, 버마와 태국〔원문은 '샴'〕을 연결하기 위해, 지도 위에도 잊혀져 있는 오지의 어느 산속에 태국-버마 철도를 만들었던 것인데, 이 공사에 많은 영국인 포로를 이용했다. 대단히 무리를 해서 서둘렀는바, 게다가 공교롭게도 콜레라가 유행했으므로, 견딜 수 없을 지경이었다. 인력은 부족했고, 의사는 없었고, 영양도 설비도 그 외 어느 것도 생각대로 되지 않는 원시림 속에서, 공사에 동원된, 몇 만으로 헤아릴 정도로 많은 자들이 비참하게 죽었다. 실로 말할 수도 없을 정도로 두려운 일이었다.[6]

태국-버마 간 철도를 건설하는 일에 동원된 포로들은 이른바 자연재해를 맞기라도 한 것처럼, 그렇게 죽었던 것이다. 그들은 살해당한 것이 아니라 그저 죽었던 것이다.

다케야마 미치오가 억압계급과 피억압계급의 상극으로 전쟁을 고찰하는 시각을 거부한 것처럼, 이 기술記述에서는 가해자와 피해자의 구별을 신중하게 피하고 있음을 알 수 있다. 화자는 "불쌍한 포로가 차례로 죽어 버렸다"는 역사적 상황에서 거리를 취하면서 서사시적으로 이야기를 풀어 나가고 있고, 사건과 상관없는 장소에 자신의 발화 위치를 미리 설정하고 있다. 더구나 이러한 발화의 위치설정 그것 자체가, 흡사 인류애의 표현이고 종교적인 체관諦觀인 것으로 드러난다. 그래서 이장식이 끝난 이후, 납골당에 모인 영국군 병사의 유골을 보고, 다음과 같은 술회를 망설임 없이 말할 수 있는 것이다.

---

6 竹山道雄, 『ビルマの竪琴』, 458쪽.

우리는 정중하게 경례를 했다. 지금, 여기에 뼈가 되어 있는 사람들도, 모두 각자 가족도 있고, 직장도 있고, 각각의 희망을 가지고 있었을 것이다. 그것이 세상에서 사람들에게 알려지지 않은 버마의 산속에서, 무리한 노역이나 격심한 전염병으로 인해 쓰러진 것이다.

다만 다행히도, 이 사람들은 지금은 이렇게 정중하고 훌륭하게 모셔졌다. 이렇게 딴판으로 변해 버린 모습이 되었지만, 그런데도 마침내는 고향으로 돌아가, 자신이 태어난 나라의 흙에서 편안하게 잠들 수 있을 것이다. 이것이 최소한의 위안이다. 만약 이것이 친한 가족에 의한 제사가 아니고, 백골이 덧없이 이 나라 산야 이곳저곳에 흩뿌려진 상태였다면, 통한은 언제까지나 다함이 없을 터이겠지. 그렇다면 살아 있는 자로서도 미안한 일이다. 우리가 이 장례식을 얼마간이라도 도울 수 있는 것은 기쁜 일이었다.[7]

이렇게 말을 하는 일본군 병사는 자신들이 일찍이 말레이 반도나 싱가포르를 석권해 동남아시아의 식민지를 점령했을 무렵, 자신들이 모욕의 시선으로 주시했던 영국군 병사가 지금은 자신들을 뒤돌아보고 있으며, 또한 자신들이 영국인의 격렬한 증오와 경멸의 시선에 의해 응시되고 있다는 의식을 전혀 갖고 있지 않다. 말할 것도 없지만, 여기에는 당시 아시아 각지에서 행해진 일본군 전범재판과 처형사실이 완벽하게 거론되고 있지 않다. 그뿐만 아니라, 이러한 납골이라는 절차를 중시하는 생활감정의 존재방식 자체가 영국인에 의해 거절당할지도 모른

---

7 竹山道雄, 『ビルマの竪琴』, 464~465쪽.

다는 의식조차 없다. 그래서 이러한 '우리'는 무매개적으로, 혹은 다케우치 요시미가 말했듯이 "대립을 거치지 않고", 영국인과 유착해서 일체화할 수 있다고 믿고 있는 것이다. 더구나 타자를 향한 무매개적인 유착을 바라는 마음 자체가 타자의 입장에서 보면 대단히 모욕적이라는 점이 드러나지 않는다. 그러나 포로수용소에서의 포로와 포로를 관리하고 담당하는 군대, 나아가 식민지에서의 피지배자와 지배자의 대립에서는, 다음의 유명한 구절로 시사되는 만남의 요소를 완전히 불식할 수 없는 것은 아닐까. "네가 인간이라면, 나는 인간이 아니다. 내가 인간이라면, 너는 인간이 아니다."[8]

버마 승려가 된 미즈시마 상병이 납골당 안에 놓아 둔 흰 천으로 썼던 "일본의 납골당이라면, 아무래도 영령으로 보이는"[9] 상자를 발견했을 때, 그리고 상자 안에서 버마에서 죽은 일본군 병사 전체를 상징하는 커다란 루비ruby를 발견했을 때, 여기서 영국인 영혼과 일본인 영령 사이에서 흡사 「즐거운 나의 집」합창의 교환을 통해 빚어진 듯한 화해의 감각이 만들어진다. 즉 일본의 영령과 영국의 병사가 무차별적으로 진혼되는, 궁극의 일체화communion 환상이 은밀하게 만들어지는 장면이 완성되는 것이다. 죽었다면 적도 아군도 함께, 대승불교도 소승불교도 함께, 불교도 기독교도 함께, 그리고 패전국과 전승국도 함께, 라는 의미에서 보편주의적ecumenical인 인류애와 종교적 달관이 여기에 표현되

---

8 石原吉郎, 「ペシミストの勇気について」, 『新選石原吉郎集』, 思潮社, 1979, 109쪽(초판 『望鄕と海』, 筑摩書房, 1973). 이시하라 요시로(石原吉郎)는 이런 말을 친구 가노 다케이치(鹿野武一)에게 돌리고 있다.
9 竹山道雄, 『ビルマの竪琴』, 465쪽.

어 있는 것이다. 그러나 식민주의와 제국주의가 사회적 항쟁을 경유하지 않은 이러한 보편주의를 항상 필요로 하듯, 나로서는 「버마의 하프」의 인류애는 인종주의를 기반으로 하고 있음을 간과할 수가 없다.

그런데 작품은 왜 영국인과 그 정도로 화해하고 싶었던 것일까? 이 물음은 이 작품이 갖는 인종주의적 성격을 해석하지 않으면, 전혀 이해할 수 없다. 왜냐하면 영국인과의 화해가 일본인이라는 국민적 동일성의 탈중심화를 수반하지도, 또한 일본인이라는 국민적·민족적·인종적 동일성에 대한 깊은 회의를 산출하지도 않기 때문이다. 오히려 사태는 반대여서, 영국인과 화해를 바라는 마음이 일본인의 국민적·민족적·인종적 동일성을 강화하는 것으로 움직인다. 영국인 안에 개인이 전적으로 없는 것처럼, 개인으로서의 일본인과 개인으로서의 영국인의 대결도 여기에는 없다.

이 점은 영화에서 가장 명료하게 드러난다. 무동 지역의 포로수용소를 목표로 하여, 그곳에 있는 '노래부대'로 되돌아가는 꿈을 꾼 미즈시마는, 병원에서 죽은 일본인 포로를 안장한 무명전사의 묘(십자가가 세워진 묘)를 조문하는 영국인 의료부대의 모습을 살짝 엿본 뒤 자신의 방으로 돌아와 울음을 터트리고 만다. 삶 전체가 변화될 정도의 강한 충격을 받았지만, 이 순간은 거의 이상할 정도로 타자를 향한 감정의 협착이 일어난다. 왜냐하면 영국인이 적군 장병의 묘를 조문하는 사실을 아는 것, 이는 '일본인'인 미즈시마 자신도 외국인을 조문해야 하는 의무를 가질 경우에는 이해되지 않기 때문이다. 조문 행위가 버마라는 다른 사회에서 전쟁이라는 외국인과의 폭력적인 만남 직후에 일어나면서도 개인과 개인의 만남이라는 자각을 낳지 않고, 오히려 영국인이 죽은 일본인을 애도하고 있는데도 동포이자 살아 있는 일본인이 동포에 대한 조문을 태만히 하는 것에 대해 강렬한 치욕감을 느끼는 것으로 미즈시마의 감정이 전개되고 있다. 타인종의 죽은 자를 향한 동정과 타국민의 죽은 자를 향한 감정의 회로가 완전하게 닫혀 있고, 국민공동체라는 공감의 공동체의 배분질서 속에서 미즈시마 상병의 감정은 완벽하게 갇혀 버렸던 것이다. 전시체제와 전쟁을 지탱하는 애국심은 인간에게 적국 국민 속의 개인의 모습을 결핍하고 있는 적국 사람 일반, 적敵 인종 일반만을 볼 것을 요구한다. 개인으로서 적의 단독성은 철저히 억압되지 않으면 안 된다.

그래서 이 일화에서 드러난 미즈시마 상병의 감정은 전쟁 상태에서 애국심의 요청에 전적으로 지배당한 채 있다고 말하지 않을 수 없다. 따라서 영국인의 인류애에 충만한 행위를 목격하자, 그는 일본인의 국민적 동일성을 환기하고, 나아가 자신이 일본인이라는 사실에서 오는 의무감을 강화하는 쪽으로 움직인다. 즉 국민적·민족적·인종적 동일성에 지배당하지 않는, 국민·민족·인종과는 다른 사회관계에 따라 인간과 인간의 만남을 준비하는 대신에, 「버마의 하프」의 인류애는 국민적·민족적·인종적 동일성으로 규정된 질서를 강화하는 역사적 경험을 모두 이러한 동일성 간의 관계로 이해하고자 한다. 「디어 헌터」에서도 봤듯이, 강박적인 민족의 동일성을 고정화하는 논리가 「버마의 하프」의 인류애를 꿰고 말았던 것이다.

영국인(이 입장은 마침내 미국인으로 둔갑한다)이 자신의 인종이나 국적을 넘은 보편주의적 행위가 가능했던 것에 비해서, 일본인은 그러한 보편주의의 은혜를 입었으면서도 자신은 특수적인 도덕의식에 폐쇄되어 있었다. 말할 것도 없이, 여기에는 전후 미국에서 행해진 '보편주의=서양', '특수주의=일본'이라는 도식의 감정적 대응태對應態가 소묘되어 있다.

이 일화는 일본인은 도덕적으로 열등하고, 영국인은 도덕적으로 우월하다는 것을 드러낸다. 따라서 미즈시마의 참회는 동시에 영국인에게 '허락되기'를 기다리고 있다. 넓게 말하면, 일본인이 영국인에 대해서 자신의 죄를 인정하는 행위를 의미할 터이다. 이 행위는 영국인을 이른바 '아버지의 위치'에 놓는 일이다. 즉 일본인은 영국인을 도덕적으로 두려워하고 또한 그들로부터 허락을 얻지 않으면 안 된다. 실제, 미국과 영국은 연합군의 주류를 이루고 있었고, 일본의 군부나 정치 지도자 대부분은 연합군에 의해 전범으로 처벌받는 것을 두려워했다. 그러나 미국 및 영국의 국민 대표가 일본인 내부의 전쟁범죄자를 처벌하는 입장에 있었다는 것과, 일본인이 (미국인 및) 영국인을 향해서 자신의 과오를 인정한다는 것은 전적으로 다른 일이다. 도쿄재판에서, 구일본제국 국민이 불완전하게나마 '인류에 반하는 범죄'라는 이름 하에 재판을 받았음을 눈감아 줄 수 없는 이유가 바로 이 때문이다. '초자아'는 미국이나 영국 국민과 같은 동일성을 넘어선 것이 아니면 안 되고, 일본인이 도덕적으로 두려워하고 그들로부터 허락을 얻어야 하는, 이른바 '아버지의 위치'에 영국인을 두는 것은 은밀하게 자신의 윤리적 책임을 회피하는 방법인 것이다. 그래서 영국이나 미국의 국민에 대한 자신의 죄를 인정하려는 것은, 얼핏 보면 아주 깊고 신중한 행위로 보이지만 이 안에는 자기기만과 오만이 있다. 영국인이나 미국인을 '아버지의 위치'에 두는 것은 과거(특히 아시아인에 대한) 자신들의 죄를 못 본 척하기 위해 필요한 절차이다. 기본적으로 그것은 연합국이라는 새로운 지배자에 대한 아부 혹은 겉치레 인사의 행위이다. 뒤에서 검토할 작정이지만, 실은 영국 국민이나 미국 국민을 '사명자 혹은 선교사적 입장'에 있는 자로 재구성하고, 자신은 그들을 '짝사랑'하는 '원주민'의 입장을 취하는 것이다.

다케야마 미치오나 와쓰지 데쓰로和辻哲郎의 전후 작품에는 이런 식민지 피지배자의 위치에 자신을 획정하고자 하는 민족적인 열등의식이 분명하게 드러나 있다. 그리고 이 '서양'에 대한 열등의식은, 지금까지 보아 왔던 바처럼 버마 소수민족에 대한 식민주의적인 인종적 우월의식(와쓰지의 경우라면, 백인에 대한 이유 없는 열등의식과 중국인에 대한 이유 없는 우월감)[10]을 수반하고 있다.

이러한 인종·민족·국민과 같은 동일성에 의해 나눠져 있음에도 불구하고, 사람들이 연대할 수 있는 이유는 다케야마 미치오의 경우를 보자면 보편적으로 존재한다고 믿어지는 위계질서 덕분이다. 이러한 질서는 가령 다음과 같은 권위주의적인 제언에 그 전형적인 표현을 볼 수 있다. 화자인 '노래부대'의 한 하급 군인은 말한다.

부대 사람들은 모두 마음으로 몰두하여 연습을 했다. 그것도 가능한 깊은 곳에 있는 훌륭한 노래를 부르고 싶어 했다. 시시한 유행가 따위는 싫어해서, 아무도 그것을 입에 올리는 자가 없었다. 그래서 물론 농민百姓이나 노동자였던 사람이 많았지만, 우리 부대의 합창은 대단히 고상

---

10 和辻哲郎, 『風土』(和辻哲郎全集 제8권), 岩波書店, 1962.

하고 어려운 곡까지 다루고 있었다.[11]

다른 예를 들면, 미즈시마 상병은 편지에서 자신을 식용으로 삼기 위해 구해 준 식인족에 대해서 다음과 같이 썼다.

야만인들은 모처럼 내가 켜는 곡에 귀조차 기울이지 않았다. 사람 마음을 움직이는 즐거운 곡조, 또한 슬픈 곡조를 아무리 연주해도, 〔그들은〕받아들이지 않았다. 그렇기는커녕 하프에 맞춰 점차 가락을 타면서 칼이나 창을 움직였고, 다만 열중하게 되어 너트〔원주민이 믿는 정령〕에게 빌며 춤을 췄다. 마지막에 나는 그것이 싫어졌다.[12]

이 인용에서 미즈시마 상병이 음악적 기호와 이해력을 기준으로 인간을 위계적인 질서로 분류하고 있음을 알 수 있다. 더구나 다른 곳에는 「일고 기숙사의 노래」—高寮歌를 참조하는 것에서도 발견할 수 있듯이,[13] 음악의 좋고 나쁨은 저속한 군국주의에서 품격 있는 일종의 자유주의적 엘리트주의 이미지와도 관련 있다고 볼 수 있다(그 이미지는 아마도 전간기戰間期에 출판된 『굿바이, 미스터 칩스』를 대표로 만들어진 영국 기숙학교에 관한 고정관념을 들 수 있다). 여기에는 농민이나 노동자가 좋아할 듯한 '시시한' 유행가에서 「일고 기숙사의 노래」와 같은 고상한 음악까지의 위계적인 질서가 전제되어 있다. 이 위계질서는 한 걸음 나

---

11 竹山道雄, 『ビルマの竪琴』, 425쪽.
12 앞의 책, 485쪽.
13 앞의 책, 470쪽.

아가 미즈시마가 켜는 하프 소리에 귀 기울이지 않는 야만인에서, 포로 수용소 주위의 '노래부대'의 합창을 들으려고 오고 [음악을] 가르쳐 주면 알 수 있는(즉 문명화할 수 있는) 버마인을 거쳐, 「즐거운 나의 집」을 듣는 즉시 기뻐할 수 있는 영국인을 정점으로 이뤄져 있다. 다시 말해 이 위계질서는 인종의 질서와 관련되어 있다. 「즐거운 나의 집」이 원래 일반 백성들의 노래가 아니었다는 의문이 즉각적으로 나오겠지만, 이 위계질서는 태서泰西의 명화名畵라면 고맙게 여기고, 양악이라면 고상하다고 믿으며, 유행가라면 경시하고 재즈라면 바보 같다고 여기는, 일본인의 오래된 서양숭배라는 문화적 사대주의에서 그 정통성이 받들어지고 있다. 그리고 여기에 사람들이 발견할 수 있는 것은, 바로 1950년대 미국의 극동 집단안전보장체제에 따르도록 준비된 '기대된 일본인'이 기뻐할 '문부성 권장' 문화의 숨기기 힘든 비겁함일 것이다.

　이런 위계질서 안에서 영국인과 화해를 바라는 심정은, 영국인 개인과 단독성에 대치하기 위해서 어떻게 해야 하는가, 적과 아군의 대립을 넘은 사회관계를 만드는 데 어떤 작업이 필요한가와 같은 문제의식과 전혀 연관되어 있지 않다. 화해를 바라는 마음은 영국인과 일본인의 경계를 침범하는 행위를 전혀 야기하지 않는 것이다. 그 대신에 화해를 바라는 마음은 국민으로서의 '일본인'의 지위가 이 위계질서 속에서 어떻게 위치 지어지는가라는 '일본인'이 갖고 있는 국제사회에서의 지위 status의식과 관련되어 있다. 여기에는 일본인은 한국인이나 중국인에 비하면 우수하며 진보해 있다고 서양인에게 인정받고 싶은 바람을 필연적으로 수반한다. 『희망과 헌법』希望と憲法에서 보다 상세하게 논했듯, 민족으로서 혹은 인종으로서 일본인이 주위 민족인 중국인·조선인·러

시아인 등과 어떤 위계관계를 갖는가 하는 것은 아시아·태평양전쟁 이후 냉전체제가 만들어지는 동안, 일본의 국민주의에서 특별하게 중요한 문제가 되었다. 전후 일본의 국민주의를 고찰하는 데 있어, 현재에 이르기까지 일본인의 인종의식은 여전히 대단히 중요하다. 이 인종주의가 「버마의 하프」에 이미 확실히 드러나고 있음에 주목하지 않으면 안 될 것이다.

그건 그렇다고 치고, '일본인'의 지위의식에 관해서 보자면, 미즈시마 상병에게 있어서 '동포'란 누구인가에 대해서 묻지 않을 수 없다. 사실을 말하자면, 누구나 이미 이 물음에는 답이 없다는 것을 잘 알고 있다. 하지만 이 질문을 던짐으로써 「버마의 하프」에서 문제가 되는 공감의 공동체의 성격 일면이 명확하게 드러날 것이다.

임팔〔Imphal ; 버마의 교통·군사상의 요지로, 제2차 세계대전 말기 영·일 양군의 격전지로 유명 ― 옮긴이〕 작전에서 패전한 후, 더 이상 일본이 아니게 된 한반도 등에서 동원된 많은 병사와 군속이 일본군 병사 혹은 일본 군속으로 목숨을 잃은 일은 잘 알려져 있다. 하지만 「버마의 하프」에서 문제가 된 '동포'는, '동포'라는 단어의 뜻 그대로 일찍이 '천황의 적자'로서 천황이라는 국민 공통의 상징적인 자궁에서 키워져 형제애·자매애로 묶인 황군皇民 병사 및 군속을 말하는 것인가, 그렇지 않으면 제국을 상실한 후 오키나와·조선·타이완·사할린·남양군도 등의 영토를 잃고 축소된 일본으로 돌아가도록 되어 있던 '일본인'들을 말하고 있는 것인가. 영화는 이러한 의문이 일어나지 않도록 이야기를 진행한다.

그래서 공감이 미치는 범위로서의 '동포'는 완벽하게 규정되지 않은 상태이고, 그때그때마다 기회주의적으로 그 가상된 지시대상을 변화시킨다. 다시 말해 전전과 전후를 통해서 공감의 공동체는 비연속성을 가지고 있음에도 불구하고, 그 비연속성은 은폐되어 있는 것이다. 같은 '일본인'이 전쟁을 체험하고 전후에도 존속했다고 말하는 수사를, 공감의 공동체의 형상에 기반해서 짜낼 수 있기 때문이다.

한편 공감의 공동체는 「디어 헌터」에서 봤듯이, 쌍-형상적으로만 자기를 한정할 수 있다. 요컨대 특정 타자와의 차별적이고 배제적인 대립을 통해서만 자기표상을 할 수 있다는 것이다. 한편으로, 공감이 미치지 않는 '원주민' 형상과의 대비에서 '동포'가 한정된다. 다른 한편으로, 적이지만 공감을 나눠 갖고 싶은 자의 집단으로서 영국인과의 대비에서도 '동포'는 한정된다. '일본인'은 '양악'을 금방 이해할 수 있는 문명화된 영국 국민과 같은 위계에 속하지 않으면 안 되기 때문이다. 그렇기 때문에 일본군 영령을 상징하는 루비를 넣은 상자를 영국군 병사의 유골 단지와 같은 건물, 같은 선반에 동렬로 가만히 배치해서, 일본군 전사자가 영국군 전사자와 흡사 동렬로 취급되는 듯한 환상을 만들어 내야 했던 것이다.

즉 공감의 공동체는 인종의 위계질서 안에서 아래쪽과 위쪽 양방을 향해서 차별적으로 자기를 한정 짓지 않으면 안 된다. 일본인은 문명화되지 않은 원주민과 같은 지위여서는 안 되고, 어디까지나 양악이 낳는 감흥을 서로 나누어 가질 수 있는, 야만인이 아닌 인종과 동렬에 있어야 한다. 다시 말해, 아마도 전쟁 중의 반서양주의에 대한 반발로서 패전 후 특히 인기를 끌었던 서양숭배가 일본체제에 대한 비판적인 태도를 의미한다는 어이없는 통념을 제거하고서 본다면, 다케야마 미치오에게서 드러나는 서양숭배는 실은 국수주의의 한 형태일 수 있음을 알 수 있다.

여기서 다시 한번, 앞에서 참고한 「가자 가자, 신군」의 검은 돼지와 흰 돼지의 일화로 돌아가 보자. 「버마의 하프」는, 버마 밀림에 사는 식인족에게 전가되어 있는 식인 사건(미즈시마 상병은 편지에서 식인족에게 잡아먹히게 된 경위를 썼는데, 그 편지의 문체는 묘하게 들떠 있어서, 마치 다케야마 미치오가 패전 직전에 썼던 『잃어버린 청춘』을 생각나게 만든다)은, 뉴기니아에서 전쟁을 치르고 있을 당시 일본군 병사에 의해서 행해졌다고 하는 식인(버마에서 전개된 태국-버마 철도에 관련된 임팔 작전에서도 같은 일이 있었을 것이다)을 떠올리게 한다.

당시 식인이라는 극한 상태에서 군사령부는 원주민과 백인을 검은 돼지와 흰 돼지라는 식으로 구별해서, 검은 돼지는 어쩔 수 없지만 흰 돼지는 먹지 말라는 명령을 내렸다는 소문이 일본군 병사들 사이에서 돌았다고 한다.[14]

일본인이 죽은 자의 지위에 집착하는 의식은, 뜻밖에도 그것이 모두 사체처리(한편에서는 장례식이라는 조문 행위이고, 다른 한편에서는 식사라는 행위이다)라는 측면에서 본다면, 흰 돼지와 검은 돼지의 구별짓기와 공역共役임을 알 수 있다(또 「가자 가자, 신군」에는 일본군 병사도 흰 돼지에 포함되어 있는 것으로 시사하는 바가 있지만, 확정되어 있지는 않다.[15] 만약 일본군도 흰 돼지에 포함되어 있다고 한다면, 「버마의 하프」의 이

---

14 原一南·疾走プロダクション 編, 『ドキュメント ゆきゆきて, 神軍』, 社会思想社, 1994, 187쪽. 뉴기니아에 있었던 일본군의 식인에 대한 자료는 많이 남아 있다고 한다. 최근의 것으로는 田中利幸, 『知られざる戦争犯罪』, 大月書店, 1993, 211~258쪽.

장식장면은 '억압된 것의 귀환' 이라는 형태로 식인 인종주의의 의례적 재연이라고 말할 수 있을 것이다). 그래서 「버마의 하프」가 표명하는 인류애가 바로 인종주의의 위계질서 의식에서의 상승지향으로 은밀하게 동기부여되어 있음을 알 수 있다.

그러면 왜 이러한 지위의식을 만족시키는 환상을 만들어 내야 했던 것일까?

원주민의 여성성과 역사의 부인

「콰이강의 다리」를 보면, 인도의 영국군 사령부에서 파견된 비밀부대가 원주민의 협력을 얻어 일본군이 영국인 포로를 강제 노역해서 태국-버마 간 철도를 잇는 다리 건설 현장으로 몰래 침입하는 장면이 있다. 여기에는 어떤 계곡에서 휴식을 취하는 일행이 자신들을 따르던 원주민 여자들과 물놀이하는 광경이 그려져 있다. 물놀이장면에 가기까지, '원주민 여자' 가 뜨거운 동경의 시선을 비밀부대의 영국·미국 부대원에게 던지고 있는 모습이 여러 번 비춰진다. 그런데 물놀이를 하는 도중, 일본군 병사가 목욕을 하고 있는 '원주민 여자' 들을 발견하고, 그녀들에게 비겁한 몸짓을 하면서 접근한다. 여성들은 강간의 위험에 전율하며 도망치려고 하고, 일본군 병사는 접근해 오고 있다. 거기서 영국군 병사는 수류탄을 던져 일본군을 섬멸한다.

이 일련의 숏은 다음과 같은 대비를 확립한다. 영국인과 미국인은

---

15 앞의 책, 179쪽.

가만히 있어도 원주민 여자가 다가와서 유혹을 하는 데 비해서, 일본인은 그녀들의 뜻과는 반대로 강간으로만 원주민 여자를 얻을 수 있다. 이것은 가야트리 스피박이 말한 "백인 남성이 갈색 여성을 갈색 남성으로부터 구출한다"는 식민주의적 백인우월주의 특유의 환상[16]을 "백인 남성이 갈색 여성을 황색 남성으로부터 구출한다"는 편성으로 바꿔 쓴 것에 틀림없다. 물론 원주민 여자를 둘러싼 이 영미인 남성과 일본인 남성의 대비는 두 인종의 제국주의의 대비와 관련되어 있다. 실은, 국적에서 말하면 세 개의 제국주의 즉 영국, 미국 그리고 일본의 제국주의와 관련되어 있지만, 미국과 영국은 연합국이며 또한 이 영화 자체가 전후 몰락한 영국과 발흥하는 미국의 관계를 공상적인 차원에서 조정하려는 사명을 맡고 있는 한에서 보면, 영국과 미국은 하나로 합체한 제국주의라고 생각해도 좋을 것이다. 나아가 「콰이강의 다리」가 따르고 있는 인종 분류법에서 말하면, 백인과 황인이 대결하고 있기 때문에 여기서 영국과 미국을 영미제국주의로 일괄처리해서 논해도 무방할 것이다. 그러면 원주민 여자의 시선에서 결정結晶되어 등장하는 대비는 한편에서는 원주민에게 사랑받는 하얀 제국주의와 다른 한편에서는 원주민에게 증오받고 모멸받는 황색의 제국주의라고 할 수 있다.

전쟁 중, 일본군 병사가 저지른 점령지 주민에 대한 강간은 잘 알려져 있다. 또한 그것에 관한 사료도 많이 나와 있기에 이 영화에서 그리

---

16 Gayatri Spivak, "Can the Subaltern Speak?", ed. Lary Grosberg and Cary Nelson, *Marxist Interpretations of Literature and Culture: Limits, Frontiers, Boundaries*, University of Illinois Press, pp.296~297(上村忠男 訳, 『サバルタンは語ることができるか』, みすず書房, 1998).

고 있는 행동을 일본인에 대한 잘못된 인식이라고 말하는 것은 어렵다. 그렇다고 연합국이 그러한 잔학 행위를 하지 않았다고 말하는 것도 이상하다.[17] 또한 여기서 주목하는 것은 일본인의 잔학성을 부정하려는 것이 아니다. 먼저 주목해야 할 것은 바로 자신의 제국주의를 긍정하기 위해서는 제국주의 일반에 관련된 부정적인 사상을 다른 제국주의(혹은 전체주의나 파시즘)로 가능한 한 밀어붙이는 일이 필요하다는 점이다. 더구나 영국의 제국주의와 일본의 제국주의에 한정해서 말하면, 둘은 모두 「콰이강의 다리」와 「버마의 하프」가 영화화되는 단계에서 이미 양쪽 영화에 등장한 '원주민'이 있었던 버마를 자신의 식민지에서 상실해버린 상태였다. 양쪽 모두가 패배한 제국주의였던 것이다.

여기서 우리가 잊지 말아야 할 것은, 제국주의 국가의 국민이 자화자찬하고 싶으면, 반드시 원주민의 인정을 받아야 한다는 사실이다. 영국의 경우, 영국 제국주의의 지배를 원주민은 인정하지 않고, 그래서 영국은 「콰이강의 다리」가 만들어진 1957년까지 버마와 인도 등의 식민지에서 차례로 손을 떼지 않으면 안 되었다. 일본의 경우, 전쟁에서 졌고, 말 그대로 쫓겨났다. 양쪽 모두 원주민의 인정을 얻을 수 없었다. 그럼에도 불구하고, 이들이 저쪽 제국주의를 거절하고 이쪽 제국주의를 동경하는 원주민의 형상에 집착해야 했던 까닭은 무엇일까? 왜 호의적인 원주민의 형상을 통해서 제국을 잃은 구제국 국민은 자신의 나르시시스틱한 욕구를 충족시키는 이야기를 만들지 않으면 안 되었을까?

아시아·태평양전쟁이 종결된 후 만들어진 「콰이강의 다리」와 「버

---

17 田中利幸, 『知られざる戦争犯罪』, 157~210쪽을 참고하기 바람.

마의 하프」는, 전쟁 중 일본 자본으로 만들어진 범汎아시아주의적인 영상작품이나 전중부터 전후에 걸쳐 미국 자본으로 만들어진 범태평양적인 작품과 근본적으로 다른 성격을 갖는다. 「콰이강의 다리」와 「버마의 하프」에 한정해서 말하면, 문제는 제일의적으로 영국의 제국주의적 지배 혹은 일본의 점령 관리를 '원주민'을 향해 정당화하는 일이 아니었다(또한 「콰이강의 다리」에서 윌리엄 홀든은 해군 중령 역을 연기했는데, 이는 전후 동남아시아에서의 미국 제국주의의 성격이 투영되어 있기 때문에 유보하기로 한다). 그것은 오히려 정당화에 실패한 사실을 보지 않고 끝내는 것, 즉 역사를 부인하는 것에 있었다. 이 점에 관해서 우리는 영국을 무대로 한 우수한 소설을 알고 있다. 이 소설은 제국을 상실했을 때, 제국주의적 국민이 자기의 주체성을 유지하기 위해 취해야만 했던 태도를 놀랄 정도로 정확하게 그려 내고 있다. 가즈오 이시구로가 쓴 이 작품은 『남아 있는 나날』*The Remains of the Day*, 日の名残り : 1989이라는 시사적이면서 대단히 아이러니한 제목을 달고 있다. 이 제목에 어울리는 일본어를 찾는다면 아마도 '사양' 斜陽 정도가 가장 잘 들어맞지 않을까? 이 소설을 간단히 요약하면 다음과 같다.

　　1930년대 친독일파 외교를 지도하여 영국 정치계에서 이름을 날린 달링턴 경의 집사 스티븐스 씨는, 주인이 나치 지지 정책을 취했다는 커다란 잘못으로 인해 정치적으로 실각한 뒤에도 과거 영광으로 가득 찼던 생활의 환상을 떠받들기 위해 집사로서의 역할을 충실하게 연기했다. 그는 귀족인 주인을 정점으로 하인에 이르는 달링턴 가의 계층질서 안에 완벽하게 매몰되어 있었기 때문에, 이 질서 바깥의 인간관계와 생활에 대해서 상상조차 할 수 없었다. 스티븐스 씨의 자기인식과 자존심은 모두 주인이 귀족으로서 또한 정치적 지도자로서 사회적 영향력을 가지고 사회적으로 존중받는다는 사실에 의존해 있었다. 그런 주인의 집사라는 것이 그의 긍지와 자기인식의 기반이었고, 그 이외의 사회관계를 통해 자신의 긍지를 뒷받침하는 일 따위에 대해서, 그는 전혀 생각하고 있지 않았다. 그래서 달링턴 경이 실각한 뒤에도, 그는 저택의 계층질서를 유지하는 데에서 인생의 가치를 발견했다. 그는 달링턴 경이 파시즘을 용인하는 정치가로서 세력을 휘두른 과거의 영광이 현재에도 계속된다는 듯이 일을 계속 했다. 이러한 극도로 내향적인 성격의 스티븐스 씨는 같은 저택에서 일하는 아랫사람인 켄튼 양에게 여러 차례 호의를 얻고 프러포즈를 받았지만, 그의 세계는 완전히 폐쇄되어 있었기 때문에 그녀를 향해 기존 계층질서 이외의 관계를 맺도록 자신을 개방할 수 없었다. '제국의 상실'은 바로 스티븐스 씨의 사교능력의 상실로 드러났다.

물론 스티븐스 씨는 제국을 잃고, 어떤 의미에서는 식민지인 미국에 몸을 의탁한(영락한) 전후 영국 국민의 알레고리적인 표현이다(이 경위는 달링턴 저택이 일찍이 달링턴 경의 정적政敵이었던 미국인 외교관 루이스에게 매각되었고, 스티븐스 씨는 루이스의 집사로 충실하게 일을 맡았다는 전개로 드러난다. 어떤 제국주의에서 다른 제국주의로 매끈하게 차를 바꿔 타는 극이 여기에 펼쳐지는 것이다). 가즈오 이시구로가 구사한 훌륭한 문체 조작을 통해서, 스티븐스 씨의 보수적일 뿐만 아니라 역사의 변화에 대응할 수 없는 성격묘사가 가능했고, 이러한 인물형상을 통해서 제국의식을 버리지 못한 영국의 국민의식이 훌륭하게 만들어졌다.

그러나 대부분의 영국 독자는 스티븐스 씨에 대해 애착과 증오를 동시에 갖는 양의적인 친근감을 느끼면서도, 이 인물이 영국 국민 일반의 상징적인 표현이라는 점에 대해서는 눈치 채지 못했다. 그 이유는 소설 안에서 과거의 영광과 과실이 파시즘과 결부되어 말해지고 있기 때문이다. 여기서 주목해야 할 것은 영국 국민에게 있어서 제2차 세계대전은 다른 무엇보다도 파시즘에 대적하는 국민주의적 전쟁으로 이해되고 있다는 점이다. 폴 길로이가 다른 맥락에서도 서술하고 있듯이,[18] 영국 국민에게 있어서 파시즘은 비국민적인 운동이어서, 영국 국민의 애국심은 이미 파시즘에 대립하는 것으로 결정되어 있었다. 왜냐하면 영국 국민 대다수의 상식 혹은 영국 사회의 헤게모니에서 보자면, 제국주의나 식민주의의 증오의 대상인 인종주의 등을 미리 파시즘으로 결정해 두면 파시즘=인종주의라는 전제가 성립되기 때문이다. 여기서 영국 국민주의=반파시즘인 이상, 영국 국민주의=반인종주의라는 삼단논법과 유사한 도식이 쉽게 도출된다. 영국 국민주의의 맥락에서 보면, 파시즘과 싸운 과거는 인종주의·식민지주의·제국주의를 부인하기 위한 귀중한 비유가 되는 것이다.

나로서는 가즈오 이시구로가 이러한 영국 국민주의가 가진 맹점을 멋들어지게 거꾸로 취해 소설로 엮어 내고 있는 것으로 생각된다. 제국주의의 징후를 파시즘의 이름 하에서 말한다면, 일반적으로 영국인 자신에 의해 영국 국민성으로 이해되는 자국민상에 대한 언급까지도 반드시 포함해야 한다는 점은 억압되어야 할 것이다. 영국의 독자들은 그

---

18 Paul Gilroy, *There Ain't No Black in the Union Jack*, The University of Chicago Press, 1987, pp.114~152.

것을 극소수 비국민의 일이라는 형태로 이해했다. 그래서 어떤 특수한 인물, 요컨대 스티븐스 씨의 일화로 여겼지만, 실은 영국 국민 일반에 대한 이야기로 읽을 수 있다.[19]

이러한 이야기 전개는 영국의 과거 제국주의가 얼마나 깊게 자신들의 자기인식과 자긍심을 결정해 왔는가를 보지 않는 것뿐만 아니라 보는 것마저도 거부하는 태도를 훌륭하게 해부해서 보여 준다. 이런 태도를 가지면 사람들은 자국의 식민지나 자신들이 지배한 지역의 '원주민'과의 식민주의적 관계가 어떻게 자신들 민족으로서의 자존심을 형성해 왔는가를 보려고 하지 않는다. 요컨대 이 태도의 요점은 국민으로서 영국인의 주체적 입장은 쌍-형상화의 도식을 통해서 자신과는 완전하게 다른 식민지 '원주민'과 같은 존재를 형상화하는 작업으로[20] '원주민'의 형상과 관련을 갖는 형태로 가시화되는 것을 부인한다는 점이다. 이전의 오리엔탈리즘 해석에서 크게 방향전환을 하여, 에드워드 사이드가 대위법적contrapuntal인 해석을 제기해야 했던 이유도 여기에 있

---

19 가즈오 이시구로는 『남아 있는 나날』 전에 『언덕의 희미한 풍경』(*A Pale View of Hills*, Faber and Faber, 1982 ; 小野寺健 訳, 『遠い山なみの光』, 早川文庫, 2001)과 『떠도는 세상의 예술가』(*An Artist of the Floating World*, G.P. Putnam's son, 1986 ; 飛田茂雄 訳, 『浮世の画家』, 中公文庫, 1992)를 발표했는데, 이 두 작품은 모두 전후 일본을 제재로 하고 있다. 이 두 작품에서 그려진 일본이 어느 정도로 역사적 타당성을 갖는가는 의문이지만, 적어도 『남아 있는 나날』이 던진 빛에서 볼 때, 전후의 전쟁비판이 영국의 그것과 닮은 치환의 구조를 갖고 있었던 것은 아닐까 하는 의문을 무시할 수 없다. 전쟁비판을 파시즘비판으로만 전개하는 것은, 전쟁의 다른 하나의 측면, 즉 제국주의를 면죄해 버린 것과 관련 있는 게 아닐까. 일본 파시즘은 일본 제국주의와 불가분의 것이고, 일본 파시즘은 제국적 국민주의의 한 형태가 아니었을까?
20 쌍-형상화[対-形象化]의 도식에 대해서는 酒井直樹, 「日本社会科学方法序説 : 日本思想という問題」, 『岩波講座社会科学の方法 3, 理論社会科学の思想』, 岩波書店, 1993, 1~37쪽을 참고하기 바람.

다.[21] 제국적 국민의 자기인식이 식민지 '원주민' 등에 대해 어떠한 주체적 입장을 취하는가에 의해서 규정되는 것인 이상, 그 국민성이나 국민사의 담론은 식민지와의 대응관계에서 무엇이 억압되고 있는가를 고려한다면 이해할 수 없고, 대위법적인 해석은 국민성이나 국민사의 담론에서 억압되어 있는 식민지적 타자와의 관계에서 제국적 국민주의를 다시 보기 위한 방법적 모색인 것이다.

우리가 국민사의 내발적인 발전 모델을 경계해야 하는 이유가 바로 이 때문이다. 국민의 동일성은 국민에서 배제된 것에서 성립하기 때문에, 국민은 국민이 아닌 자 혹은 반反국민에 의존하는 한에서만 자기한정이 가능하다. 자립적인 국민이라는 상념이 논리적으로 모순을 담고 있는 이유는 바로 이 때문이다. 대개 국민사는 내발적인 국민적 주체의 자기전개의 이야기라고 말해진다. 그러나 사실, 국민사라는 제도화된 믿음은 국민적 주체가 이런 쌍-형상화의 도식에 의해 구성된다는 사실을 억압하는 형태 이외에는 아무것도 아니다.

그래서 식민주의적 관계를 잃었을 때, '원주민'이 대등하게 반응하고 반발하기 시작할 때, 다시 말해 제국적 국민의 주체성을 지탱하는 조건이 단숨에 붕괴됐을 때, 그들은 자기인지自己認知의 위기에 직면하지 않을 수 없다. 스티븐스 씨가 안으로 자폐적인 세계의 계층질서에 매달리려는 모습은 바로 다음과 같은 상태를 훌륭하게 알레고리적으로 정식화한 것이다. 즉 제국의 신민-주체로서 자기정체성을 갖고 제국의

---

21 Edward Said, *Culture and Imperialism*, Alfred A. Knopf, Inc., 1993(大橋洋一 訳, 『文化と帝国主義』, みすず書房, 1권 1998년, 2권 2001년).

영광을 믿고 그것을 영유한 국민들이, 제국의 상실이라는 상황에 직면해서 자신의 기존 입장이나 체면을 잃게 되었을 경우, 제국의 상실이라는 역사 그 자체를 부인하려는 상태가 그것이다.

제국적 국민이 왜 행상 노파와 같은 「나비부인」적인 '원주민 여성'의 형상을 필요로 하는가를 그럭저럭이나마 해결해 온 듯하다. 그것은 '원주민'과의 만남을 기록하기 위해서가 아니다. 「버마의 하프」에서 기타무라 사카에가 연기한 '원주민 노파'가 그랬던 것처럼, '우리'의 자긍심을 유지하기 위해 설정된 '원주민'과의 관계를 그 형태 그대로 남겨, 그런 관계에 변용을 야기하는 '원주민'과의 만남을 부인하기 위해서이다.

그렇기 때문에 '원주민 여성'의 형상은 이중으로 말을 거는address 기묘한 구조를 갖고 있다. 우선 첫째, 이 형상은 '원주민'에게 '말 걸어지지' 않았다. 그것은 '우리'에게 있어서의 원주민 여자의 형상을 주는 자를 향하고 있다. 따라서, 「나비부인」의 전후戰後 패러디라고 말할 수도 있는 「푸른 눈의 나비부인」My Geisha ; 미국 출신의 남성이 아닌, 프랑스인—미국에서는 전형적인 프랑스인이라고 간주되고 있었던 이브 몽탕이 연기했다—에게 주인공 남성의 배역이 돌아간 점은 흥미롭다. 또한 '나비부인'을 연기해야 하는 '원주민 여자'를 셜리 매클레인이 맡았다에서 일부러 노골적으로 드러내듯이, '원주민 여성' 형상은 전적으로 '우리'를 향해 제시되어 있다. 「나비부인」의 예로 말하자면, 나비부인을 연기하는 가수가 입고 있는 기모노나 몸짓 및 표정에는 시대 고증이 필요할 정도로 중국과 일본의 풍속이 혼동되어 사용되고 있다. 이런 것들에서 '원주민'인 일본인이 본다면 익살스런 잘못이 많을 것이지만, 연출자에게 '원주민'이 그 잘못을 지적한다고 해서 연출자가 그 지적을 받아들이는 일은 있을 수 없다. 왜냐하면, 나비부인의 모습은 '원주민'을 상대로 해서 고안되지 않았기 때문이다. '원주민'이 어떻게 생각할 것인가와 아무런 상관도 없는 것으로 '원주민 여성'의 모습이 상정되어 있는 것이다. 다시 말해 이 '원주민 여성'은 공감의 공동체에 의해 맺어져 있다고 상정된 '서양인' 집단에 속한('원주민'이 아닌) 관객을 향해 제시되어 있는 것이다.

둘째, '원주민 여성'의 형상이, 그럼에도 불구하고, 원주민에게 향해 있는 측면을 놓쳐서는 안 된다. 즉 '원주민'에게 '말 걸어지지' 않았다는 것 바로 그 자체가 '원주민'에게 향해져 있다는 것이다. 말 걸기의 계기에는 "'원주민 여성'의 형상이 원주민에게 향해져 있지 않다"는 메시지가 원주민에게 고해져 있다. 요컨대 '원주민 여성'의 형상은 "우리는 당신들 따위는 안중에도 없어" 혹은 "우리는 당신들 따위를 무시할 수 있어"라는 타자로부터의 절연성 메시지를 담당하는 한에서 원주민에게 향해져 있는 것이다. 거꾸로 말하면, 양의적인 센스(방향성)를 가진 절연성 메시지는 "아무쪼록 우리에게 다가오지 마라", "우리 세계로 들어오지 마라"라는 양가적ambivalent인 의미까지도 담고 있다.

그래서 이 말 걸기는 '원주민'이 '우리'가 생각하는 '원주민'이 아니고, 원주민이 '우리'가 '기대하는 원주민'과는 다른 자로서의 타자성을 드러내는 것에 대한 공포를 은밀하게 드러내고 있다. 왜냐하면 만약 '너희들'이 '우리'가 기대하듯이 대응해 주지 않는다면, 우월자로서의 '우리'의 입장이 사라져 버리고, 지도자로서의 '우리'의 체면이 망가져 버리기 때문이다. 입장을 잃고 싶지 않다면, 체면을 잃고 싶지 않다면, 타자의 타자성과 만나지 않는 곳으로 끌려가야 한다. '우리'의 기대를 배신하는 '원주민'과 만나지 않으려고 하고, '우리'의 입장을 존중하고 체면을 배려해 주는 그런 '원주민' 형상과 같이 하는 것이 좋다. 두 개의 주체적 입장을 쌍-형상적으로 구성하는 변증법을 유지하고, 자신의 주체적 입장을 잃지 않기 위해서, 원주민과 접촉하지 않고 끝나는 방책을 강구해야 하는 것이다.

요컨대 '원주민 여성' 형상이 표명하는 것은 간(間)주관성의 상보적인 관계이다. 이러한 상보관계의 배분(配分)과는 다른, 타자의 타자성에 열려진 배분을 부정하고 '우리'의 주체적 입장을 존중해서 '우리'의 체면을 배려해 주는 '상냥한' 원주민. 즉 우리의 기대에 따르는 '원주민'과만 교제하고 싶다라는, 강박적 공포에 기반한 나르시시스틱한 간절한 바람이다. 『남아 있는 나날』의 스티븐스 씨는 진정으로 이렇게 타자의 타자성에서 절연당해서, 폐쇄된 세계로 들어가고자 하는 포스트콜로니얼한 남성성을 상징하고 있고, 식민주의의 관계에 의해 자라난 국민적 남성상이 위기에 빠진 사실 그 자체를 상징하고 있다. 그리고 강박적인 공포를 '원주민 여성' 형상에 대한 '응석'으로 처리하고자 하는 서양 남성을 주인공으로 하는 「푸른 눈의 나비부인」이 「콰이강의 다리」나 「버마의 하프」와 거의 같은 시기에 발표되었음을 잊지 말자.

그러나 타자를 향해서 극도의 공포를 표명하는 것 그 자체는 타자와 맺는 관계의 한 존재방식이다. 지배자의 입장을 배려하고 그 체면을 존중하는 '원주민'과의 간주관적인 전이관계에 끼워 넣어질 때, 원주민은 동경의 시선을 바치는 데에도 불구하고 무시되는 '짝사랑'의 위치로 몰린다. 원주민에 대한 식민지 지배자의 초연한 태도는, 사실은 이러한 전이관계에 의해서 지지되고 있었던 것이다. 요컨대 동경의 시선을 바치는 원주민 형상의 작성 그 자체가 식민지적 상황에서 지배자와 피지배자 간의 단순하게 경제적이지도 신분적이지도 않은 비대칭적인 전이에 기반을 두고 차별의 상호성을 만들어 냈다. 나아가 식민지 지배자나 제국 국민의 나르시시스틱하게 비대해져 버린 자긍심을 만들어 냈다. 표상의 정치는 실천적인 귀결을 갖는다. 원주민이 흡사 안중에 없는 것처럼 행동하기 위해서는, 그 나름의 경제적·정치적·사회적 조건이 없으면 안 되지만, 그러한 차별이 즉각 경제적·정치적·사회적 조건으로 환원될 리 없다.

　더구나 식민지 상황에서 이렇게 무시된 '원주민'은 지배자에 의해서 주어진 형상에 자신을 합치시키고, 스스로의 주체를 이런 이중의 말걸기의 구조를 통해서 구성하도록 노력하고, 지배자의 나르시시스틱한 요청을 만족시킴으로써, 자신을 지배자에게 인지시키고자 하는 사태가 적지 않게 일어났다. 우리는 이른바 모델 마이너리티model minority의 담론에서 유사한 예를 알고 있다. 다시 말해 지배자의 나르시시스틱한 요청을 경유함으로써 원주민은 본래성을 획득하고, 진정한 '원주민'으로 인지되기에, 간주관성의 전이가 식민지 지배자와 피지배자 관계의 진리인 것 같은 사태가 생긴다. 이때 표상에서의 식민지지배가 관철된다고 말할 수 있을 것이다. 그리고 원주민으로부터 동경을 받는 자로서의 식민지 지배자의 자기인지는 식민지 지배자로서 자기획정하는 자에 의해서 완전하게 내면화된다. 또한 원주민의 가상된 형상과 그들의 자기인지는 서로 상호촉진되어서 강고한 현실성을 획득한다. 이는 흡사 자연에 의해서 미리 정해진 질서이기나 한 것처럼, 그렇게 식민지 지배자와 피지배자 양방에 의해서 간주된다. "나는 너를 무시한다", 그러나

'너는 나에게 구애의 행위를 계속한다'. 이러한 두 가지 요청을 동시에 만족시켜 주는 '짝사랑'의 역할을 담당한 '원주민 여성'에 의해서 식민지 지배자의 나르시시스틱하게 비대해진 자긍심이 자연화되고 정통화되는 것이다.

그래서 식민지 상황에는 종종 지배자와 피지배자의 관계가 남녀의 상보적인 성적 관계의 유비로 이해된다. 식민주의·제국주의의 문맥에서 봤을 때, 인종주의와 섹시즘性主義은 나눌 수 없을 정도로 묶여 있다. 그래서 우리로 하여금 인종차별의 문제가 성차별을 고찰하는 쪽으로, 또한 성차별의 문제가 인종차별을 고찰하는 쪽으로 되돌리는 것도 바로 이 때문이다. '원주민 여성'의 문제가 이러한 이중의 말 걸기 구조에 포획되었을 때, 즉 상호승인하는 간주관적인 합의 안에서 서로가 주체성을 구성할 때, 우선적으로 원주민은 지배자의 나르시시스틱한 요청에 응함으로써, 지배자에게 위안을 주는 자로 규정되는 한에서, 여성성을 얻는 것이다.

'원주민 여성'의 여성성이 시사하는 바는 다음의 두 가지다. 하나는 원주민이 섹시즘의 틀 속에서 여성화된다는 점이다. 가령 원주민은 서양='합리성·이론·지성·독립' 대 비서양='비합리성·실증·감성·종속'과 같은 이항대립으로 드러난다. 주지하듯 식민지 지배자와 피지배자의 관계는 성화性化된다. 이 측면에 관해서 여성성을 살펴보자면, '원주민 여성'은 '원주민이라는 여성' 정도의 의미이다. '여성'이라는 규정이 즉각적으로 신체의 특징에 의해서 결정되어 있다면, 물론 걸핏하면 이렇게 믿어지지만 이른바 '여성'일 필요는 없다. 다른 하나는 '원주민'의 '여성'에게 관심이 향함으로써 그 짝이 되는 지배자 측이 남성

화된다는 점이다. 비호하는 자와 비호받는 자, 남과 여라는 관계에만 식
민지 혹은 제국주의 지배의 인간관계가 환원되고, 그것 이외의 갖가지
사회관계는 전혀 보이지 않게 된다. 바로 「M. 버터플라이」가 그러한 식
민주의의 남성중심주의적 측면을 멋지게 드러내고 있다.

데이비드 헨리 황David Henly Hwang의 동명 무대극 각본을 기초로
하여 만들어진 영화 「M. 버터플라이」는 황 자신이 쓴 대본을 기초로 데
이비드 크로넨버그가 감독했다. 제목에 있는 'M'은 마담 대신 무슈의
M이 갖는 성적인 양의성을 표시하고 있음은 말할 것도 없다. 원래 실제
있었던 사실에서 제재를 구한 이 내용은 베이징 주재 프랑스 대사관의
하급 외교관인 르네 갈리마르와 경극 배우인 쑹 릴링 사이의 20년에 걸
친 연애-첩보활동을 그린 것이다. 쑹은 갈리마르를 통해서 프랑스 대
사관으로 중국에 관한 가짜 정보를 흘려보내는 첩보활동을 했다. 쑹은
갈리마르의 오리엔탈리즘을 역이용해서, '동양'의 순종적인 여성인 양
행세했다. 갈리마르는 쑹이 남자라는 것을 끝까지 몰랐고, 그는 마침내
프랑스 국가에 대한 반역죄라는 판결을 받았다. 갈리마르는 자기의 남
성성을 보증해 주는 '동양' 여성을 쑹에게서 발견했다고 할 수 있지만,
그것은 그 자신의 계급적인 출신과 관료제도 내의 낮은 위치를 극복해
자신이 '서양' 남자로서의 자긍심을 확증하기 위한 것이었다. 정말로
그의 '서양' 남성성에의 바람이, 쑹이 그를 조정할 수 있도록 만들었다
고 할 수 있다. 이 영화는 식민지의 권력관계가 이성애의 남성중심주의
구도를 갖고 있고, 서양인 남성의 자기획정이 자기의 바람을 투사하는
대상으로 '동양' 여성을 만들어 내고, 그러한 여성상이 붕괴될 때 식민
지의 권력관계도 마찬가지로 붕괴한다는 점을 훌륭하게 그리고 있다.

「버마의 하프」에 나오는 '원주민' 노파도 같은 역할을 맡고 있음은 말할 필요도 없다. 이치카와 곤은 「M. 버터플라이」에 있는 그런 아이러니한 분석의 시선을 도입하지 않았다. 왜 그런가를 알기 위해 「M. 버터플라이」의 시각에서 다시 한번 「버마의 하프」를 재검토해 볼 필요가 있다.

인종주의와 섹시즘의 두 측면을 고려할 때, 지배자의 주체성이 갖는 성격을 알 수 있다. '원주민 여성'이 가리키는 것은 지배자의 주체성이 가진 '사명자 혹은 선교사적 입장'missionary positionality으로 불려야 할 성격이다. 왜냐하면 '선교사적 입장'에는 비호하는 자와 비호받는 자, 진리를 주는 자와 진리를 받는 자라는 함의, 표면적으로 볼 때 성적이지 않은 관계에서 우위에 있는 자의 입장이라는 함의와 완벽하게 성적인 관계에서 우위에 있는 자의 자세라는 함의가 공존하고 있기 때문이다.[22] '선교사적 입장'이란 일정한 권력관계를 예상하는 개인의 실존적인 자세이다. '선교사적 입장'에는 어떤 개인이 스스로 '원주민' 집단을 비호하겠다는 의무를 인수받았음을 포함하고 있다. '백인(혹은 백인 남성)이 인수한 무거운 짐'White man's burden이라는 표현에는 비호자의 입장이 무거운 짐으로써 간결하게 언표되어 있다. 선교사는 그에게

---

22 '선교사적 입장'은 원래 'missionary position'에서 발상을 얻었다. 'missionary position'이라는 단어는 '정을 나눈다'〔情交涉〕는 본래 의미 외에, 상대방과의 사이에 미리 상하관계를 설정하고 그 상하관계를 보편적인 도덕주의로 정당화하려는 태도를 비유적으로 지시하도록 종종 사용되어 왔다. 어떤 학회의 토론에서 마사오 미요시는 미국에서의 동아시아 연구의 존재방식을 'missionary position'으로 묘사했다. 이 책에서 'missionary position'이 아니라 'missionary positionality'라고 한 이유는, 마사오 미요시가 사용한 이 구절이 야유 이상의 이론적 엄밀함을 야기하기 때문에 그 정치적 의미를 명확히 하려는 것과, 식민주의 혹은 제국주의가 자기정당화에 반드시 사용하는 보편주의·인종주의·섹시즘의 내재적 관계를 선교사적 태도와 성적 관계의 분석을 통해서 명확하게 하려는 데 있다.

종속하는 자를 배려해 그들을 돌봐 주는 의무를 받은 인간이다. 더구나 '원주민'이 알지 못하는 진리를 이미 갖고 있는 자이고, 그런 한에서 진리의 말을 예고하는 '예언자'이다. '원주민'과 '선교사' 사이에는 절대적인 낙차가 존재하는데, 그것은 바로 진리를 갖고 있느냐 그렇지 않느냐의 여부다. 게다가 '선교사'는 그를 따라다니는 자의 이해 여부를 불문하고, 그들을 흡사 자신의 자식인 것처럼 돌봐 줘야 한다. 요컨대 '선교사적 입장'에서 보자면, '원주민'으로부터의 요청 유무와는 상관없이 '선교사'는 '원주민'을 비호하고 교도敎導할 것을 지원하고 있다. 그래서 때로는 '원주민'의 의향에 반하면서까지 그들을 돌봐 주고자 하는 것이다.

'선교사적 입장'을 취한 지배자에게 종속되어 상보적인 관계로 들어가서 '짝사랑'을 하는 원주민과의 관계에서, 지배자가 '원주민'들 속으로 들어가 설득할 수는 있지만 거꾸로 지배자인 '우리'를 설득하기 위해서 원주민이 우리 속으로 들어올 가능성은 처음부터 배제되어 있다. 왜냐하면 선교사는 이미 진리를 갖고 있는 자이고, 선교사는 원주민을 비호하고 교화하고 문명화시키기 위해서 그들을 대하기 때문이다. 그래서 선교사적 입장에 있는 한, 선교사는 원주민의 이야기를 들을 귀를 갖고 있지 않다. 그 대신 원주민이 선교사에게 매혹되는 것, 즉 '짝사랑'의 입장에 빠지는 것을 끝까지 쫓고, 그 매혹의 작업을 성취하기 위해서만 원주민을 향해서 관심을 보일 것이다. 가령 서양중심주의가 세상 원주민이 '서양의 가치'와 '서양의 생활'에 매혹당하고 동경해서, '서양'에게 구애의 행위를 하는 서양숭배자였으면 하고 바라는 담론인 한에서 보자면, 이것은 하나의 선교사적 입장에 다름 아니다.

'나르시시즘'이 자기 상像 이외에는 관심을 보이지 않는 식의 자기와의 관계방식이라고 한다면, 선교사적 입장은 나르시시스틱한 것이라고 말할 수 있다. 선교사는 자신이 비호하고 교화하고 문명화시키기 위해서 원주민에게 강렬한 흥미를 보인다. 그러나 세계 전체의 현상 안에서 자기찬미의 징후를 보고자 하는 태도(같은 동전硬貨을 뒤집는 것은 피해망상일 것이다)를 나르시시즘이라고 부른다면, 선교사적 입장은 정확히 나르시시스틱하다. 왜냐하면 원주민이 선교사에게 매혹당하는 것, 즉 '짝사랑'의 입장에 빠지기를 끝까지 쫓고, 그 매혹의 작업을 성취하기 위해서만 원주민에게 막대한 관심을 주기 때문이다. 선교사적 입장은 이런 의미에서 나르시시스틱하고, 은밀히 원주민의 타자성을 강박적으로 두려워한다. 원주민에게는 열려 있지 않지만, 이 나르시시즘이 '짝사랑'의 역할을 하는 원주민의 위안과 위무를 요구한다는 점에서 보자면, 원주민에게 열리지 않을 수 없다.

짝사랑을 해주는 원주민 형상이라는 지지대를 잃을 때, 이미 「디어헌터」에서 보았듯이, 선교사적 입장은 단숨에 피해망상으로 이행할 것이다. 그래서 선교사적 입장은 지배의 형태이면서도, 아부와 겉치레 인사로 조작될 가능성을 언제나 남기고 있다.

식민지의 지배질서를 지탱하고 있는 경제적·정치적·사회적 조건이 차례로 사라져 갈 때, '원주민'에게서 받은 아부와 겉치레 인사에 대한 제국적 국민의 경계는 낮아지고, '짝사랑'의 역할을 연기해 주는 원주민을 향한 동경은 점차 커질 것이다.

「콰이강의 다리」와 「버마의 하프」를 열거한 것에서 볼 수 있는, 일본군 병사와 영국군 병사의 기묘한 관계는 훌륭하게 이 '짝사랑'의 관

계를 공상의 영역에서 재생산하고자 하는 시도로 「버마의 하프」를 독해
할 수 있는 가능성을 보여 주고 있다. 한편으로는 포로가 되어서조차 버
마 주민들로부터 동경의 대상이 되고자 하는 공상에서 벗어나지 못하
는 일본인들, 다른 한편으로는 서양인의 시선 안에서 짝사랑하는 원주
민을 연기하고자 하는 일본인들.

　　물론 여기서 패전의 현실 속에서 고안해 낸, 전승국을 향한 패전국
의 절망적인 구애의 행위라는 측면을 무시해서는 안 된다. 또 도쿄재판
에서 연합국 측은 아시아·태평양전쟁에 관계했던 일본 전범을 재판함
에 있어서, 식민주의와 제국주의의 문제에 대해서 가능한 한 무시하고
자 했음도 잊어서는 안 된다. 그러나 『버마의 하프』가 처음에 일본어로
쓰여져 일본에서 출판된 이상(외국 번역 출판은 원작이 여러 상을 수상한
이후부터 있었고, 영화화된 것은 1952년 일본이 독립한 후였다), 연합국 최
고사령부나 극동위원회에서 일하고 있는 연합국 관료 및 군인 등 소수
의 일본통을 제외하면, 영국인이나 미국인 관객을 향해서 만들어졌을
리 없다.[23] 그렇다면 미즈시마 상병이 영령을 상징하는 루비를 넣은 상
자를 영국군 병사의 유골 항아리와 같은 건물, 같은 선반에 나란히 진열
하면서, 일본군 전사자가 영국군 전사자와 흡사 동렬로 취급되고 있다
는 환상을 만들어 내야 했던 이유도, 「즐거운 나의 집」을 노래함으로써
영국군 병사와 화해하고자 하는 행위도, 나아가 영국군의 인류애에 감
동한 것을 계기로 영국인의 ‘보편주의’에 종속하는 형태로 일본인의

---

23 『버마의 하프』를 쓴 다케야마 미치오는 극동국제군사법정의 롤링 판사와 친하게 사귀었다.
　　竹山道雄, 「オランダの訪問」, 『日本現代文学全集』 93, 講談社, 1993, 254~268쪽을 참고
　　하기 바람.

'동포애'의 특수주의를 인정받으려고 한 시도도, 모두 영국인에게 무시되고 묵살되었음을 승인한 후에, '원주민 여성'을 잃어버린 영국제국의 국민을 향해서 자신의 윤리적 열등성을 인정하는 '짝사랑하는' '원주민 여성'의 대역을 적극적으로 신청한 것은 아닐까. 그것은 '선교사적 입장'에 계속 있고 싶은 영국인의 자긍심을 지탱하기 위해 교묘하게 계산된 구애의 행위가 아니었을까.

나는 일찍이 '보편주의'와 '특수주의'의 공모에 대해서 논한 적이 있는데,[24] 이 책에서 다루는 것들은 정말이지 보편주의와 특수주의의 공모가 감상적으로 구현된 것이라고 말할 수 있다. 그래서 「콰이강의 다리」에서도, 「버마의 하프」에서도 식민주의나 제국주의를 굳이 문제로 삼는 듯한 타자성을 가진 원주민이란 거의 나오지 않는다. 또한 제국주의자 특유의 원주민 멸시의 구조뿐만 아니라, 앞에서 봤듯이 세계를 백인을 정점으로 보는 인종주의적 세계관이 그대로 온존되어 있다. 앞에서 논했듯이, 「버마의 하프」가 알베르트 슈바이처의 『나의 생활과 사상』의 일본어판 번역자의 손으로 쓰여졌다는 사실은 단순한 우연이 아닐 터이다.[25] 그리고 영국제국 국민에 대해서 자신의 죄를 자각한 '원주민 여성'을 연기해 보여 줌으로써, 「버마의 하프」는 일본인이 자신의 제국주의의 유제와 과오에 직면하는 것을 피하도록 했고, 제국의 역사를 망각하는 정당성을 손에 넣고자 했던, 국민적인 작품이라고 할 수 있다.

---

24 酒井直樹, 「近代の批判·中絶した投企」, 『現代思想』, 제15권 제15호, 1987, 184~207쪽. 보편성의 개념에 대한 이해에 문제가 많았음을 지적해 둔다.

25 다케야마 미치오가 번역한 『나의 생활과 사상』(わが生活と思想より)이 전쟁기에도 상당히 널리 독자층을 확보하고 있었고, 도조 히데키 내각에 의해서도 대동아공영권 건설을 위한 슈바이처의 정신이 높이 평가되었음은 흥미롭다.

영국인을 상정하는 것은 재귀적으로 역사의 부인을 정당화한다. 정말이지, 이 점에서도 그들은 일본인용 영국인이다. 이러한 일본인용 영국인과 일본인용 원주민의 형상이 흡사 영국인이나 미국인이 가진 원주민으로서 '기대되는 일본인'의 형상과 모순 없이 공존하는 것처럼 화장됨으로써, 「버마의 하프」는 전후 미국 제국주의의 질서와 공범관계를 맺는다. 즉 영국인(그리고 미국인)이 그 제국주의·식민주의의 과거를 부인하는 데에 노력함으로써, 일본인 자신의 제국주의·식민주의의 과거를 부인할 권리를 얻었다는, 상상적인 정당화를 행했던 것이다.

그러나 이러한 구애의 행위에 "영국인이나 미국인이 자신의 제국주의를 반성하지 않는 이상, 일본인도 자신의 과거를 닦아 낸다는데, 뭐가 나쁘냐"라는 뒤집힌 정당화의 논리가 뻔히 들여다보이는 것도 두말할 필요가 없다. 그래서 이러한 영국인(그리고 미국인)이 자신의 제국주의·식민주의의 과거를 부인하는 데 동조하는 일본인의 자성自省이라는 행위는 실은 전쟁책임을 회피하는 것에 지나지 않는다. 더구나 이러한 '짝사랑'의 행위가 가진 조작적인 성격을 묵인해서는 안 된다. 왜냐하면 패배한 제국주의자는 원주민의 지위로 하락했지만, 승리한 제국주의자를 어떻게든 조종하기 위해서 「M. 버터플라이」에서 경극 여배우 쑹이 프랑스 외교관 갈리마르를 조종했듯이, '아부와 겉치레 인사말' 외에도 자신을 '원주민'으로 분장하여 여성화하는 방법도 있기 때문이다. 요컨대 '원주민 여성'을 연기하면서 비호의 책임을 인수받은 입장에서 비호받는 입장으로 자신을 이동시킴으로써, 전쟁책임을 애매하게 만들고 자신을 연민의 대상으로 위장할 수 있는 것이다. 더구나 이러한 전쟁책임을 애매하게 하는 자기연민은 종종 종교적 감상주의의 형태를 떤다. 이러한 종교적 권위에 호소한 감상주의와 자기연민이 극단적인 정치적 냉소주의를 내재하고 있음은 말할 필요도 없을 것이다. 또한 국민적인 규모에서 행해진 자기연민과 일본인론으로 대표되는 문화주의의 번성(이런 문화주의는 특히 전후에 번성했다) 간의 연관을 간과할 수도 없다. 그러나 자기연민과 역사의 부인, 전쟁책임의 회피, 공감 공동체의 구성, 문화주의 그리고 정치적 조작성에 대해서는 다른 기회에 고찰하기로 하고, 여기서는 다음과 같은 점만 지적해 두겠다.

1950년대에서 1960년대에 걸쳐 미국을 중심으로 유행한 이른바 근대화론, 즉 저개발국은 미국이 대표하는 반공산주의적·자유주의적인 '보편적' 가치를 내면화함으로써 근대화한다는 근대화론에 있어서, 「버마의 하프」는 '기대되는 원주민' 측의 정서적 수용을 만들어 내고 있는 것이다.

공감과 '노래'의 문제

『남아 있는 나날』이나 「디어 헌터」의 독해에서도 봤듯이, 제국 국민으로서의 자긍심 상실은 사람을 전원 풍경의 노스텔지어적인 몽상으로 유혹한다.

기노시타 게이스케木下惠介감독의 「24개의 눈동자」(1954)는 일본이 제국을 상실한 뒤 전원에서 치유를 구한다는 전형적인 공상을 정착시킨 작품이다. "나라는 망해도 산천은 유구하다."(두보杜甫) 전쟁에서 진 사람들이 전쟁에서 돌아오는 곳은 공상에서 폭격으로 불타 버린 도시의 폐허더미가 아니라 어린 시절을 보냈던 전원의 자연이다. 그러나 여기서 말하는 전원의 자연이란, 스테레오타입화된 고향의 형상이고, 패전 전 많은 일본인이 자랐던 동네와 마을을 가리키는 게 아니다. 그것은 사람들이 '어린 시절을 보냈을 터'인 전원을 상기시킨다. 멀리 어슴푸레 연기가 피어오르는 산이나 저 멀리에서 들려오는 사찰의 종소리로 환기되는 어떤 종류의 정서로 가득 찬 자연이다. 나아가 확인해 둬야 할 것은 바로 전원의 풍경이 반드시 상기와 관련된 과거의 이상화를 덮어쓰고 있다는 점이다. 그래서 제국의 전前 병사들은 해외의 전장에서 일본으로 지리적인 공간을 건너 돌아왔지만, 동시에 그들은 과거의 기억으로 속속들이 물들이고 있는 그리운 토지로 개인의 역사=개인의 이야기를 경유하면서 돌아온다. 그리고 같은 방식으로 병사가 아닌 전 일본 신민의 대부분도 제국을 상실한 후, 돌아가야 할 장소로 회귀하는 것으로 자신들의 운명을 상상하고 있었다.

물론 **귀환하는** 전 일본 신민 가운데에는 '일본 본토'가 아닌 이제는 일본이 아니게 된 토지로 돌아가야 하는 자도 있을 것이다. 이들에게 '돌아간다'는 것은 무얼 말하는가. 그것은 바로 전쟁터나 일본군의 점령지로부터 돌아가는 것일 뿐만 아니라, 나아가 '일본에서 〔고국으로〕 돌아가는' 것이기도 할 터이다. 「24개의 눈동자」에는 '일본에서 돌아가는' 사람들의 시각은 깨끗하게 소거되어 있다. 꼭 확인해 둬야 할 것은 바로 이러한 사람들의 시각이 의식되자마자 '전후' 공감의 공동체라는 공상은 즉각적으로 유산되어 버린다는 사실이다. 왜냐하면 그들의 시각이 감지될 때, '일본 국민'='일본 민족'='인간'이라는 막연한 등식은 일순간에 명확한 차이에 의해 분열되기 때문이다. '일본 국민'이지만 '일본 민족'이지 않은 자, '인간'이지만 '일본 국민'도 '일본 민족'도 아닌 자들의 그림자가 즉각적으로 불려 세워지기 때문이다. 이 책의 「끝맺음을 대신해서」에서 '쇼와사昭和史 논쟁'을 고찰하며 다시 다룰 예정이지만, 일찍이 일본제국 어디에서나 있었을 '일본 국민'이지만 '일본 민족'이 아닌 자, '인간'이지만 '일본 국민'도 '일본 민족'도 아닌 자들이 **가시적可視的이지 않은 범위 내에서**, '일본 국민' = '일본 민족' = '인간'이라는 등식이 성립되었던 것이다. '일본인이 될 수 없음'이 가시화되자마자, 일본인의 목가적인 공동체 형상은 그 음침한 측면을 보이기 시작할 것이다.

「24개의 눈동자」에서는 과거의 기억을 집적한 사람들이 **돌아와야 할** 전원 풍경이 차례로 펼쳐진다. 그것은 「디어 헌터」에서 베트남에서 귀환한 마이크가 북미 대륙의 동부에 있는 애팔래치아 산맥에 걸쳐 동서로 퍼져 있는 산간 공업 마을에서 직면했듯이, 역사적 시간이 착착 경과하고 있는 장소로서의 고향이다. 전쟁터에는 다양한 액션이 있다. 그러나 부모의 임종을 지켜보기 위해서는 자식이 있어야 하듯, 이 행동을 알아채서 집단적인 기억으로 조직하는 자가 거기에 입회하는 일이 없으므로, 전쟁터에서는 거기서 죽어간 자들의 부재를 감득感得할 수 있는 역사적 시간이 각인되어 있지 않다. 전쟁터란, 행동이 있고 패배한 자들의 시체가 있고 살아남은 자가 떠나간 장소이다. 거기에서는 어느 누구도 죽은 병사의 부재에 대해서 알아차릴 수 없다.

증인이 없을 때, 부재는 기억되지 않는다. 실제로 「디어 헌터」의 결말에서 볼 수 있듯이, 혼자 베트남에 남았고 종국에는 러시안 룰렛으로 자기 머리를 쏘아 죽은 닉의 부재가, 동료들 사이에서 명확한 부재로 인지된 곳은 전장의 세계 = 베트남이 아니라, 고향 마을이었다. 이렇게 해서 닉의 부재는 고향 사람들에게 공유되었다. 사람들이 죽은 자의 부재를 부재로서 확인하는 공적인 절차를 우리는 상喪 혹은 추도라고 부르고 있지만, 그것은 전쟁터에서 잃어버린 것을 고향에서 추도하는 형태를 띤다. 요컨대 고향의 풍경이란, 역사 속에서 죽어 버린 것과 잃어버린 것을 더 명시적으로 느끼게 하는 장소이다. 우리는 고향의 전원 풍경을 배경으로 죽은 자들의 부재를 마음으로 느끼고 이해한다. 따라서 고향은 무엇보다도 전사자의 묘가 놓인 장소이다. 거기에 전쟁으로 죽은 자들의 부재가 부재로서 각인되는 것이다.

「24개의 눈동자」에서는 세토나이카이瀬戸内海의 쇼도시마小豆島라는 특정 지역의 풍경이 펼쳐진다. 그것은 고향 일반의 비유가 되고, 특수하지만 동시에 일본의 여러 섬들 어디에서나 볼 수 있는 그런 고향의 풍경이다. 구스다 히로유키楠田浩之의 카메라는 관광 포스터에 종종 보이는 식으로, 넓은 해안선이나 바다로 돌출한 곳을 원경으로 삼고 그 안에 점으로 존재하는 인물이나 사람들의 생활을 강조하며 찍고 있다. 유구한 시간이 흐르고 있는 자연의 광경을 선택함으로써, 「24개의 눈동자」는 패전을 겪고 상처 입은 사람들, 패해서 돌아온 자들의 시선에 그들이 잃어버린 것이 무엇이었는가를 감지할 수 있도록 만든다. 이렇게 본다면, 이 텍스트는 죽은 자의 부재를 확인하고, 추도하고, 국민적인 장례 작업을 수행하고자 한다고 말해도 좋을 것이다. 이 점에서 「24개의 눈동자」는 전사자의 묘비석을 위한 배경을 만들어 내고, 패전 후 일본 속에서 가령 야스쿠니 신사의 역할을 보완하는 일종의 감상성의 정치를 담당했다고 생각해도 좋을 것이다.

몇몇 상징적인 장면을 제외하면, 「24개의 눈동자」에 비춰진 풍경에는 전쟁을 즉각적으로 상기시키는 암시장이나 폐허의 흔적을 보여 주는 광경이 완전히 불식되어 있지 않다. 학교를 제외하면, 국가의 존재를 보여 주는 것들은 모두 생활의 측면 배후로 밀려나 있다. 그 대신 전사자의 위패가 귀환하는 장면에서 당돌하게 투영된 국가의 그림자를 볼 수 있다. 확실히 성인 남자가 몇 명인가 등장함에도 불구하고, 여기에 그려진 세계는 기본적으로 아이들과 여자들의 세계이고, 사람들은 풍경 안의 점경點景으로서만 존재한다. 「24개의 눈동자」에는 이른바 '여자아이들'이 바라본 세계가 그려져 있다. 이 점을 본다면, 소설과 영화가 완전히 이질적인 미디어라는 점을 제외하더라도, 쓰보이 사카에壺井栄의 소설 텍스트와 기노시타 게이스케 감독의 영화 텍스트에는 읽는 자/관객의 시각 설정과 독자/관객을 텍스트로 끌어넣는 구조에 커다란 차이가 있음을 간과해서는 안 된다.

영화판 「24개의 눈동자」는 가해자가 될 수 없었던 자들의 세계를 전적으로 그리고자 한다. 「디어 헌터」는 전쟁터와 고향을 완벽하게 분리된 세계로 설정함으로써, 고향과 전쟁터의 거리를 표명하고 있다. 「24개의 눈동자」에서 전쟁은 철두철미하게 어딘가 먼 별세계에서 일어난 사건이었다. 전쟁이 완전하게 외부의 사건일 수 있는 세계를 설정한 점에서, 「24개의 눈동자」도 「디어 헌터」와 마찬가지로, 역사 속으로 흘러간 사람들에 초점을 맞추고 있다. 그럼에도 불구하고, 아이들과 여자들의 생활은 전쟁에 의해 깊은 상처를 받았다. 무력한 서민을, 외부에서 습격해 들어오는 전쟁은 서민과는 아무런 관계도 없는 천재지변과 같은 것으로 그리고 있다. 왜냐하면 흡사 '피해자'로서의 서민은 '역사의 주체'가 될 수 없는 것처럼, 영상이 전개되고 있기 때문이다.

「디어 헌터」와 「24개의 눈동자」는 모두 결말부분의 노래 부르는 장면에서 장례식을 완성하는 구성을 취하고 있다. 그러나 주의해야 할 것은 「24개의 눈동자」가 처음부터 끝까지 '노래'의 연쇄로 편집되어 있다는 사실이다. 단, '노래'가 사용되는 방식은 다양하다. 어느 장면에서는 아이들이 '노래를 부르고' 있고, 또 어느 장면에서는 아이들의 노랫소리가 배경 음악으로 깔리고, 나아가 관현악인 것 같은 선율로 소학창가小学唱歌가 반복해서 노래되거나 혹은 연주된다. 때로 반복되는 노랫소리가 영상 속 행동의 일부를 형성하는 장면(가령 아이들이 페리 호 갑판에서 합창을 할 때의 장면이 그러하다)과 배경으로 삽입된 장면(가령 아이들이 무리를 지어 시골길을 달리는 광경과 중첩되어 삽입된 그들의 노랫소리가 그러하다), 나아가 '노래' 선율이 아이들의 '소리' 없이 관현악만으로 연주되는 장면이 교묘하게 서로 섞여 편집되어 있다. 그렇기 때문에 시청자는 창가의 빈번한 사용에 그다지 주의하지 않게 된다. 이 책의 「끝맺음을 대신해서」에서 논할 '쇼와사'로 대표되는 1920년대 말부터 1940년대 말에 이르는 군국주의화한 일본 국민사 이야기는 이 작품 전체를 통합해 주는 하나의 축임에 분명하다. 그것과 동시에 「일곱 마리 어린 까마귀」七つの子나 「황성의 달」荒城の月, 「해변의 노래」濱辺の歌, 「우러러 존경하니」仰げば尊し 등, 소학교 교육 커리큘럼에 들어가 있는 소학창가나 기타 창가의 연쇄는 이 영화를 통합하는 다른 하나의 축을 이루고 있다.

기노시타 게이스케 감독은 창가를 빈번하게 이용함으로써 영화에 대한 시청자의 참여방식을 명확히 한정 짓고자 했다. 영화에 있어서 추억의 효과가 커진 이유는, 첫째 창가가 시청자의 참여방식을 준비하고 있기 때문이다. 시청자는 영상을 수용하고 해석하고 영상의 연쇄 속에서 맥락을 읽어 낼 뿐만 아니라, 잠재적으로 영상 속의 아이들과 **하나가 되어 노래한다.** '합창'은 아이들 사이에서 공유된 행위에 그치는 게 아니다. 이 행위에는 시청자도 참가할 수 있다. 스크린과 그것을 응시하는 관객석 사이의 거리는, 이른바 시청자 측에서 뛰어넘을 수 있다. 왜냐하면 이러한 창가는 시청자들에게도 아주 친숙한 것인데, 일찍이 자신들이 불러 왔던 것으로, 그들 자신의 과거를 상징하기 때문이다. 「24개의 눈동자」 안에서 불린 창가에는 심상소학창가尋常小学唱歌나 문부성창가文部省唱歌가 포함되어 있다. 심상소학창가나 문부성창가가 일본 국가國家에 의해서 계획 실시된 국민적인 감성-미학의 구체적인 예라는 점을 잊어서는 안 될 것이다.

이미 가메이 히데오亀井秀雄의 연구가 있었듯, 기독교 교회의 찬송가 합창에서 많은 것을 배워 소학생에게 근대 서양음악의 음계와 화성법으로 국민 공통의 창가를 가르친 것은, 국민어國民語의 제작 등과 병행해서 이자와 슈지伊沢修二 이래로 문부성이 철저하게 추진했던 국민적 주체 제작의 중요한 기술이었다. 「일곱 마리 어린 까마귀」와 같은 심상소학창가나 문부성창가에 포함되지 않은 창가일지라도, 국민들이 널리 그 창가들을 불렀으므로 국민의 감성-미학의 일부가 되었던 것은 소학창가와 다를 바가 없었을 것이다.

소학창가는 국민이 공감하는 제도적인 기반을 만들었다. 더 정확하게 말한다면, 그것은 **공감으로써** 국민으로서의 귀속을 개인의 심급에서 확보하는 기제였다.

「24개의 눈동자」가 공개된 1954년이라는 시점에서 보면, 시청자 대부분이 패전 이전 일본교육제도에서 성장한 사람들이었음은 의심할 바 없다. 전전, 국가에 강한 혐오를 표명하는 것으로 보임에도 불구하고, 아이들을 향한, 나아가 역사에서 사라져 간 사람들을 향한 공감은, 전전 교육제도로 보증된 이 감성-미학적인 기제에 의해서 확보되어 있었다. 여기서 중요한 것은, 바로 시청자 대부분이 영화에 나온 창가에 친숙하다는 사실이 아니다. 시청자는 영화 속 「일곱 마리 어린 까마귀」나 「우러러 존경하니」 그리고 「해변의 노래」 등을 '기억만 하고 있는' 게 아니다. 그들은 이런 창가를 들었던 것을 '기억하고 있을' 뿐만 아니라, 더 적극적으로 어떻게 부르는지에 대해서도 '기억하고 있다'. 여기서 기억의 두 가지 양태는 기묘하게 복합적으로 이용되고 있다. 따라서 창가는 시청자가 잠재적으로 '노래를 부름'으로써 영화에 참가할 수 있도록 선택되었다.

이러한 창가를 들을 때, 시청자의 신체는 '노래를 부르는' 쪽으로, 이른바 대기 상태에 놓인다. 「버마의 하프」가 구제 고교旧制高校 합창의 전통에 의거했다면, 「24개의 눈동자」는 국민의 보다 광범한 범위에서 기억된 '노래'에서 공감의 제도적인 기반을 구했다. 물론 구제 고교의 합창 전통이 구제 고교생이라는 엘리트 계급만의 전유물이 아니라, 보다 광범위한 사람들에게 친숙한 것이었다고 하더라도, 소학창가의 보편성에는 대적할 수 없었을 것이다. 「24개의 눈동자」는 심상소학교에서 키워진 개인들에게 잔존하는 거의 전 국민의 습관에 가까운 것에 의지한다. 그 습관을 대기 상태에 두면서 '듣는' 것이 공감이고, 공감은 자신과 같이 창가를 느끼는 자를 향한 공감의 확인이 되고 있다. 이것이야 말로 여기서 결정적인 의미를 갖고 있는 것이다. 1928년(쇼와 3년), 소학교 분교에 입학한 12명의 등장인물들에게 포개 놓은 듯, 거의 20년 후인 1948년 현재에 관객들은 자신들의 현재를 투사할 수 있게 된 것이다. 따라서 공상 위에서 시청자들은 자신들이 아이였던 시대의 과거의 추억을 살릴 수 있었다.

'노래를 부르는' 것과 '공감' 이 왜 이렇게 연동하는가에 대해서 더 신중하게 고찰해 두는 편이 좋을 것 같다.

미디어와 일본 파시즘의 연계를 고찰하는 데 있어서 획기적인 연구가 된 『소리의 축제』声の祝祭 '후기' 에 해당하는 「포스트 팩툼 : 축제의 뒤/뒤의 축제」에서 쓰보이 히데토坪井秀人는 뉴욕 메트로폴리탄의 오페라 극장에서 「나비부인」을 관람한 체험에 대해서 서술하고 있다. 그는 거기서 '소리의 파토스' 에 단숨에 떠밀린 압도적인 감흥을 쓰고 있는데,[26] 푸치니의 가극과 마찬가지로 많은 사람들은 「24개의 눈동자」에 시청자를 떠내려가게 하고 '현실에 대한 체념에 가까운 수용성'[27]을 강요하는 것이 있다고 확인했다. 이 영화는 정말이지 '소리의 파토스(수용성 · 수난)' 라고 부르기에 어울리는 사태를 드러내는 데 성공했다. 이런 상황에서 본다면, 라디오에서 흘러나오는 시 낭송이나 방송을 통해서 전쟁 시인들은 "'독자' 가 아닌 '청취자' 와 강한 인연을 획득하고, 그때까지의 상징-모더니즘 시대의 현실 유리나 독자 대중으로부터의 고립감에서 일거에 탈각하는 도취를 한때 맛봤다".[28] 말하자면 전쟁 시인들이 라디오 매체를 이용했던 실험을 영화에서 발견할 수 있는 것이다. 물

---

26 坪井秀人, 『声の祝祭 ─ 日本近代詩と戦争』, 名古屋大学出版社, 1997, 377쪽.
27 앞의 책, 8쪽.
28 앞의 책, 164쪽.

론 전전 시기, 한동안 모더니즘의 의장意匠에 빠졌던 시인들과 달리, 상업영화의 제작자나 감독으로서는 처음부터 현실과 유리할 여유는 없었지만, 파시즘이 광범하게 사용한 합창이나 음악의 '국민적 제례'는 파시즘이 타도되었다고 할 수 있는 패전 후에도, 오히려 이전보다 더 정치화되어 '민주화'와 '반전'反戰 ──「버마의 하프」나「24개의 눈동자」에 대해서는 반전이라고 하기보다는 염전厭戰이라고 말하는 쪽이 더 적절할 것이다 ── 이라는 이름 아래에서 조직되어 갔다. 마침 전쟁 중에는 "개별적으로 텍스트의 '해석의 다의성'을 누렸던 에크리튀르écriture로서 시의 낭송은 억압되고, 집단적-공시적으로 음성에 의해서 텍스트를 서로 나눠 가진 낭독이 우세화된 시대의 경향"[29]은 오히려 제국이 상실된 뒤에 만들어진 영화에서 더 강화되고 정밀화되었던 것으로 생각할 수 있다.

영화 속에서 '노래'는 어떤 식으로 등장인물의 신체나 시청자의 신체와 관련을 맺었던 것일까? 일찍이 나는 18세기 닌교조루리人形浄瑠璃나 가학歌學에 초점을 맞춰 연기-행위하는 신체와 '노래'의 문제를 고찰한 적이 있다.[30] 물론 그때도 영화의 문제를 염두에 두고 있었지만, 새삼스럽게 같은 형식의 분석을 200년 후의 제재인「24개의 눈동자」에 대해서까지 행할 수 있게 된 것이다.

닌교조루리와 영화가 같은 식의 물음을 제기한다는 사실은 현대의 우리에게 그렇게 쉽게 이해되지는 않는다. 1920년대에 영화가 토키

---

29 坪井秀人, 『声の祝祭 ── 日本近代詩と戦争』, 175쪽.
30 酒井直樹, 『過去の声：十八世紀日本の言説における言語の地位』, 以文社, 2002.

talkie의 기술을 광범하게 받아들이게 되면서, 미디어로서 영화의 가능성이 일면 빈곤화되었음을 부정할 순 없다. 음성 기술 덕분에, 등장인물의 발화를 드러내는 신체 움직임이 스크린 옆에 놓인 스피커에서 흘러나오는 음성과 동시화된다는 원칙은 아주 당연하게 받아들여졌다. 녹음장치가 내장되지 않았을 무렵 8미리 카메라에서는 음성과 영상이 완전히 다른 수준에서 드러나는 것을 체험할 수 있었다. 지금도 역사적으로 오래된 필름을 일부러 그 예스러움을 부각하려 할 때, 상습적으로 상용되는 영상기법은 짐짓 토키를 피하는 식으로 처리된다.

그건 그렇다고 치고, 음성과 광경이 동시적으로 드러나는 것은 일정한 기술적 조작 이후에 비로소 영화에서 당연한 일로 받아들여졌다. 영상에 덧입혀서 흘려보냈던 내레이터(말하는 자)의 음성이 존재하는 방식에서 훌륭하게 드러나듯이, 영화에서 보자면 영상과 음성의 동시화는 자연스레 주어진 것이 아니라, 항상 편집 단계에서 재구성된 것이다. 이 점에서 영화와 실제 배우를 쓰는 연극은, 닌교조루리와 가부키가 전혀 다른 것처럼, 그 구성원리가 다르다.

일상생활에서 음성이나 영상의 기록장치를 매개로 하지 않을 때, 인물의 발화 행위의 발현점은 공간적으로 일치되어 있고, 시간적으로도 동시적이라고 생각된다. 발화 행위의 광경이 음성의 발현과 일치하고 등장인물의 발화가 등장인물의 소리에 동시적으로 수반된 것은, 토키 이후의 영화에서는 영상이 직접적인 지각의 재현이라는 믿음이 전제되어 있다.

우선 '나'의 발화에 대해서는 제외하고,[31] 화면 혹은 무대에서 연기-행위하는 배우의 신체는 영상으로서의 행위와 음성으로서의 이야기를 미리 종합한 것으로 제출된다. 따라서 등장인물의 음성과 영상으로서의 배우의 신체를 **공시적으로** 흐르게 함으로써, 토키 기술은 화면 안에서 "누가 말하고 있는가"를 텔롭telop〔텔레비전 방영 중에 투사·삽입하는 글자나 사진 — 옮긴이〕과 변사辯士에 의해서 설명해야 할 필요를 제거해 버렸다. 그러나 이렇게 도입된 음성이, 개별화된 발화라는 점을 놓쳐서는 안 된다. 이러한 개별화된 발화의 행위를 나는 '간접적인 행위'와 대비시켜서 '직접적인 행위'라고 불러 왔다.[32]

'직접적인 행위'에서 인간은 자연적으로 또한 **자발적으로** 발화한다. 왜냐하면 광경으로 주어진 화자의 발화 행위와 음성으로 주어진 발화 행위가 공시적으로 현전하기 때문이다. 그 발화의 음성은 즉각적으로 발화자 바깥에서부터 보여지는 한에 있어서 신체에 귀속된다. 때문에 '직접적인 행위'를 짊어진 발화 행위의 주체는 단수單數이고, 발화의 내용은 그 개인에게 귀속된다. "누가 말하고 있는가"는 자명한 일로 주어지기에, 새삼 문제가 되지 않는다. 그러나 무성영화 시대에는 토키가 발명되지 않았으므로, '직접적인 행위'를 이렇게 표상하는 것이 기술적으로 불가능했다. 그 대신 만화나 애니메이션에서 사용된 기법이 광범위하게 사용되었다. 그렇다면 토키의 도입이 "누가 말하고 있는가"라는 물음을 영화에서 소거하는 데에 성공했던 것일까.

---

31 이 문제는 근대의 주체성-주관성 일반에 관한 문제이다. 20세기가 되어, 이 문제를 훌륭하게 정식화한 사람이 자크 라캉임은 잘 알려져 있는 사실이다. '나'를 제외해야 하는 이유는, 보통 자신의 신체는 광경으로 주어진 적이 없기 때문이다. '나'의 발언에 대해서는, 발화 행위의 광경과 소리의 발현의 동시성에 의해 발화 행위의 주체를 분류하는 일은 불가능하다. 나는 내가 말하고 있음을 볼 수 없기 때문이다. '나'는 나에게 직접 현전하지 않기에, '나'에게는 영상 혹은 이미지(imaginary)의 문제가 반드시 일어나기 때문이다.
32 酒井直樹, 『過去の声 : 十八世紀日本の言説における言語の地位』, 239~242쪽.

토키가 도입된 뒤에도, '직접적인 행위'에서 일탈하는 듯한 배우의 행동이나 음성은 계속해서 존재했다. 요컨대 음성을 수반한 영상에서도 "누가 말하고 있는가"가 즉각적으로 자명하지 않은 그런 발화 행위가 중요한 역할을 했다. 이 문맥에서 영상에서의 '합창'과 '노래'의 문제가 부상한다.

"누가 말하고 있는가"가 즉각적으로 명시되지 않는 발화 행위에는 어떤 것이 있는가에 대해서 한번 생각해 보자.

말할 필요도 없지만, 합창에서는 여러 명의 가수가 동시에 노래를 하기 때문에, "누가 말하고 있는가"를 확정할 수 없다. 그리스 비극처럼, 코러스는 무대에서 진행 중인 사건에 대해서 의견을 말하거나 등장인물의 행위에 판결을 내리거나 하는 경우조차도, "누가 노래하고 있는가"는 한정 지을 수 없기 때문에, 그것은 여론과 같은 형태를 취한다. 그러나 복수複數의 발화자(가수)의 공시적인 발성이라는 조건 이외에도, "누가 말하고 있는가"를 결정할 수 없게 만드는 조건을 생각할 수 있다. 발화자가 한 사람일 경우에도 그러한 '간접적인 행위'는 가능하다.

화자의 행위와 그 음성이 공시화되지 않았을 때, 그 행위는 직접성을 구성하지 않는다. 공시화되어 있을 때에도, 다음과 같은 경우에는 직접성을 느끼지 못한다. 첫째, 가락이나 리듬을 수반해서 발화될 때. 둘째, 발화의 동작이 의례화되어 있거나, 무용처럼 동작의 자연스러움을 잃어버리고 있어서 소리가 그런 동작에 공시화되어 있을 때. 〔첫번째 경우〕 예를 들어 상점에 가서 오페라나 뮤지컬 무대에서 노래하듯, "이것 주세요"라고 판매원에게 말을 걸어 보라. 그러면 단박에 알 수 있을 것이다. 이런 발화는 '진지한' 발화 행위로 받아들여지지 않을 것이기에,

설사 타당한 금액을 판매원 눈앞에 제시했다고 하더라도, 상품을 살 수 없을 것이다. 바로 상품교환의 사회적인 행위가 성립하지 않는 것이다. 발화 행위는 진정한 것이 되지 못하고, '진지한' 의미를 띠지 못한다. 두번째의 경우도 마찬가지다. 대화가 한창일 때 리듬이 있는 신체운동을 해보라. 리드미컬한 운동이 최고조일지라도 음성이 공시화되어 있지 않다면(마라톤을 하면서 말을 하거나, 사교댄스를 한창 추면서 파트너와 서로 말을 나누는 것처럼), 진지한 발화 행위는 가능할 것이다. 그러나 공시화되자마자, "누가 말하고 있는가"를 알 수 없게 된다. 어쨌든 간에 그러한 음성의 리듬화를 수반한 행위는 '막혔거나', 혹은 희극적인 행위가 되어 버려서, 발화를 통해서 '말하고 싶은 것을 말하는' 일은 불가능하다.

내가 노래 부르고 있을 때, 설사 내가 작사한 가사를 노래하고 있다고 해도, 노래가 야기하는 감흥은 나의 감정이라고 말할 수 없다. 그 감흥은 나에게 수용됨에도 불구하고, 다른 사람의 것이다. 바로 그런 범위 내에서 보자면, 노래에서 내가 받은 감흥은 반드시 수난passion, 受難이고, 파토스pathos, 感情의 바깥에서 온다.

그렇기에 "누가 말하고 있는가"를 알 수 없는 발화 행위의 전형이 바로 '노래'이다. 일반적으로 '노래'에서 발화는 멜로디나 리듬을 수반하며 발화된다. 거기서는 소리를 내는 자로서의 인칭과 발화 행위의 주체로서의 인칭이 떨어져 있다. 설사 내가 노래를 부르고 있어도, 거기에서 나는 발화 행위의 주체가 되지 않는다. 그래서 사람은 노래의 양태에서 '약속'이라는 발화 행위를 할 수 없고, '노래'로 말했으므로 거짓말했다고 질책당하는 일도 없다.

그런데 한편으로 노래는 가장 효과적인 정서를 환기하는 기법이기도 하다. 사람들은 노래를 통해서 자신의 인칭에서 잠시 도망가서, 타인의 정서에 깃들 수 있게 된다. 그래서 노래는 파토스의 인수라는 의미에서 '수난'임과 동시에 공감의 방식이다. 노래는 파토스를 공시화해서 공유하는 것과 더불어, 자기를 집단으로 전위轉位하는 가장 효과적인 기술이다. 더구나 흡사 개인의 내면에서 용솟음쳐 나오는 것처럼, 집단적인 감정이 공유된다.

잘 알려져 있듯이, 오랫동안 유학儒學은 '예악'禮樂을 제정祭政의 핵심으로 여겨 왔는데, 이는 유학에만 한정되지 않았다. 음악·합창·무용은 의례나 제사와 더불어 항상 통치에서 가장 중요한 수법이라고 여겨져 왔다. 근대 정치에서도 '노래'는 정치의 중요한 수단이었고, 「24개의 눈동자」는 토키의 기술에서 '노래'의 정치가 어떻게 전개되고 달성되는지를 훌륭하게 보여 주고 있다. 소학창가라는 제도적인 유산을 이용하면서, 이 영화는 공감의 공동체로서의 국민공동체의 제작과 '노래'의 결합을 저도 모르게 드러내 보여 줬던 것이다.

물론 이 영화가 달성한 것은, 오직 개인으로 체험할 수 있었던 패배를 공감의 대상으로 공상할 수 있는 '국민적인 패배'로 변환함으로써 패배를 감상의 차원으로 옮겨 버린 것이었다.

다시 한번 「가자 가자, 신군」으로 되돌아가 보자. 「24개의 눈동자」가 만들어 낸 공감의 공동체에 이 다큐멘터리는 어떻게 작용하고 있는가, 「가자 가자, 신군」이 전후 공감의 기제에 어떻게 간섭하는가를 계속 염두에 두면서, 1990년대 한국으로 시선을 돌리기로 한다.

4. 내전의 폭력과 국민주의
―「박하사탕」을 해석한다

내가 처음으로 한국을 방문한 것은 1997년 가을, 광주에서 개최된 비엔날레 때였다. 광주 비엔날레의 일부로 기획된 국제 심포지엄 「지구를 탈지도화하기」Un-mapping the Earth 발표자의 한 사람으로 초대받았기 때문이다. 한국을 방문하고 싶다고 생각하고 있었지만 당시까지만 해도 기회가 없었던 나는 광주라는 말을 듣자마자, 즉각적으로 발표를 수락했다. 비엔날레 회장의 기자회견에서 나는 "광주에 왜 흥미를 갖게 되었는가"라는 질문을 받았다. 그 질문에 대해서는 당시에 이미 답변한 바 있는데, 나로서는 미국이나 영국에서 민주주의라는 언어의 유래를 구하는 작업에 커다란 의의를 발견할 수 없다고 생각하고 있었다. 그런 나였기에 광주를 방문한다는 것은 오늘날 세계에서 민주주의라는 이념과 그 실천의 본거지 중 한 곳을 방문하는 일이었다. 민주주의가 하나의 국민·민족·인종·전통 혹은 문명의 전유물이 아니라 타자를 향해서 끊임없이 확대해 가는 것인 이상(진정으로 민주주의라는 이념이 보편적이라는 점에 응해서), 민주주의의 기원은 그 '궤적'Traces에 있을 터이고, 민주주의의 이념에 따라서 진정으로 움직였던 사람들 안에 있을 터이다. 요컨대 나는 민주주의의 기원을 보고 싶었던 것이다.

광주에 체류하는 3일째 되던 날 오후는, 시간적으로 여유가 있었다. 심포지엄 기획을 담당했던 최정성 교수와 심포지엄 운영을 도와줬던 대학원생들이 나와 다른 세 참가자들을, 광주 교외의 망월동묘역과 광대한 5·18기념공원으로 안내해 줬다. 망월동묘역은 시가지에서 남쪽으로 멀리 보이는 교외의 산속에 있었다. 조금 높은 구릉지를 올라가니, 수많은 묘비 사이로 꽃이나 초상사진으로 장식된 일군의 묘비가 눈에 띄었다. 광주항쟁에서 한국 정부의 군인들에 의해 살해된 시민들의 묘였다. 1980년 5월 18일 이래로 이미 17년의 세월이 경과해 있었음에도 불구하고, 묘비 주위에는 수많은 생화 꽃다발이 시든 헌화와 뒤섞인 채 놓여 있었다. 아직까지도 많은 사람들이 이곳에 참배하러 온다는 걸 알 수 있었다. 그 광경에는 예기하지 못했던 생생함이 있었기에 나는 허를 찔렸다. 이 장면에 어떻게 대처하면 좋을지 알지 못해 잠시 낭패감에 휩싸였던 기억이, 10년이 지난 지금도 잊혀지지 않는다.

묘지가 있는 언덕을 내려와 주차장으로 돌아가, 다시 차를 탔다. 그런 다음 우리는 5·18기념공원으로 갔다. 공원에는 거대한 기념탑이나 거대한 부지의 석단石段 등이 완성되어 있었다. 조형물 대부분은 미완성 상태였고, 갖가지 전시물이 전시될 예정이던 건물의 내부는 텅 비어 있었다. 급조된 전시대 안에는 '광주항쟁'의 사진과 설명을 쓴 게시판이 아무렇게나 진열되어 있을 뿐이었다. 그러나 거기에 놓인 '광주항쟁' 당시 불타 버린 전라남도 도청 건물이나 바리케이트 사진을 통해서 광주시민의 행동을 엿볼 수 있었다. 사진 속의 몇 명인가는 망월동묘역에 매장됐음에 틀림없다. 한국 정부의 주도로 건설된 공원의 드넓고 망막한 풍경을 보면서, 국민사의 일화가 되고, 민족의 위생무해衛生無害한 기억의 일막이 되어 버린 광주항쟁을 생각했다. 그리고 그러한 국민사 속에서 공적인 기억의 과정을 일탈하는 '역사의 과잉'이라고 말해야 할 것에 관해서도 생각했다. 5·18공원에서 1시간 정도를 보낸 후, 낙엽으로 가득한 만추晩秋의 구릉지역을 떠나, 우리는 광주 시가지로 돌아갔다. 이것이 광주라는 곳, 거기서 일어난 민주주의라는 관념을 상징하는 사건과 나의 만남의 전부다. 그럼에도 불구하고 그때의 인상은 소화되지 않은 채, 말하자면 응어리처럼 나의 기억 속에 줄곧 남아 있었다.

작년의 일이었다. 내가 살고 있는 미국 북동부의 어느 시골 마을에서 어떤 영화를 우연히 볼 기회가 있었다. 그 영화는 광주를 방문했을 때 내가 받았던 인상을 단숨에 소생시켰다. 그리고 그때의 응어리진 느낌도 되돌아왔다. 당시는 이미 9·11이 일어난 이후였고, 미국의 매스컴은 애국주의 논조 일색이었다. 미국의 여론은, 미국이 군사력으로 세계 각지에서 제국주의적 지배를 하는 것에 대해서 어떠한 치욕도 보이지 않고 있었던 때였다. 매스컴을 통해서 전달된 이 나라의 여론은, 말하자면 "미국의 세계지배가 뭐가 나쁘냐"라며 정색을 하는 것이었다. 그러한 반동적인 파도에 편승해 당선된(더 정확히 말한다면, 당선을 도둑질한) 것이 바로 부시 정권이었다.

극동국제군사재판 이래로, 전쟁범죄나 '인도에 반한 죄'Crime against the Humanity를 재판한 국제제도의 설립을 일관적으로 방해하고자 했던 것이 미 정부의 국제 정책이었고, 2001년 9월 11일 직전에 남아프리카 다반에서 열린 식민주의의 유제遺制와 책임을 의제로 한 국제연합 인권회의를 이스라엘과 함께 거부했던 것도 미국이었다. 그런데 이제 와서 미국 국민은 이러한 명목의 국시國是와 실제 정책 사이의 모순에 더 이상 개의치 않게 된 것 같았다. 1980년대의 레이건 정권 이래로, '베트남증후군'이라 불리는 흡사 동남아시아에서의 미국의 정책에 도 덕적인 죄책감을 갖는 것이 병리적인 일인 양 말을 퍼뜨리는 것이 지배 적인 풍조가 되면서, 베트남전쟁에 대한 죄책감마저도 부인되고 말았 다. 따라서 한국전쟁 당시 미군이 자행한 시민학살이 의제로 올라와도 소수의 이목만 끌 뿐이었다. 미국 국민의 압도적인 다수에게 그것은 한 치의 망설임도 없이 묵살할 수 있는, 세계 어느 한구석에서 일어난 아주 사소한 사건에 불과했다. 국민의 양심에 호소하여 과거 제국주의 정책 에 대한 반성을 촉구한다는, 이른바 '고발 전략'은 이미 정치적인 유효 성을 상실해 버렸음이 명확했다. 그런 상황 속에서 나는 이 영화를 본 것이다.

내가 본 영화는 바로 「박하사탕」이창동 감독, 1999이었다. 이 영화는 나를 끌어들이는 어떤 힘을 가지고 있었다. 다른 영화처럼, 나는 이 작 품을 도저히 그냥 소비하고 잊어버릴 수 없었다. 이 힘은 어디에서 오는 것일까. 그리고 내가 빠져들도록 끌어당기는 것은 어떤 역사적인 조건 으로 말미암은 것일까. 이런 질문에 촉발되어서, 나는 이 논문을 쓰기 시작했다. 그러므로 여기서 내가 사적인 시각으로 「박하사탕」에 접근하 는 것을 허락해 주기 바란다. 내가 이 영화에 대해서 말한다고 했을 때 는 제국을 상실한 일본에서 태어나 현재에는 미국에서 살아가는 나 자 신이 놓인 역사적인 입장을 무시하고는 이뤄지지 않기 때문이다.

광주항쟁과 한국현대사의 트라우마를 그린 한국영화

「박하사탕」은 광주항쟁의 기억을 둘러싼 영화이다. 주인공 김영호의 첫 사랑 상대인 윤순임이 죽기 전까지 갖고 있었던 카메라 안에 보존되었던 필름처럼, 최후에 소거되어야 할 숙명으로 존재하는 기억이 여기서 문제가 된다. 여기서 광주항쟁의 기억이 주제로 다뤄지기 위해서는 일정 정도의 이야기틀이 필요하다. 그 틀이 자살이라는 설정으로 주어져 있다는 것을 잊지 말자. 이 작품은 주인공 김영호의 자살을 둘러싼 이야기로 구성되어 있고, 그가 자살을 선택하기까지 자신을 궁지로 내몰 수밖에 없었던 이유를 흡사 수수께끼를 푸는 듯한 작업으로 전개되고 있다. 다만, 주인공이 자살하는 죽음의 순간은 시사될 수는 있어도 묘사될 수는 없다. 그렇기 때문에 영화는 김영호의 자살장면을 클로즈업한 화면에서 시작한다. 다시 말해 김영호가 윤순임과 처음 만났던 강변 피크닉을 재현한 듯, 같은 강변에서 열린 동창회가 최고조에 달했을 때, 김영호는 돌연히 뛰쳐나와 강에 놓인 철교로 올라갔다. 달려오는 기차의 정면을 그는 가로막아 섰다. 달리는 기차에 설치된 카메라는 주인공의 표정을 클로즈업해서 보여 준다. 관객은 김영호의 자살의 순간을 바로 눈앞에서 바라보도록 남겨져 있다. 남겨진 자들이 할 수 있는 거라곤 죽은 자가 아직 살아 있었던 과거로 거슬러 가는 일뿐이다. 과거로 거슬러 올라가는 형식을 통해서, 영화는 죽은 자와 뒤에 남겨진 살아 있는 자들의 관계를 반복해서 보여 주고 있다.

보통 자살은 행위자 본인의 소멸을 목적으로 하는 행위라고 할 수 있다. 나는 사람이 자신의 목숨을 스스로 끊는다는 생각이 무릇 의미 있는 일인지 그 여부에 대해서는 잘 모르겠다. 자기의 마지막에 대한 의지를 갖고, 나아가 그 의지를 실행할 수 있음이 성립된다면, 자살이라는 관념 그 자체는 공문화될 것이다. 그러나 자살이라는 관념이 우리에게 자명한 의미를 갖는다는 전제를 수용하는 한, 자살은 어떤 의지를 기반해서 수행된 행위이다. 그리고 그 의지를 고백하는 본인이 소멸해 버린 이상, 주위 사람들을 수수께끼 속에 남겨 두고 자살자는 사라진다. 자살자 자신의 죽음에 대한 의지는 수수께끼로 주어진다. 수수께끼는 남겨진 자에게 '물음'으로 내맡겨져 있다. 남겨진 자에게는 이런 '물음' 안에서 자살한 본인의 과거로 거슬러 올라가 자살의 이유를 찾아야 하는 일이 다가온다. 왜냐하면 「박하사탕」은 영상과 관객 사이에 자살한 자와 뒤에 살아 남은 자 사이에 있는 수수께끼로 충만한 상관관계를 설정하고 있기 때문이다.

관객은 죽은 자 뒤에 남겨진 자의 역할을 지정당한다. 그리고 남겨진 자의 역할을 받아들이는 것은 영화의 내레이션이, 처음부터 끝까지, 자살이라는 당사자가 소멸하는 사건이 낳는 시간 구조를 따라서 전개되고 있다는 것이다. 주인공의 과거에 대해서 관객이 갖고 있는 관심은 자살해서 죽어 버린 자에 대해서 갖는 남겨진 자의 부채의식, 즉 "왜 죽어 버렸는가"라는 자책의 물음형식을 모방하는 것이다. 관객에게 스크린을 지그시 들여다보게 하는 욕구, 즉 관객의 엿보기 충동scopic drive은 죄책감을 촉진시켜 죽은 자의 과거를 알고자 하는, 살아 남은 자의 욕구와 동형이라고 말해도 좋을 것이다. 관객은 김영호가 자기파괴의 행위를 못하도록 저지하고자 했지만, 그럴 수 없었다. 말하자면 관객은 그의 동창생의 입장에 설 것을 요구받았던 것이다. 그래서 「박하사탕」에서 영상을 향한 관객의 욕망은 살아 남은 자가 죽어 버린 자에 대해서 갖는 회한의 형식을 취하게 된다.

　게다가 김영호의 자살이 그 전에 있었던 다른 한 죽음에 대한 부채의 변제라는 몸짓으로 주어져 있음에 주의해 두자. 그의 과거를 거슬러 올라가 마지막으로 발견할 수 있는 것은, 5·18사건 당시 계엄군으로 동원되어 광주에 투입된 주인공에 의해서 살해된 어느 여학생의 죽음이다. 뒤에서 자세히 논하겠지만, 여기에 개인의 기억과 국민의 역사가 접합되는 구조가 소묘되어 있다고 말해도 좋을 것이다.

　그러나 과거로 거슬러 올라감은 단순한 상기想起가 아니다. 그것은 과거의 사건을 단순히 떠올리는 일이 아니기 때문이다. 여기서 우리는 이 작품이 훌륭한 영화라는 사실을 알 수 있다. 영화라는 기술적인 수단이 가능하게 만든 거슬러 올라감이라는 수법은 인간의 지각으로는 결코 달성할 수 없는 기묘한 체험으로 점철되어 있다. 기술 면에서는 초보적인 것일지라도, 언표적인 이야기의 문법이 아니라, 영화적인 내러티브라는 수단으로의 이 거슬러 올라감은, 말하자면 과거에 대한 '미치유키'[道行き ; 미치유키몬이라고 불리는 문체의 하나로 나그네의 심정이나 여행길의 풍경 등을 읊은 7·5조의 운문체 문장. 닌교조루리나 가부키에서 무용적·음악적인 구성으로 여행 중의 정경을 보여 주는 장면에 주로 사용된다. 특히 사랑하는 남녀가 도피나 정사를 위하여 함께 여행하는 모습을 보여 주는 것이 많다—옮긴이]로 제기되어 있는 것이다. 그것은 필름을 거꾸로 돌리는rewind 단순한 조작에 의한다. 그러나 보는 자의 마음을 진정시키는 영상을 이 조작은 어떻게 만들어 내고 있는 것일까. 기찻길로 올라와 달리는 열차를 향해서 소리치는 광경, 등을 돌린 채 걸어가는 사람

들의 모습, 거꾸로 달리는 자동차의 모습. 이 조작은 깨진 화병이 깨지기 전의 상태로 되돌아가는 시간, 수영하는 자가 포말로 가득 찬 바다 속에서 튀어 나와 다시 다이빙대로 올라가는 시간을 가시화한다. 그리고 「박하사탕」에서 이 조작은 죽은 자가 살아 있는 자로서 부활하는 기적의 시간을 가상성의 수준에서 보여 준다. 그것은 가상성의 수준에서의 속죄贖罪 —— redemption(되삼, 변제) —— 의 체험이다. 영화라는 데우스 엑스 마키나[Deus ex machina ; 고대 그리스 연극에서, 기계장치로 별안간 신을 출현시켜 결말짓는 수법 —옮긴이]의 도움으로 우리는 죽은 자와 통할 수 있게 되었다. 과거로 거슬러 올라감은 이런 방식으로 죽은 자가 소생하는 여행의 영상으로 주어지는 것이다.

각각 30초 정도에 불과한 되감기 숏에 의해서 7개의 시기가 연결된다. 즉 주인공이 강변에서 열린 옛 직장 동료와의 동창회 피크닉에 참가한 1999년 봄, 동창회 3일 전, 1994년 여름, 1987년 봄, 1984년 가을, 1980년 5월, 그리고 1979년 가을이다. 각각의 시기 구분은 거의 동시대에 일어난 에피소드로 정리되어 있고, 되감기 숏으로 전후 영상과 구분되면서 하나의 이야기를 만들 수 있도록 편집되어 있다. 구분된 한 시기 내부에는 여러 개의 에피소드가 그려져 있다. 각각의 시기 구분을 보면, 에피소드가 전개됨에 따라서 화자의 시간은 서사론적인 자유(비약과 삽입)를 갖는다. 그러나 시기 구분은 되감기 숏으로 서로 명확히 분단되어 있기 때문에, 각각의 시기는 각자의 고유한 동시대성을 분명하게 보여 준다. 게다가 동시대성은 장면의 배경·가구·의복·음악·오락·음식과 같은 갖가지 소품을 통해서 특징적으로 드러났다. 1999년 봄과 동창회 3일 전이라는 두 시기 사이에서 시대적인 변화나 차이를 인식할 수 없지만, 이외의 시기는 한국 사회의 일상생활이 놀라운 기세로 변화하고 있는 양상을 생생하게 보여 준다. 세부묘사는 한국 경제의 급속한 성장과 그에 따른 일상생활의 변화를 시사한다. 구체적으로 말하면, 20년도 채 되지 않은 시간 동안에, 중산계급에게 성공의 기준은 일부 특권층만이 소유했던 자동차를 소유하고 있는가로 바뀌었다. 즉 영화는 일상생활의 세부적인 변화로, '풍요한' 생활로의 이행을 보여 주고 있다.

게다가 영화는, 사람들의 오락으로 급속히 유행한 가라오케, 휴대폰의 폭발적 보급, 자동차의 보급으로 카섹스가 중산계급의 일상적인 사건이 된 1990년대 초두로 거슬러 올라간다. 게다가 날림공사로 만들어진 목조 가옥에서 거주환경이 개선되며 나날이 올라가는 아파트로, 나아가 수동카메라가 이미 골동품이 되어 버린 시대까지. 그렇게 「박하사탕」은 소비자본주의의 전개가 얼마나 깊게 사람들의 존재방식을 변화시켰는지를 정중하게 시대를 거슬러 올라가면서 보여 준다. 말할 필요도 없겠지만, 1980년대 귀중품이었던 수동카메라가 1990년 후반에는 현재까지 살아 남은 과거를 상징하는 소도구로 자기역할을 다한다. 수동카메라가 이런 역할을 할 수 있는 조건이 바로 소비제품의 변화와 유행의 변천이다.

미국은 일상생활의 자동차화가 1920년대에 이미 그 단서를 보였고 1950년대에서 1960년대에 걸쳐 급속도로 진행되었다(미국에서 자동차의 소유 여부는 사회적인 차별의 환경을 야기했다). 미국의 경우와 1970년대 후반에 시작해서 1990년대에 단숨에 일상생활의 자동차화가 진행된 한국의 경우는, 각각 시대적으로 다를 뿐만 아니라 계층적인 침투 정도에도 차이가 있다. 여기서 선진국과 개발도상국의 차이를 볼 수 없는 것도 아니다. 하지만 소비자 사회화의 변화 과정은 세계의 많은 산업화된 사회가 경험한 일반적인 것이다. 그런 한에서 영화가 보여 주는 한국인 생활의 변화 과정에는 한국 특유의 것이 없고, 한국의 전통을 특별나게 환기하는 것도 없다. 미국에서도 독일에서도 대만에서도 그리고 일본에서도, 사람들은 똑같은 급격한 변화를 거쳐 왔다. 지금 중국이 바로 이와 비슷한 '일상생활의 자동차화'라는 도중에 있다고 볼 수 있다.「박하사탕」의 밑바탕에는 다른 장소에 이식 가능한 소비자 사회의 급격한 변화의 경험이 깔려 있는 것이다.

고도경제성장이 한창일 때 끊임없이 상품화된 미래를 향한 기대에 재촉당하면서 살았던 사람들은 자신의 일상이 얼마나 급격하게 변해 갔는지에 대해 결코 고찰하지 않는다. 그러나 3년에서 5년이라는 비교적 짧은 간격으로 1979년에서 1999년까지의 지속을 절단함으로써, 영화「박하사탕」은 매끄러운 사회적인 변화를 단계화해서 보여 주고, 관객들이 완벽하게 변해 버린 자신들과 자신들의 생활을 느끼게 만드는 데 성공했다. 게다가 이 변화를 표현하기 위해 취한 현재에서 과거로 되돌아가는 이야기형식은 참으로 훌륭한 선택이었다.

아마도「박하사탕」은 1950년대 일본영화나 제5세대 중국영화처럼 북미 시장에서 화제를 불러일으키진 않았을 것이다. 왜냐하면 여기에는 구로사와 아키라나 첸카이거가 철저하게 이용했던 동양적인 문물이 묘사되어 있지 않기 때문이다.[1] 다시 말해 이창동 감독은 이국의 정서를 드러내는 데에 효과적인 장르를 선택하지 않았다. 이 영화에는 유럽과 미국의 관객이 영화를 보고 즉각적으로 '이국' 영화라고 알아챌 수 있는, 혹은 간주할 수 있는 거리감각이 준비되어 있지 않다. 그렇기에 쌍-형상화에 의해서 서양인인 자신들과 서양인에 의해 응시된 동양의 이문명異文明이라는 방식으로 대비하는 일이 불가능하다. 때문에 외국영화를 보고 있는 자신들을 어떻게 규정할 것인지 알 수 없게 되어 버린다. 북미나 유럽의 영화 시장에서 호평을 받았던 「카게무샤」影武者, 1980나 첸카이거의 「패왕별희」覇王別姬, 1993는 수법으로 보자면 전통적인 요소를 특별히 생각할 필요가 없는데도, 구미 관객이 기대한 이국적인 동양의 모습을 미세하게 집어넣어 보여 줌으로써, 전이轉移적으로 일본이나 중국을 과시한다. 쌍-형상화에 내재하는 서양인의 욕망에 매개됨으로써, 구로사와 아키라나 첸카이거의 작품은 내셔널 시네마國民映畵일 수 있었다.[2] 그런데 「박하사탕」에는 그런 전이를 위한 거리감각이 빠져 있다. 여기에 묘사된 한국인들은 너무나도 서구인에 가깝다.

하지만 「박하사탕」은 동시에 국민적인 영화일 수도 있다. 내가 여기서 이 영화와 국민공동체와의 관계를 단정적으로 말하지 않는 이유는〔그 관계가〕영화적 내러티브나 영상의 구성이 아니라 관객 측면의 '해석'과 관련되어 있기 때문이다. 그것은 주의 깊게 표현되는 동시대성을 어떻게 이해하는가에 달렸다고 할 수 있다.

소도구나 장면에 끼워넣어져 사용되고 있는 대중음악이나 신상품

---

1 「7인의 사무라이」(七人の侍, 1954)를 보면 알 수 있듯, 구로사와 아키라 감독은 할리우드 영화기법을 가장 많이 채용하고 있는데, 그 제재가 이국적일 때, 일본 관객과 이른바 서구 관객 양쪽이 '일본적'이라고 느끼는 영화가 만들어진다. 기노시타 게이스케 감독의 「24개의 눈동자」(二十四の瞳, 1954) 등 대부분의 작품은 이런 수법을 취하고 있다. 이런 도식을 통해서 이런 작품들은 국민영화가 될 수 있었다.
2 '쌍-형상화' 도식에 대해서는 다음의 책을 참고하라. 酒井直樹, 『日本思想という問題』, 岩波書店, 1997.

은 그 새로움으로 소비욕망을 환기한다. 새로움이란 나날이 낡아 가는 다른 상품과 비교해서, 시장에서 교환가치를 창출한다. 교환가치 창출에 성공했을 때, 대중음악이나 텔레비전 프로그램 및 신상품은 '유행'하게 된다. 유행은 새로움과 오래됨의 차이화에 매개된 일종의 시계인 것이다. 따라서 유행이란 일정한 시장에서의 편년사chronology의 각인을 반드시 띠고 있다. 유행이 사람들의 사적인 욕망에 각인된 연륜과 같은 역할을 담당하고 있는 까닭도 바로 이 때문이다. 확실히 정권의 교체, 올림픽이나 월드컵과 같은 국제적인 행사의 주최, 전쟁이나 전국적 규모의 재해가 국가적인 규모에서 국민공동체의 편년사의 한 칸 한 칸에 새겨 넣어졌다. 그것은 공적으로 경험된 사건이 국가적 내레이터에 기초를 둔 연표를 드러낸다. 「디어 헌터」나 「24개의 눈동자」에서 봤듯이, 많은 영화작품에서 인용된 매스 미디어의 보도 사진이나 영상이 국민사의 편년사 역할을 담당한 것은 이 때문이다. 그런데 유행의 편년사는 일단 사적인 기쁨이나 슬픔에 결부되어 기억된 개인의 일상사와 연표 사이에 연상의 관계를 수립한 것이라고 할 수 있다. 하지만 그 제재가 전적으로 개인의 신변 기억 속에 있기 때문에, 자칫하면 사람들은 오해하고 만다. 흡사 유행이 사적인 사건인 듯이 말이다.

그러나 사태는 오히려 그 반대다. 유행은 개인의 사적인 욕망이나 일상성에서 인정된 분자적molecular 역사가 개인적이지 않음을 보여 준다. 그것은 시장의 존재방식이 얼마나 깊이 개인의 욕망에 관철되어 있는가를 보여 주고 있기 때문이다. 만약 여기서 문제가 된 시장을 단순하게 한국의 국민국가와 일치된 국민공동체 등으로 실체화해서 사고한다면, 「박하사탕」에 훌륭하게 표현된 동시대성은 한국 국민공동체의 동시대성이다. 또한 주인공 김영호가 농락당한 다양한 소비자 경제 특유의 욕망의 연륜은 한국 국민의 욕망의 편년사와 제유적인 관계에 있게 된다. 요컨대 이 해석에 따르면, 동시대성은 한국 국민이 공동으로 경험해온 국민적 체험의 징표로서 읽어 낼 수 있는 것이다.

　　그런데 시장의 연륜은 실은 국민공동체 특유의 것이 아니고, 국제적인 변화의 편년사에 지나지 않는다. 그래서 시장의 편년사를 국민사의 편년사와 동일시하기 위해서는 일정한 '해석'이 필요하다. 그리고 여기서 내가 '해석'이라고 부르는 것은 영화작품을 일정한 주체의 제작을 위해서 수용할 때 작동하는 관객의 구조들이다.[3]

＊　＊　＊

개인의 역사와 공동체의 역사를 둘러싼 국민주의적인 '해석'은 결코 소홀히 할 수 없다. 왜냐하면 이런 '해석'에서 집단적 주체로 보여지는 것에 한정해서 보자면, 주인공 김영호의 경력이 상징하듯, 한국 국민은 경제성장과 더불어 자신들의 바람대로 소비자본주의를 누리고 있지만, 이들은 경제적인 번영의 대가로 죽은 자에 대해서 회한 의식을 가지고 있고, 이런 괴로운 자괴감에서 자유롭지 못하기 때문이다. 「박하사탕」은 유행의 연쇄로서의 역사와 거기에서 뒤처져 가는 다른 역사 사이의

---

3 해석학에 따르면, '해석'이란 이해를 하는 데 있어서의 이해 지평에 의한 제약으로, 이해 주체의 역사적인 피구속성이 공공연하게 되는 사상이다. 해석학의 경우, 종종 '이해의 지평'은 국민문화나 민족의 전통으로 되돌아가는 일이 많다. 내가 고찰한 해석은 이러한 해석학을 따른 것과는 거리가 있고, 영화작품에 어떠한 기대나 욕망을 가지고 들어가는가에 관련되어 있다. 그것은 관객이 영화작품이 환기하는 것에 대해서 갖는 이미지의 투자 혹은 비급(備給)의 형식이고, 그런 한에서 이데올로기라고 생각해도 좋다.

어긋남을 그려 내고 있다. 경제발전의 역사는, 있을 수 있는 다른 역사
를 배반하고 있는 건 아닐까, 소비자본주의가 차례로 풀어내는 욕망에
농락당한 김영호는 무엇인가를 상실함으로써 그러한 역사에 편승한 것
은 아닐까 하고.

　잘못하여 죽여 버린 여학생에 대한 기억에서 고의로 도망치듯이,
자기에의 성실함integrity을 희생했을지라도, 김영호는 체제로부터 부여
받은 다양한 호기好機를 이용해 자기보전을 꾀하고 있었던 것으로 보인
다. 그러나 자기보전을 꾀하면서도 가장 핵심적인 부분에서 그는 자신
을 중시하지 않았다.

　광주에서 여학생을 살해한 사실 그 자체를 정당화한 체제에 적극
가담함으로써, 그는 한 여학생을 죽인 사건의 죄책 그 자체의 근거를 없
애려고 했다. 체제의 논리에 따르면, 그는 극히 평범한 애국적 한국인으
로서 나라를 위해 몸도 마음도 다 바친 군인이었고, 죄를 느낀다거나 자
기를 혐오할 이유는 애초부터 없었다. 그래서 이 체제는 가령 다음과 같
은 정당화의 수사로 주인공을 설득해 그의 양심을 치유하고자 했다.

　광주의 반란분자를 토벌하고 질서를 바로 세우는 것은 국민공동체
를 향한 정당한 '봉공'奉公이다. 그렇기에 이들에게 반란분자를 토벌하
고 질서를 바로 세우는 것은 애국자로서 정정당당하게 자랑할 만한 행
위가 아니라면 무엇이랴. 국가의 정책을 방해하는 반체제 운동가들이
위법 행위를 행해 사회불안을 꾀하는 이상, 국민의 안전에 부심하는 공
안경찰관으로서 반체제 운동가를 고문하는 것은, 사람들이 꺼려하는
작업을 행하는 것은 애국심의 발로가 아니라면 무엇이랴. 기업가로서
한국의 경제활동에 참가하고, 고도성장을 받쳐 주는 것이 국가와 국민

을 위한 공헌이 아니라면 도대체 무엇이란 말인가.

　　이러한 정당화의 논리가 한국에서만 보이는 것은 물론 아니다. 「디어 헌터」 속 베트남전쟁이 벌어졌던 그 시대와 변함없이, 이러한 체제 정당화의 논리를 따라서, 현재 아프가니스탄에서 미군은 현지의 전투원과 비전투원을 향한 살육 행위를 자행하고 있다. 미국의 매스컴 관계자 대부분은 부시 정권의 대량살상무기에 관한 보도조작에 대해서 자기검열하고, 정부와 국민이 한데 만드는 거짓말을 덧칠하면서 거국일치擧國一致로 협력하고 있는 것이다. 역사를 거슬러 올라가 국가에 헌신한 인간을 도덕적으로 규탄하는 일은 가능하지만, 평범한 한 군인이 국가의 명령으로 잘못을 범한 것에 대해 비난할 수 있을까. 애국적인 한 평범한 미국인이 애국주의로 자신을 설득하면서 제국주의적 국민주체로서 자기를 만들어 가는 것과 김영호가 한 일은 도대체 무엇이 다르단 말인가.

　　그럼에도 불구하고 김영호는 이 체제에 완전하게 순응할 수 없었다. 아마도 여기에 「박하사탕」의 가장 중요한 전략상의 허구가 있을 것이다. 김영호와 같은 인물을 공상함으로써, 이창동은 2000년 개봉 당시의 역사적인 현실을 그려 낼 어떤 시각을 획득했다고 볼 수 있다. 이 인물에게 있어서 광주에서 여학생을 오인 사격하여 죽인 일은, 체제가 그것을 정당화하고 1980년 5월의 기억을 소거하고자 한 관대한 노력에도 불구하고, 자기에 대한 배신과 성실함 결여라는 증후로 드러났다. 그는 자신에 대해서도 그리고 타인에 대해서도 시니컬한 자세를 취하게 되어 자신의 인격적 통합성integrity에 주의를 기울일 수 없게 되었다. 이러한 주인공의 성격을 '자포자기'自暴自棄라고 부르는 것이 잘못이라고 할

수는 없다. 일찍이 고전 유학을 흔들었던 '자포자기자의 존재'[4]가 1980
년 5월 광주항쟁으로 죽은 이들과의 연관 속에서 새로운 모습으로 등장
하게 되었다.

그것은 주인공의 첫사랑인 순임과 아내 사이에서 동요하는 김영호
의 감정인데, 이는 곧 자기에 대한 배반으로 드러난다. 한편에 처녀성을
시사하는 이상화된 순임과 다른 한편에 구체적인 일상성을 상징하는
아내라는 두 여성을 배치함으로써, 순임을 거절하기 위해 선택된 아내
와의 세부적 생활묘사를 통해서 주인공의 인격적 통합성의 해체가 알
레고리적으로 그려진다.

두 여성을 배치한 덕분에, 아내를 향한 김영호의 애착은, 자신은 순
임의 사랑을 받을 자격이 없다는 김영호의 억압된 죄책감의 뒤집힌 표
현으로 드러날 수 있었다. 그를 아내에게 묶고 있는 것은 순임을 거부한
그의 결의뿐이기 때문이다. 그래서 주인공의 결혼생활은 서로의 배신
이라는 당연한 결말을 맞게 된다. 아내는 자포자기하며 살아가는 김영
호로 말미암아 그녀에게 있던 자기에 대한 성실성을 파괴하며 가장 가
까운 희생자의 역할을 맡는다. 이런 식으로 아내가 현실을 감싸는 일상
성의 지표로 드러나면 드러날수록, 거꾸로 순임은 철저하게 이상화되
면서 광주항쟁 이전의 무구한 영호를 상징적으로 계속해서 보여 주는
역할을 한다. 박하사탕은, 주인공이 순임과의 약속을 지시하는 은유이

---

4 "自暴者不可與有言也. 自棄者不可與有爲也. 言非禮義謂之自暴也. 吾身不能居仁由義謂之自
棄也. 仁人之安宅也. 義人之正路也. 曠安宅而非弗居舍正路而不由. 哀哉."(『孟子·離婁 上』)
나는 맹자의 '자기'(自棄) 이해에서 '자기에 대한 배반' 즉 '자신의 인격적 통합성(integrity)'
의 해체를 읽어 내고 있다.

고, 그가 체제에 적극적으로 가담함으로써 순임을 배반해 가는 모습을 보여 준다. 요컨대 이 작품의 제목인 박하사탕은 그가 자포자기할 수밖에 없었던 이유를 은밀하게 말하는 표장標章인 것이다.

그래서 1980년 5월, 김영호가 여학생을 오인 사격해 죽인 일련의 숏에서 순임과 여학생의 영상이 겹쳐져 등장하는 것은 그다지 놀랍지 않다. 물론 인물의 중복은 김영호에게 살인사건이 갖는 주관적 의미를 제시하기 위한 편집조작이고, 그가 배신한 자와 그가 죽인 자는 겹쳐져 관객에게 전달된다. 이렇게 그가 죽여 버린 것, 즉 그가 배신했던 것이란, 어느 특정한 개인인 한 여학생이나 그의 첫사랑인 순임을 넘어서, 개인이 자신을 바쳐야 하는 공동적인 존재라는 사실을 시사하는 것으로 생각할 수 있다. 그런데 군대란 사람을 죽이는 일을 전문으로 하는 직업이고, 효율적으로 사람을 죽이기 위해 훈련을 받은 자들의 집단이다. 군인이 여성을 죽였다고 해서, 사고사가 낳는 비극성 이상의 효과를 기대할 수는 없다. 오폭이나 교통사고 등으로 지금도 이 지구상에는 군인들이 비전투원을 계속해서 죽이고 있다.

그렇다면 군인이 한 여학생을 죽인 사건이 그 정도로 이상한 사건으로 느껴지는 조건은 과연 무엇일까. 거기에는 어떤 사람을 자포자기한 존재로 변하게 만들어 버리고 마침내는 자살로 몰아가 버릴 만큼 가슴 아픈 이유가 있어야 한다. 설득력 있는 이유가 여기에 없다면, 영화작품으로서 「박하사탕」이 갖는 감동과 충격은 없을 것이고, 이 영화가 나에게 광주항쟁을 둘러싼 역사를 생각하게 만드는 일도 없을 것이다.

지금 우리는 「박하사탕」에서 개인의 기억과 국민의 역사가 접합되는 구조를 말해야 하는 지점까지 왔다.

그것은 국민을 보호함으로써 그 정통성을 획득하고 있는 한국군이 한국인 여학생을 죽인 것, 동포가 자신의 동포를 죽인 것, 더구나 오인 사격에 의한 살인은 한국 국민이 같은 한국 국민을 죽였다는 내전적 전투 속에서 일어난 것이다.

이에 순임이 상징하는 것은 더 명확해질 것이다. 그것은 살해당한 자 측에 있는 국민 혹은 민족이다. 그리고 이창동은 한국 국민을 통일체로 영상화하기 위해, 국민을 여성으로 표현하는 상투적인 수단을 취했다. 재일한국인 작가 이회성李恢成은 작가 본인으로 생각되는 '나'와 고국의 변화무쌍하게 변하는 관계를 표현하기 위해 엉덩이가 가볍고 불가사의한 매력을 가진 등장인물 '가야코'伽倻子를 만들어 냈다.[5] 이와 마찬가지로 한국 국민을 상징하기 위해서 이창동은 순임이라는 무구성을 표현하는 여성상에 호소했다.

이런 식으로 보자면, 자포자기하고 또한 자신에게 성실할 수 없는, 인격적 통합성이 결핍된 김영호로 대표되는 살해한 쪽과, 살해당한 여학생으로 대표되는 살해된 쪽으로 국민공동체가 분열되어 있음을 알 수 있다. 김영호의 경우와 마찬가지로 국민 측도 결정적으로 통합성을 결핍하고 있다는 독해가 가능해지는 것이다. 여기서 살해당한 여학생처럼 순임도 20년 후 병사하는데, 그녀는 영호에게 필름이 들어 있는 카메라를 남긴다. 여학생의 죽음과 순임의 죽음은 고리[6]를 만들어 낸다.

---

5 李恢成, 『伽倻子のために』, 新潮文庫, 1975(초판은 『新潮』, 1970, 9월호).
6 문부식(文富軾)은 「『光州』二十年後」(板垣亀太 訳, 『現代思想』, 29권 9호, 2001, 89~123쪽)에서 "영화 「박하사탕」이 이룩한 가장 큰 업적은, 1979년과 1999년이라는 20년이라는 시간의 처음과 끝이 가진 비극적인 동일성을 확인시켜 준 것이었다"고 서술하고 있다(114쪽).

영호 앞에서 죽은 자가 다시 떠나가고, 영호는 1980년의 시점으로 되돌려진다.

다시 말하자면 김영호의 자포자기는 한국 국민이 통합성을 결핍하고 있음, 나아가 한민족이 한국과 북한으로 나뉘어 있음을 반영하는 영상으로 독해할 수도 있는 것이다.

이 국민주의적인 '해석'은 관객들의 강한 자책감을 환기하면서, 개인의 기억을 국민사의 문맥에서 상기시키는 것과 더불어 그때까지 체제의 국민사에서 배제되어 왔던 저항하는 자의 역사를 생각하게 만든다. 게다가 이 '해석'에는 분열되어 통합성을 잃은 국민은, 통합성이란 것은 원래 가져야 하고 그것은 회복되어야 한다는 식으로 이미 설정되어 있다. 때문에 영화는 어떤 방법으로 국민의 통합성을 회복할 것인가의 발상에서 수용될 것이다. '있을 수 있는 역사'를 담당한 민족이라는 국민공동체는 체제가 부여한 것과는 다른 정치적 정통성의 근거로써 정립된 것이다. 관객은 자신의 기대를 투자하면서, 영상의 연속을 짜낸다. 그리고 유행의 연속에 자신의 역사를 투사하면서, 다른 있어야 할 역사를 잘 읽어 나가는 것이다.

이것은 나의 추측에 지나지 않는 것이지만, 한국에서 「박하사탕」이 상영되었을 때 관객들은 어쩌면 이런 자책의 마음을 가졌던 것은 아닐까, 하고 생각해 본다. 이러한 효과만으로도, 「박하사탕」은 관객들로 하여금 자신들의 '있을 수 있는 역사'를 상상할 수 있는 기회를 만들어 주었다. 요컨대, 영화라는 **주체적 기술技術**은 관객들로 하여금 '있을 수 있는 국민공동체의 역사'를 꿈꿀 수 있도록 촉발하는 힘을 갖고 있다는 것이다.

국민주의에 회수되지 않는 독법은 가능한가

하지만 나는 감히 조금 다른 해석을 펼쳐 보이고 싶다. 다른 구조에서 이 영화를 수용해 보고 싶은 것이다.

분자적molecular인 역사는 개인이 살아가는 친근한 삶 속에서 전개되는데, 그것은 몰mole 즉 통계적(국가적)인 역사로 환원되지 않는다. 분자적인 역사는 통계적인 역사와는 다른 궤적을 그린다.

그렇기에 김영호가 가담했던 체제를 곧장 한국의 국민공동체가 아니라, 고도성장경제를 표방한 근대화의 논리가 만들어 낸 것으로 생각한다면 어떨까. 광주항쟁의 죄책감 그 자체의 근거를 소거하기 위해 체제가 준비한 정당화의 논리에 따르면, 김영호는 애국자이고 훌륭한 국민주의적인 인물이다. 근대 국민국가가 성립한 이래로, 성인남자(후에는 여자도)가 징병에 응하고 군대라는 제도 속에서 국민의 평등 관념이나 국민공동체에 목숨을 바치도록 학습하는 일은, 국민적 주체를 만들어 내는 데 없어서는 안 되는 과정이었다. 학교제도와 나란히 국민개병제國民皆兵制는 국민적 주체를 만들어 내기 위한 필수제도였다. 따라서 징병과 국민군의 논리를 충실하게 따르며 행동한 이상, 그가 국민을 배반했다는 등에는 근거가 있을 수 없다. 그러한 국가 제작이나 국민 제작을 위한 (주체적) 기술을 벗어난 곳에서, 다시 말해 국가에서 독립해서반은 자연발생적으로 존재하는 '국민' (주지하듯, 이 '국민' 은 종종 '민족' 이라고 불리는데, 앞의 국민주의적인 해석에 따르면 순임은 바로 이런 국가에서 독립한 '국민' 을 상징할 것이다)을 상정하지 않고 '해석' 한다면 어떻게 될 것인가.

근대 국민국가에 있어서 국가주권의 근거로 상정된 '국민'은 국민의 바깥에 있는 '외국인'과 국민 안에 있는 '동포'를 구별하는 원리이기도 했다. 모든 국민이 한 번은 징병됐을 국민군은, 경찰력과 명확히 구별된다. 경찰력이 국내 치안유지와 법 집행을 위해서 국민 내의 무법자를 대상으로 자신의 폭력을 휘두르는 것에 비해서, 국민군이 폭력을 행하는 대상은 국민공동체 바깥에서 오는 위협, 즉 외국인이다. 동포와 외국인이라는 폭력대상의 차이가 경찰력과 군사력의 차이를 정의 내렸다. 그 결과, 경찰력은 그 폭력의 대상이 국민이기 때문에 국가로부터 엄한 감독을 받는다. 이에 비해서 군대 내의 처벌은 명령 엄수와 임무 수행과 관련되어 있고, 외국인에게 상해를 가하는 것이 그렇게 중시되지는 않았다. 정당한 명령 하에서 군사력을 행사해 외국인을 죽이는 것은 일반적으로 살인으로 간주되지 않는 것이다. 국민국가의 정통성 논의가 국민적 인간주의인 이유가 바로 여기에 있다. '동포'는 인간으로서 그 기본적인 권리를 보장받고 국민군의 폭력의 대상이 되지 않다. 이에 비해 외국인은 기본적인 인권을 보장받지 못하기 때문에, 인간으로서 취급되지 않는다. 놓치지 말아야 할 점은, 요컨대 군사력과 경찰력의 구별은 국가가 그 국민에게 그들〔국민〕을 군사적인 폭력의 대상으로 삼지 않는다는 일종의 서약을 담당하고 있다는 점이다.

그러나 제국주의적인 지위를 획득할 수 있었던 미국·영국·프랑스·이탈리아·일본과 같은 근대국가 이외의 영토에서, 국민군의 폭력과 경찰의 폭력을 이념적으로 구별하는 것이 언제나 타당한 것은 아니었다. 왜냐하면 원주민을 내국인과 외국인으로 명확하게 구분 지을 수 없는 식민지에서 국민군과 경찰력의 차이를 유지하는 것은 원리적으로 불가능하고, 종주국의 '범위 안'에서만 이 구별이 충분한 의미를 가지기 때문이다. 제2차 세계대전이 끝나기 전까지 세계 대부분의 땅이 식민지였으므로, 이런 구별 자체는 제국주의 국가들만 누릴 수 있었던 특권이었다. 국민군과 경찰을 엄밀하게 구별하고 유지할 수 있는 국가체제는 시행가능한 제도적인 뒷받침이 있는 사회적 현실이라기보다는, 19세기 이래의 국민국가의 이상想像이었고, 국제사회에 있어야 할 모습이었다. 그러면 많은 국가가 독립을 이뤘던 제2차 세계대전 후에 사태는 어떻게 변했을까?

실은 제2차 세계대전 이후에도, 이 구별은 거의 실효를 얻지 못했다. 대규모 군사력이 동원된 사례를 고찰해 보자. 한국전쟁·콩고동란·베트남전쟁·앙골라내전·동티모르전쟁·니카라과내전·이스라엘의 서안지구 점령·구 유고슬라비아 분쟁과 같은 많은 희생자를 냈던 전쟁을 생각해 보면 알 수 있듯이, 국민군과 경찰에 의한 폭력의 이념적 구별이 존중된 전쟁은 포클랜드전쟁 등 손에 꼽을 정도로 매우 적다. 다시 말해, 군사력이 내국인에게 향해진 것은 예외적인 사례가 아니다. 그 뿐만이 아니다. 주지하듯, 1991년 걸프전쟁과 2003년 이라크침략에서의 군사적 개입을, 당사자인 미국 정부는 국제적인 경찰력의 행사로 정당화했다. 일견하면 국민주권의 핵심을 이룬 원리인 것처럼 보이는 군사력과 경찰력의 분리가 실제로 전쟁에서는 지켜지지 않고 있었던 것이다.

군사력과 경찰력을 구별하는 원리가 붕괴됐을 때, 군사력을 이용해 동포를 표적으로 한 경찰 행위(이것은 내전의 논리이다)가 국민주의의 정당한 현행화 형태가 되고, 경찰 행위의 연장으로 군사력 행사를 정당화하는 것도 쉽게 볼 수 있다. 9·11 이후, 미국 영토 외의 전투와 외교 정책의 차원에서뿐만 아니라 영토 내의 첩보활동이나 관료제 차원에서도, 미국 부시 정권의 행동은 군사력과 경찰력의 구별을 불식하는 결과를 낳았다. 가령 그때까지 미 중앙정보국CIA과 연방조사국FBI은 그 직분을 국외와 국내, 외국 세력에 대한 첩보활동과 국내 비합법활동에 대한 연방공안경찰의 첩보활동이라는 방식으로 명확히 구분하고 있었다. 그러나 이 구별은 국토안전부Homeland Security Department의 성립과 더불어 미국 국내법 수준의 의미조차도 갖지 못하게 되었다.

군사력과 경찰력의 기본적인 차이가 소거된 이 새로운 사태는, 군사적 폭력의 대상이 국내외를 막론하고 '내전에서의 적'으로 규정되었음을 명백히 드러낸다. '테러리즘과의 전쟁'이라는 용어가 시사하는 것은 진정으로 이러한 일이다. 지금까지 군사력은 주권국가와 다른 주권국가 간의 전쟁에서 사용된 조직적인 폭력을 의미했지만, 이제 그러한 전쟁은 불가능하게 되어 버렸다. 니시타니 오사무西谷修가 10년도 훨씬 전에 서술했듯이, "마치 전쟁은 **그 자체가 아니게 되어 버린 것 같다.**"[7] 그 대신, 고전적인 전쟁의 비유가 주권국가가 존재하지 않는 전쟁으로 무리하게 끼워 맞춰진다. 전쟁은 이제 주권국가와 다른 주권국가 간의 무

---

[7] 西谷修, 『戦争論』, 岩波書店, 1992, 7쪽(강조는 원저자). 그러나 이 시점에서 니시타니 오사무는, 전쟁을 국가에 의한 전쟁으로 상정한 이후에, 전쟁을 담당한 주체로서의 고전적인 국가관을 비판하고 있지만, 주권이 고전적인 국가를 떠난 경찰력으로 성립되어 있음을 고려하지 않고 있는 것으로 보인다. "전쟁을 통한 '세계'의 전체화는, 하나의 권력, 하나의 제국에 의한 세계제패로 실현되는 것은 아니다. 헤겔이 말했듯이 '전체'가 변증법적으로 자기를 형성하는 것이라면, '전체'는 정복된 '노예'가 '주인'이 됨으로써, '노예' 각자가 전체가 됨으로써 형성된다. 요컨대 세계라는 '전체'는, 부분적인 제국의 해체와 국민국가의 성립, 그리고 그 상호항쟁을 통해서 실현된다는 말인데, 이 항쟁을 제압해서 세계를 통일하는 국가는 출현하지 않았다. 그 전에 전쟁 그 자체가 '절대적 주인'으로서, '전체'로서의 '세계'를 실현하게 된다." (22쪽)

력에 의한 투쟁이 아니다. 적국이 없는 전쟁에서 군사력은 경찰력으로 이용된다. 많은 체포자＝포로가 생기지만 이렇게 체포된 포로가, 적대시되는 몇몇 국가에 귀속하는 개인이라고 보증할 수도 없다. 포로는 미국 시민이어도 결코 이상하지 않은 것이다.

2003년 6월의 시점에서 미국 법무장관 존 애쉬크로포드가 인정한한에서 보자면,[8] 미국 영토 내에서 체포된 700인 이상의 테러리즘 용의자가 잠재적인 적국의 전투원으로 강제수용소에 수용되어 있고, 그들은 국내법에 의해 보장된 기본적인 인권을 완전히 박탈당한 상태이기 때문에 변호사나 재판소에 호소할 수단을 전혀 갖고 있지 않다. 한편 아프가니스탄에서 투항한 몇 명의 전투원은 국제협정에 의해 보장된 권리를 박탈당한 채, 미국 정부가 관리하는 강제수용소에 체포되어 있다. 이들도 기존 국가의 군인이 아니기 때문에, 국제협정에 기반한 포로 처우를 기대할 수 없다.

국민주의에서 일찍이 국민주권에 있어 둘도 없는 일부로 생각되어 온 군사력과 경찰력의 구별은, 현행 국민주의의 실체를 숨기기 위한 무화과나무의 무성한 잎사귀에 지나지 않게 되어 버렸다. 그것은 더 이상 실효성 있는 서약도 아니고, 현실에서 국민주의의 수사를 이용하여 갖가지 정책을 추진하는 정치가, 또는 행정관을 구속하는 원리도 아니게 되었다. 그러나 국민주권의 공문화와 미국에 의한 세계의 일원적 지배를 전적으로 냉전종언 후인 1990년대에서 찾는 것은 잘못되었다. 동아

---

8 2003년 6월 4일, 미국상원 공청회에서 법무장관 존 애쉬크로포드와의 질의. 이 이전부터, 주간지 등의 인쇄매체를 포함한 공공 미디어에서도, 강제수용소의 존재는 문제시되어 왔다.

시아를 보자면 일본제국이 붕괴한 후, 미국은 즉각적으로 자신의 일원적인 지배체제를 만들기 시작했다. 그렇기에 미국에 의한 일본점령은 현 정권을 지탱하는 극우 이데올로기에 의해서 이라크점령의 모델로 줄곧 인용되고 있다.[9] 그리고 동아시아에서 미국이 자신의 헤게모니를 만들어 갈 때, 군사력과 경찰력의 기본적인 차이가 처음부터 휴지 상태였음을 잊어서는 안 된다. 한국과 일본의 국민주의에서 볼 때, 군사력과 경찰력의 구별은 이미 1940년대 후반부터 쭉 무화과나무의 잎사귀에 지나지 않았던 것이다. 시대적으로 냉전체제가 끼어 있었기 때문에, 1940년대 후반 세계일국지배라는 미국의 구상이 현시점에서는 잘 보이지 않지만, 동아시아 20세기 후반의 역사는 현재 우리가 직면하고 있는 국민주의의 새로운 전개에 대해서 많은 가르침을 준다.

　여기서 다시금 물어보도록 하자. 「박하사탕」의 주인공 김영호를 이 역사 속에 놓고 볼 수 있지 않을까, 뿐만 아니라 그의 죄책감과 그의 자살에 대해서 관객인 우리가 갖는 죄책감은 내전에 관계한 자의 죄책감

---

9 부시 정권은 미국에 의한 일본점령이 천황 독제체제에서 민주적이고 경제적으로 부유한 일본을 낳았다는 상투적인 전후일본사를 인용한다. 이것에 대해서 보수적이고 자유주의자임을 자인하는 미국 및 일본의 일본연구자의 비판(2003년 1월 24일, 일본과 기타 다른 나라—라고 하더라도, 거의 대부분이 미국 관계의 일본전문가의—일본연구자가 도쿄의 외국특파원 클럽에서 발표한 부시 정권의 일본점령 참조 방법에 관한 항의)은, 일본점령의 역사적 조건과 이라크점령의 조건은 완전히 다르고, 일본에서 성공했다고 해서 이라크에서 성공한다고 단정할 수 없다는 식의 논의를 전개하고 있다. 여기에는 일본점령에 관한 이야기 자체에서 미국의 국민주의가 갖는 천박하고 역겨운 나르시시즘, 일본점령에 연루된 천황과 일본 제국주의의 전쟁 책임문제 등이 간과되어 버린다. 그래서 일본연구자의 비판은 오히려 제2차 세계대전 이후의 동아시아에서의 미국 제국주의의 찬미로 끝나 버리고 만다고 할 수 있다. 그렇기에 거꾸로 지금 유효한 것은 현 미국 정권이 일본점령을 참조하면서 이라크점령을 정당화하고자 한 지향 속에서, 미국의 일국지배형 헤게모니의 밑그림을 보는 일이고, 그들의 세계지배의 공상의 한계를 보는 일일 것이다.

일반을 반복하는 것은 아닐까라고. 일본에서 태어난 내가 이러한 물음을 내전의 고뇌를 안고 살아 온 한국 독자에게 묻는다는 것은 대단히 불경한 일일지도 모르겠다. 이 점을 인정하면서, 나는 내전의 논리와 국민주의가 어떻게 공범관계를 맺는가를 고찰하고자 한다.

*　*　*

유사법제有事法制라고 불리는 일군의 법률이 의회를 통과해 법적인 근거를 갖게 되었다. 일본의 영토 내에서 유사법제가 관련된 것은 오로지 일본 영토 내에 주둔하는 미국 군대와 자위대를 포함한 일본의 여러 제도와의 관계에서이다. 미국 군대는 한국 영토 내에도 주둔하고 있다. 그 점에서 일본과 한국의 처지는 크게 다르지 않다. 이것은 대단히 초보적인 사실이어서 거의 언급되는 일이 없다. 하지만 미국 군대가 일본과 한국에 주둔해 있다는 사실이 일본과 한국의 법률에 의해 정당화되어 있기는 해도, 현재 상황에서 일본과 한국 군대가 미국의 영토 내에 주둔하는 일은 있을 수 없다는 점을 확인해 두자. 요컨대 한국과 미국, 일본과 미국 간에 '대등한 파트너십'을 생각하는 것은 현실적인 측면에서 보자면 완전히 바보 같은 짓이라는 말이다. 이러한 현실 상황을 앞에 두고 일부러 '대등한 파트너십' 운운하는 것은 미국과 한국 및 일본 사이의 식민지적 종속관계를 어떻게든 부인하고자 하는 일에 다름 아니다. 그것은 흡사 거기에 평등하고 대등한 국민국가 간의 관계가 있는 것처럼 치장하는 일이고, 고전적인 국제관계에 따라서 동아시아의 외교가 행해지고 있다는 식으로 상정하는 일이다. 더구나 그러한 대등한 우호관계를 치장하는 일은 한국이나 일본의 정치지배 방책에서 중요한 요건이다.

미국 군대가 일본에 직접 주둔하면서 연합국최고사령부SCAP가 직접적으로 점령 작업을 한창 진행했던 1950년에 법이 개정되면서, 연합국최고사령관이었던 맥아더의 명령으로 자위대의 전신인 경찰예비대警察予備隊가 국민군의 지위를 받으며 만들어졌다. 구 일본군 인재를 모아서 만든 경찰예비대는 군대이긴 하지만, 경찰의 일종으로 여겨졌다. 2년 후, 경찰예비대는 안보대安保隊로 그 이름이 바뀌었고, 1953년에는 자민당 정조회장인 이케다와 미 국무성 극동담당 차관보 로버트슨 간에 협정이 맺어져 일본의 학교 교육에 국민주의적인 개혁을 포함하는 것으로 정책이 변경되었다. 그리고 다음 해인 1954년에 자위대自衛隊로 그 이름이 바뀌면서 육군·해군·공군의 삼군체제를 완비하게 되었다.

경찰예비대는 한국전쟁을 위해 한반도에 그 병력을 나누어야 했던 일본 주둔 미군이 인력을 보완하기 위해서 고안한 경찰-군대였던 것이다. 그 임무는 미 주둔군과 이를 지탱하는 하부구조를 잠재적인 반란이나 방해에서 보호하는 일이었다. 미군으로 대표되는 연합군은 어디까지나 점령을 위한 군사력이었고, 주둔 미군을 인수하기 위해서 경찰예비대가 창출되었던 것이다.

왜냐하면 경찰예비대도 점령을 위한 군대였기 때문에, 그 잠재적인 적은 미군 기지나 미군 병참설비를 습격하는 일본인 혹은 일본인 내 반미·반체제 세력이었던 것이다.[10]

당연한 일이지만 그들의 총구는 미군 기지 주변의 주민이나 일본인에게 향해 있었다. 그렇기에 오키나와나 스나가와 지역에서 미군 기지와 주변 지역민과의 관계가 진흙탕처럼 변한 것도 당연한 일이었다.[11] 후에 이 군대가 '자위대'라고 불린 것을 보면, 일종의 아이러니라고 할 수 있다. 역사가 나아가는 현실을 냉정하게 바라볼 수 있었던 사람이라면 이 군대를 '타위대'他衛隊라고 불렀을 것이다. 하지만 기본적으로 미국의 식민지군에 지나지 않았던 일본의 이 군대를 감히 '자위대'라고 불렀던, 그 뛰어난 헤게모니적 전략지배를 경시할 수 없다. 반세기에 걸

---

10 1978년 『일미방위협력을 위한 지침』(日米防衛協力のための指針)에 따르면, 자위대는 일본 정부의 방위 정책에 따라서 운용된다고 하고, 이외에, 일본 정부는 보안조약의 지위협정에 따른 "미국에 의한 재일 시설[在日施設]·지역[區域]의 안정적이고 효과적인 사용을 확보함"을 의무로 하고 있다. 1999년의 「주변사태에 있어서 우리나라의 평화 및 안전을 확보하기 위한 처치에 관한 법률」(周辺事態に際して我が国の平和及び安全を確保するための処置に関する法律)에는 자위대가 대응할 수 있는 사태가 "그대로 방치한다면 우리나라에 대한 직접적 무력 공격에 이를 수 있는 공포스런 사태 등 우리나라의 평화 및 안전에 중요한 영향을 주는 사태"에까지 확대되어 있다. 나아가 「무력공격사태에서의 우리나라의 평화와 독립 및 나라와 국민의 안전의 확보에 관한 법률안」(武力攻撃事態における我が国の平和と独立ならびに国及び国民の安全の確保に関する法律案)에서는 "우리나라에 대한 외부로부터의 무력공격(무력공격의 두려움이 있을 경우를 포함해)"에 대처하기 위해서, 자위대와 미국 군대가 "무력공격을 배제하기 위해서 필요로 하는 행동을 원활하고 효과적으로 행하기" 위한 국내법의 정비를 법제화하고, 권력을 집중할 수 있는 가능성을 담고자 했다. 잊지 말아야 할 사항은 이러한 유사법제에서, 자위대와 미국 군대가 항상 세트로 생각되고 있다는 점이다. 자위대와 미국 군대의 규모·배치지역·정보망·명령체계를 생각한다면 즉각 알 수 있듯, 무릇 일본 정부의 명령으로 미국 군대가 행동하는 일은 있을 수 없기에, 자위대는 미국 군대의 하부조직으로 기능하는 것 이외의 다른 가능성이라고는 없다. 다시 말해 경찰예비대 이래로 식민지군의 성격은 변하지 않은 것이다. 흥미로운 것은, 일본의 국민주의가 강해지면 강해질수록, 자위대의 식민지군으로서의 성격이 더 강해진다는 점이다.

11 물론 1972년까지 미국의 직접통치 하에 있었던 오키나와와 1952년에 명목상으로는 점령이 종료된 후에 일본국 영토 내에서 일어난 스나가와투쟁을 같이 취급할 수는 없다. 그러나 이러한 사례에서, 오키나와나 일본에 존재하는 미군 군사 기지와 그 주변 주민의 관계를 확실히 알 수 있다. 오키나와에서는 미국 군인에 의한 부녀자폭행이나 살인이 1945년 패전 후부터 1972년 이후까지 빈번하게 일어났다. 1995년에는 해병대원에 의한 소녀유괴강간 사건을 계기로 대규모의 반기지·반자본 투쟁이 전개되었다. 2000년 오키나와 회담이 열렸을 때, 미 대통령으로부터 사죄의 말을 끌어냈음은 기억에 새롭다.

게다가 한국에서는 1950년 노근리의 민간인학살이나 2002년 6월 여중생사고사에 관한 치외법권 처리 등을 참조하면, 일련의 주둔 미군과 연루된 사건과 동아시아에서의 미국의 헤게모니가 갖는 식민지지배적인 성격은, 일국사(一國史)의 문맥이 아니라 국가 횡단적으로 파악되어야 할 것이다. 왜냐하면 국민사(國民史)의 시각에서 파악될 때 이러한 사건은 반미 국민주의를 선동하기는 하겠지만, 그것은 '정상적인 국가'에 대한 욕망을 낳을 뿐이고, 또한 근대국가의 주권성이 가진 역사성에 대한 인식을 억압해 버리기 때문이다.

친 일본국헌법을 휴지조각으로 만들려고 했던 미국과 일본 보수파의 공동 노력이 시작된 것은 바로 '자위대'가 창설되었을 무렵이다. 그리고 1990년대가 되어, 이렇게 만들어진 '자위대'에게 유사법제로 통칭된 일련의 입법을 통해서 고전적인 국민군의 치장을 주려고 했던 일이 있었다. 2000년대가 되어 고이즈미小泉 정권 하에서, 그때까지 불문율이었던 미국에 의한 일본의 군사력관리가 명문화되었고, 문자 그대로 '자위대'의 식민지군으로서의 성격이 제도화되었다. 현재(이 글이 쓰여진 시점은 2007년이다) 아베 정권 하에서 진행 중인 '자위대'를 국민군으로 승격시키려는 움직임은, 말하자면 일본 식민지화의 화룡점정인 셈이다. 국민주권의 확립을 거치면서 식민지군이 국민군으로 독립하는 것이 아니라, 국가주권이 점차 공문화되는 가운데 어느샌가 식민지군이 국민군으로 성립되는 방식으로 말이다.

　　미국의 동아시아 지배가 조직화된 시기에 일본의 국민교육이 우경화되었고, 전후 일본의 국민주의 논리가 미국의 군사지배를 정비하는 단계에서 추진되었다는 사실은 매우 중요하다. 제국을 상실한 후 일본의 국민주의는 미국의 지배체제에 대한 저항으로 일어난 것이 아니라, 오히려 미국의 헤게모니를 수용하는 과정에서 드러나게 되었다고 생각하는 편이 좋을 것이다. 그리고 주지하듯 일본의 점령정권과 관련해서는 미국의 지역연구 전문가가 많은 공헌을 했다.[12] 점령 하의 일본을 어

---

12 최근 태평양전쟁 중 일본연구가의 전쟁협력을 연구한 우수한 논문으로 Mari Yoshihara, *Embracing the East*(Oxford University Press, 2002)를 들 수 있다. John Dower의 *Embracing Defeat* (W.W. Norton & Company, 1999)가 일본 일국사의 틀을 채용함으로써 미국의 제국주의적인 전략의 은폐에 기여하고, 미국 측에서 보자면 은밀한 국민사의 나르시시즘을 재현한 것과 훌륭한 대조를 이룬다고 말해도 좋다.

떻게 통치할 것인가에 대해서, 미국 정부와 지역연구 전문가가 과거 제국주의 지배의 전례에서 많은 교훈을 얻었을 것이라고 어렵지 않게 상상할 수 있다.

1930년대, 일본군이 중국점령에서 맛봤던 수많은 실패는 이미 당시 몇 명의 일본 지식인에게 중국지배를 위해서 중국 국민-민족주의를 적극적으로 지원하자는 발상을 압박하고 있었다.[13] 제국주의 이데올로기 자체가 구래 식민주의의 역사적 한계를 확실히 간파하고 있었던 것이다. 결과적으로, 일본 정부가 이 발상을 전면적으로 받아들여 대對 중국 정책을 실시한 적은 없었지만, 중국 국민-민족주의의 기반 없이 괴뢰정권을 만들려고 한 일본 정부의 중국점령 정책 실패는 당연한 일이라고 할 수 있다. 다시 말하면, 이러한 소수의 지식인들은 중국 국민-민족주의와 일본의 헤게모니를 이율배반의 것으로 생각한 것이 아니라, 중국 국민-민족주의가 일본 헤게모니의 구성요인이 되는 비전을 구하기 시작했던 것이다. 확실히 점령지역의 국민-민족주의를 광역 헤게모니 속에 몰아넣으려고 한 시도가 미국의 제국주의 이데올로기에 의해서 계속되었던 것이다.

중국의 점령지에서 일본군은 경찰로서의 군사폭력을 직접 담당하게 되었는데, 이것은 효과적인 제국주의적 지배를 행하고자 하는 자에

---

13 중국 국민주의를 동아공동체(東亜共同体)—후에는 대동아공영권(大東亜共栄圈)—의 필요 조건으로 보는 발상은, 당시 가장 지도적인 지위에 있었던 철학자 미키 기요시(三木清)나 다나베 하지메(田辺元)에게서 현저하게 나타난다. 三木清, 「新日本の思想原理」(昭和研究会, 1939년 초판), 『三木清全集』17, 岩波書店, 1968, 507~503쪽. 三木清, 「新日本の思想原理続編 : 協同主義の哲学的基礎」(昭和研究会, 1939년 초판), 『三木清全集』17, 岩波書店, 1968, 534~588쪽. 田辺元, 「対支文化政策の指導原理に関する私見」, 『田辺元全集』8, 筑摩書房, 1964, 105~116쪽).

게는 최악의 사태였다. 일본군 병사가 표면에 등장해서 원주민을 향해서 군사폭력을 휘두르는 것은, 일본지배에 대한 저항의 형태로 피지배자 국민-민족주의를 돕는 것이다. 만약 제국주의 국가의 지배에 영합하는 국민-민족주의를 원주민에게 장려하고자 했다면, 지배에 필요한 군사폭력은 원주민에 의해 외국인(일본인)이라고 인정되는 군대로, 겉으로 드러나서는 안 된다. 그러한 폭력은 원주민이 자신들과 인종적·민족적으로 동일하다고 생각되어진 사람들에 의해 행해지지 않는다면, 식민지 지배층을 향한 증오를 불러일으킬 것이다.[14]

---

14 제국주의적인 지배에 대해서 두 개의 계기를 파악해 두는 것이 중요하다. 하나는 제국주의 지배를 담당하는 자들 간에 지배자와 피지배자의 구별을 엄밀하게 유지하고자 하는 것. 이 구별은 종종 인종적인(혹은 민족적인) 구별로서 이해된다. 요컨대 식민지체제가 수립한 계층적인 구별은 자연적인 구별에 기반을 둔 것으로 표상된다. 따라서 영국령 인도나 네덜란드령 인도네시아에서는 식민지 지배자층으로서 유럽인이 원주민에서 분리되어 '백인'이라는 인종으로 자연화된다. 그러나 직업능력적으로도 생활습관적으로도 지배층 유럽인은 원주민과 지나치게 많은 사회적 조건을 공유하게 된다. 그래서 제국지배에서 볼 때, 출신에서 식민지 지배자 측에 귀속함에도 불구하고, 직업적인 능력이나 자기관리능력에서는 '원주민'과 다르지 않은 '가난한 백인'(poor white)을 어떻게 은폐할 것인가가 중요한 문제가 된다(이 점에 대한 우수한 분석으로 제1장에서 언급한 Ann Laura Stoler, *Carnal Knowledge and Imperial Power*를 참고하기 바람). 마찬가지로, 일본 제국주의도 지배자층과 피지배자층을 분리하고자 했다. 말할 것도 없이, 현재까지 지속되고 있는 일본 사회의 한국인차별은 이 문제와 깊은 관련을 맺고 있다. 대만의 식민지체제와 '가난한 일본인'에 관한 최근의 논고로 駒込武,「1930年代台湾におけるミッション・スクール排撃運動」(『近代日本の文化史 7』, 岩波書店, 2002, 211~253쪽) 참고. 다른 하나의 계기는 인도주의적 보편주의이다. 이 계기는 제국주의에 반드시 존재하는데, 지배자와 피지배자 간의 평등을 주장하는 것이다. 일본 제국에서 이 원칙은 '일시동인'이라는 표어로 집중적으로 언표되었다. 인종적·민족적·국민적·사회계층적·성적(性的) 차별에도 불구하고, 제국 안의 개인은 평등하게 취급되고, 평등의 권리를 가지고 있다는 것이다. 이 계기를 갖지 못하면, 제국은 그 통일을 보호할 수 없다. 이에 제국은 국민국가의 논리를 내포하게 된다. 제국주의지배에는 이 두 가지 계기가 반드시 공존하기 마련이고, 보편주의와 특수주의는 공범적인 관계를 만든다. 이와 동시에 이 두 계기는 모순된 관계에 있고, 이 모순은 제국 국민의 주체성이 기투적인 성격을 가질 것을 요청한다(Naoki Sakai, "Subject and Substratum: on Japanese Imperial Nationalism", *Culture Studies*, vol.14, 3/4, 2000, pp.462~530을 참조하기 바람). 제국의 상실로 인해 일본 사회에서 사라져 버린 것이 바로 이 두번째 계기였다.

일본 정부는 식민지에서 일본지배에 영합하는 국민-민족주의를
만드는 데에 실패했기 때문에, 효과적으로 기능하는 괴뢰정권도 만들
수 없었다. 또한 효과적으로 기능하는 괴뢰정권을 만들 수 없었기 때문
에, 일본의 지배에 영합하는 국민-민족주의를 원주민들 사이에 양성하
는 일도 불가능했다.

이런 시각에서 볼 때, 패전 후 일본은 어떤 의미에서 점령군에게 이
상적인 조건을 제공하고 있었다. 국체國體의 존속을 위해 점령군에게 협
력하고자 한 괴뢰, 즉 쇼와천황 히로히토裕仁와 일본 국내의 이권을 온
존하기 위해 미국에 아첨하고자 한 보수층 —— 여기에 빠져 있었던 것
은 바로 미국의 지배에 영합하는 국민-민족주의뿐이었다. 미국 점령군
은 일본 국가와 일본 국민의 전쟁책임이나 식민지통치의 책임을 의도
적으로 간과함으로써, 일본의 보수·자본가층과 전전부터 연관되어 있
던 관료제를 점령군 측으로 끌어당기는 일을 훌륭하게 성공시켰다. 또
한 동아시아에서 일본이 가졌던 구식민지에서의 일본 식민지 지배체제
를 상속하고자 했다. 게다가 전후 천황은 패전까지 '일시동인'一視同仁
이라는 다민족 국민주의의 원리에서 민족의 동일성에 기반한 단일민족
문화적 국민주의를 향하는 민족 통일의 상징으로 변신했고, 여기에서
새로운 국민주의의 기반이 출현하게 됐다. 더구나 한국전쟁 동안, 미국
점령정권의 정책상의 변화와 한국전쟁 특수가 야기한 호경기를 따라
서, 일본은 재군비再軍備의 길을 걷기 시작했다. 미군 병사가 표면에 나
서서 원주민에게 군사폭력을 휘두르는 일을 피하기 위한 쿠션 역할을
'자위대'가 담당했다. 이에 '자위대'는 군대-경찰로 완비되었다.

내가 여기서 제기한 것은 대략적인 스케치에 지나지 않지만, 경찰

예비대에서 자위대가 되기까지의 성립논리와 새로운 일본의 국민주의 논리가 어떻게 서로를 촉진하는가를 알 수 있을 것이다. 그리고 마침내 국민주의는 질적인 변화를 달성하기에 이른다. 일본 국민-민족주의와 미국의 헤게모니를 이율배반적인 것으로 생각할 필요도 없다. 이 국민 주의는 미국의 헤게모니의 일부이기 때문인데, 오히려 이 헤게모니가 일본의 국민주의에 의존해 있다고 말해도 좋을 것이다.

제2차 세계대전 후, 미국은 동아시아의 다른 지역에서도 거의 일관 되게 미국의 지배에 영합하는 국민-민족주의를 만들어 내려고 했다. 이 점에서 제2차 세계대전 후 재빨리 영국 정부가 대영제국을 회복하고 자 한 시도에 대해서 미국 정부가 반식민주의 미국의 전통을 확인하는 작업을 행한 것은 그다지 놀랄 일이 아니다. 왜냐하면 그것은 미국이 식 민주의에 항상 반대해 왔다는 따위를 증명하려는 것이 아니라, 대영제 국의 식민지 정책보다 효과적인 제국의 지배형태를 찾고 있었기 때문 이다.

낡은 형태의 식민주의의 종언이 즉각 미국에 저항하는 주권국가의 성립을 의미하지는 않는다. 이는 미국의 지배에 영합하는, 실질적으로 주권을 박탈당한 국가들을 만들어 낼 수 있다는 비전에 뒷받침되어 있 었다. 일본에서도, 한국에서도, 필리핀에서도, 나아가 1960년대에는 남 베트남에서도, 미국은 가능한 한 현지인에 의해 조직된 군대에 그 경 찰-군사폭력을 위임함으로써, 원주민의 증오의 대상이 되지 않으려고 노력했다. 그리고 그것이 정책적으로 파탄났을 때, — 가령 베트남전 쟁 시기에 볼 수 있듯이 — 미군은 원주민 앞에 직접 모습을 드러내고 일본군이 중국에서 그랬던 것처럼, 비전투원을 학살하기에 이르렀다.

이 점에서 현재 이라크의 상황은 대단히 흥미로운 사례이다. 미군을 대신할 수 있는 이라크인 군대를 그렇게 간단하게 만들 수 있을까? 이라크는 일본처럼 잘 작동할까?

* * *

「박하사탕」의 주인공 김영호를 깊이 상처 입혔고, 그를 자살로까지 몰고 간 자각, 자신이 내전의 논리에 가담하고 있다는 이 자각은 한국뿐만 아니라 미국의 헤게모니와 공범해서 키워진 국민주의 전체에 들어맞는 것이 아닐까. 이러한 의문이 일어나는 것은 당연하다. 왜냐하면, 원리적으로 경찰력의 폭력과 군사력의 폭력을 구별할 수 없는 내전의 폭력논리가 국민주의에 내재해 있는 건 아닐까, 그렇다면 주인공 김영호는 일본 '타위대'의 군인이어도 전혀 이상할 게 없지 않을까, 하고 생각해 볼 수 있기 때문이다.

근대의 정치는 국민성(민족·언어동일성)을 정통성의 근거로 삼고, 국민을 대표하는 국가 간 관계로서 국제성(간 국민성間國民性)을 구성해 왔다고 말할 수 있다. 근대세계는 민족이나 인종의 동일성을 국가의 기반으로 삼을 수 있다는 명목을 내세워, 국내 계급투쟁을 국제세계의 전쟁으로 해소하고자 한 국민국가 간의 국제적 질서를 유지해 왔다.[15] 주권을 독점한 국민국가의 병존으로 상상되어 온 국제사회의 질서 그 자체는 20세기가 된 이후 재삼 위기를 맞았다. 이에 광역적인 국가구조가 몇 번이나 실험되어 왔지만, 20세기 말이 되면 이 질서에서 이탈하는 국가가 증가하기 시작했다. 이른바 글로벌리제이션인 것이다. 미국의 집단안전보장체제에 놓인 동아시아의 나라들은 가장 이르게는 1950년대에 이 현실의 일단에 직면했다.

고전적인 국민국가관에서 보면, 국가주권은 시장의 일방향적인 충격에 대해서 국민의 복지를 조정하는 역할을 하도록 기대되어 왔지만, 이제 주권은 급속도로 계급투쟁이나 국가이익의 경합을 내포하지 않는 새로운 슈퍼국가성Super-國家性으로 이행하고 있는 듯이 보인다. 그래서 국민의 생명과 재산, 복지를 지킨다는 국민군의 이념 그 자체가 공문화되고, 국민군의 지상명령인 "나라를 위해 목숨을 바친다"는 준칙은, 간접적인 식민지체제에 봉사하기 위해 병사를 **감정적으로 동원해서 국민의 합의를 만들어 내려는** 구실에 지나지 않게 되었다. 베트남에 파병된 한국군처럼, 국민군은 용병군과 분별할 수 없게 된 것이다.

오늘날, 세계는 점차 통합이 진척되고 있고, 의심할 바 없이 그 통합은 국가횡단적인 것이다. 이 슈퍼국가성을 네그리와 하트가 말하는 '제국'이라고 부르자.[16] 더구나 이 슈퍼국가성을 국민국가로서의 미국에 직접 환원하는 일을 신중하게 피하도록 하자. 왜냐하면 정권 담당자 자신은 눈치 채고 있지 않겠지만, 미국 자신이 슈퍼국가성과 국민주권의 괴리에 깊이 빠져 있기 때문이다.

국민국가가 점차 주권을 상실해 가고 있다고 해서, 그것이 국민국

---

15 민족이나 국민, 인종의 관념 그 자체의 역사성을 묻지 않은 채 국민주의를 비판하면, 건전한 국민주의와 병적인 국민주의의 구별에 의존하게 된다. 그러나 지금 문제가 되고 있는 것은, 이 구별 자체의 타당성이고, 민족이나 국민·인종의 실정적(實定的)인 성격이다. Ann Laura Stoler, *Carnal Knowledge and Imperial Power*, University of California Press, 2002. Etienne Balibar, "The Nation Form", *Race, Nation, Class—Ambiguous Indentities*, Verso, 1991. Etienne Balibar, *La crainte des masses—politique et philosophie avant et après Marx*, Galilée, 1997, pp.21~454. 酒井直樹, 『過去の声 : 十八世紀日本の言説における言語の地位』, 以文社, 2002.

16 Michael Hardt & Antonio Negri, *Empire*, Harvard University Press, 2000.

가의 해소를 의미하는 것은 아니다. 앞에서 서술했듯이, 제국에 의한 통합은 많은 사람들의 민족·언어동일성이나 국민주의를 향한 고집을 강하게 만든다. 뿐만 아니라 국민국가의 여러 제도를 통해서 진정으로 슈퍼국가성이 기능하고 있는 것처럼 생각되기 때문이다. 왜냐하면 글로벌리제이션을 미국의 확대에 저항하는 여러 국민의 반미항쟁으로 생각하는 것이 잘못되었듯이, 지구적인 규모의 시민사회의 환상과 국민성(민족·언어동일성)의 대결로서 지구적인 제국의 시대를 진단하는 것도 기본적으로 잘못되어 있기 때문이다. 그것은 글로벌리제이션에 대한 비판이 국경을 넘어 이동하는 자본이나 이민에 반대해 정주定住해 있는 국민을 옹호하는 등, 완벽하게 어긋난 사태로 전위되기 때문이다. 오히려 슈퍼국가성은 인간성을 국적을 가진 자, 즉 인간성을 국민이나 민족으로 서서히 환원할 수 있는 자로 보는 국민적 인간주의를 통해서 가장 폭력적으로 기능한다. 동포가 인간이고 외국인外人은 비인간이라는 국민적 인간주의가, 국가의 관리에 귀속한 자(인간)와 귀속하지 않은 자(비인간)로 변해 가는 것이다. 테러리스트란 국가에 귀속하지 않은 비인간의 가장 단적인 표현이고, 테러와의 전쟁이란 새로운 국민적 인간주의의 징후에 지나지 않는다. 이렇게 해서, 슈퍼국가성은 개개의 국민국가와 공범관계를 맺으면서, 국민국가의 주권을 찬탈해 간다.

그러나 제국에 의한 통합에서 보면, 개인 간의 사회성과 그 중심이 된 계약성(헌법이나 인권과 같은 정치적 통합의 핵이 되는 것)이 접합·분절되어 있지 않기 때문에, 현실에서는 국가 없는 시민성의 이미지와는 전혀 반대되는 것이 산출된다(미국의 의향을 헤아려 헌법에 국가정통성의 이유에 위치를 주려고 하지 않은 보수정권은 전후 반세기 동안 이 패턴으로 일본 국가를 이끌고 갔다. 또한 미국의 현 정권도 미국헌법을 존중하고자 하는 배려가 보이지 않는다). 그것은, 오히려 법 없는 국가 다시 말해 무법국가인 것이다. 이 지구적으로 확장되어 가는 무법국가에서, 주권은 그 본성에서 말하자면 경찰의 논리를 더듬어 찾지 않을 수 없다. 왜냐하면 제국의 중심을 담당한 국민주의(미국 국민주의)와 주변의 국민주의 간의 징후화된 대결은 구조적인 것이고, 이 대결 자체가 슈퍼국가의 출현에 편입되어 있고, 혹은 공범관계를 갖기 때문이다. 요컨대 인간=인류 일반을 국가성과 동일시하는 것과 공범관계를 가지고 있기 때문이다.

국민주의가 기본적인 변용을 거치고 있는 이때, 구래 국가주권의 병존으로서 국제사회를 상정하고, 국제사회 속에서 주권을 가진 '정상적인 국가'를 바라는 것은 시대착오적인 노스텔지어다. 국민주의로의 회귀 방향은, 동아시아의 반미국민주의에서 보자면, 경찰력과 군사력이 구별 불가능하게 된 사실을 오인한 것에 다름 아니고, 그렇기 때문에 나는 내전의 논리를 반미 국민주의로 해소시키지 않는 해석을 「박하사탕」에서 찾고 있는 것이다.

내가 여기서 계속 해명하고자 하는 것은, 제국에 의한 지구적인 규모의 통합은 왜 인종주의를 환기해서 국민적·민족적인 동일성에 호소하는가이다. 그것은 정말이지 인간을 국민·민족으로 못박아 고정시킴으로써 슈퍼국가성이 국민국가를 통해서 기능할 수 있도록 하기 위해서이다. 이러한 공범의 결과로, 국민 외의 적에 대해 폭력을 행사하는 담당자인 군사권력과 국민 내의 폭력 행위 담당자인 경찰권력을 구분할 수 없게 되었다. 즉 군사행동이 경찰화되어 간 것이다. 여기서는 말할 것도 없이, 경찰 행위의 대상은 적국이 아니라, 무법자 즉 법을 침범

한 자들이다. 여기에 드러나는 것은, 주권경찰과 무법자의 대결이라는
짝 형상이다. 그 무법자는 '민주주의'의 실천을 부르짖는 군중이어도
좋고, 로마나 서울이나 시드니의 길거리에서 전쟁반대를 외치는 남녀
노소여도 좋고, 완전 비무장 상태의 여학생이어도 좋다. 김영호는 국민
군의 군인이면서도 무법자를 탄압하기 위해 동원되었고, 비무장 상태
의 어린 여학생을 죽였다. 「박하사탕」은 이중 폭력의 구별 불가능성의
귀결을 한 남자의 자살로 풀어내며 제시하고 있다.

　　여기까지 와서 떠오르는 의문은 지금까지 나는 「박하사탕」 속에서
전후 일본의 역사를 반복해서 자의적으로 읽고 있는 것은 아닐까 하는
것이다. 그러면서 드는 의문 역시 「박하사탕」을 꼭 한국의 국민사 문맥
속에 놓고 읽어야만 하는 것일까라는 점이다.

　　아시아·태평양전쟁에서 패배한 뒤, 일본의 역사는 일본의 국민주
권이 서서히 미국의 국가횡단적인 헤게모니 뒤에서 공범성의 형태로 구
성되어 가는 과정이었다. 전후 일본의 국민주의는 이 공범성 때문에 진
실로 주관적으로는 반미였을지도 모르지만, 미국을 중심으로 한 슈퍼
국가의 질서 내에서 일본의 국민국가를 누르기 위한 윤활유 역할을 맡
아 왔다고 생각한다. 또한 결코 잊지 말아야 할 것은, 전후 일본의 국민
주의는 민족·언어동일성의 범위를 일탈하는 일이 결코 없었고, 일본의
군사력에 관해서 경찰 행위와 군사 행위의 구분은 철저하게 애매했다
는 점이다. 그리고 유사법제가 시행됨으로써, 마지막까지 남아 있었던
일본국헌법 9조의 장해도 모조리 제거되어 버린 것처럼 보인다. 왜냐하
면 '타위대'는 말 그대로 미국의 군사 시스템이나 군대를 보완하기 위
해, 한국군이 용병처럼 해외에 파병되어 베트남 사람들을 죽이는 데에

참가했듯이, 미국의 통괄 아래에서 비상시에는 한반도를 포함한 해외로 내보낼 수 있도록 되었기 때문이다.

현재 일본에서 유사법제를 적극적으로 지지하는 대중층은 도쿄도지사인 이시하라 신타로石原慎太郎와 같은 파시스트에게 고무되어, 북한이 전쟁을 걸어올 때, '타워대'는 바로 북한에서 오는 난민을 물리칠 수 있는 군대, 한반도를 침공함으로써 일본의 안전을 확보할 수 있는 군대가 될 것을 몽상했을 것이다. 그러나 실질적으로 유사법제의 성립은 미국의 종합지령 하에서 자위대가 한반도나 다른 아시아 지역에까지 전개할 수 있도록 한 것에 지나지 않는다. 그것은 미국의 세계전략 안에서 제국의 식민지군 혹은 **비용을 자신이 분담하면서까지 참가하는** 용병이 되는 것이다. 1945년에서 1958년을 거쳐, 일본의 군대도 한국의 군대와 같은 지위로 착지하고 있는 것이다.

그래서 부시 정권이 이라크점령 후의 전망을 미국에 의한 일본점령 모델로 말하고 있는 것은 우연이 아니다. 점령 후, 이라크가 일본처럼 '민주주의국가!'가 될지 그 여부는 별도의 문제로서, 전후 일본의 역사 속에는 현재 슈퍼국가성 출현의 원형과 같은 것이 있다. 제국에 의한 통합이 어떤 사태인가에 대해서 일본점령은 단순한 사례 이상의 의미를 갖고 있다. 그런 까닭에 일본의 사태에서 우리가 배우려는 것은 '글로벌리제이션'의 단순한 일례가 아니다. 오히려 일본은 제국에 의한 세계 통합의 살아 있는 현장이다. 그러나 제국에 의한 통합을 구체적인 역사적 체험으로서 발상하기 위해서는 '광주'를 참조로 하는 일이 필요하다. 슈퍼국가성의 등장이 야기한 갖가지 귀결을 상상할 수 있기 위해서는, 내전에 괴로워했던 자들의 통찰력에 기대지 않을 수 없는 것이다.

진정으로 이런 의미에서 나는 「박하사탕」이 한국 국민사의 문맥을 넘어 호소하는 힘을 가지고 있다고 믿는다. 혹은 이 영화작품에 한국 국민사의 문맥을 넘어 호소하는 힘을 부여하도록 다른 '해석'을 투자하지 않으면 안 된다고 나는 생각한다.

전후 일본의 지식인은 헌법문제도 또한 재군비의 문제도 내전의 논리에서 사고해 본 적이 거의 없다.[17] '광주' 사건을 전후 국민주의에 내재한 문제로 고찰하는 일도 없었던 것처럼 보인다. '광주항쟁'이 그들에게 얼마나 중요한 것을 가르쳐 줬는가에 주의하지 않았던 것이다.

「박하사탕」의 김영호의 운명은, 이렇게 나와 무관한 남의 일이 아니라, 잠재적으로 일본의 관객까지도 움직일 수 있는 힘을 갖기에 이르렀다. 이것은 아마 일본 관객에게 한정된 일만은 아닐 것이다. 만약 내가 제시한 두번째의 해석을 받아들일 수 있다면, 북미의 관객도, 남아시아의 관객도, 이 작품에 움직일 수 있을 것이라고 생각한다. 왜냐하면 국민주의의 감정에 촉구되어 내전의 폭력에 가담했을 가능성은 광주 시민·한국민을 넘어서, 슈퍼국가성 아래서 몸부림치는 우리 대부분의 숙명이 되어 있기 때문이다. 「박하사탕」이 제시한 내전의 논리로 찢어진 한국의 역사는 오늘날 어떤 보편성을 획득하고 있고, 우리는 그 역사에서 도망칠 수 없기 때문이다.

---

17 물론 일본열도에도 많은 내전의 기억이 묻혀 있다. 가령 오키나와는 아시아·태평양전쟁 말기에 일본군에 의한 주민학살이 자행된 장소로 유명하다. 하지만 내전의 폭력문제는 식민주의의 문제로서 전개되지 않으면 안 된다. 도미야마 이치로는 『폭력의 예감』(『暴力の予感』, 岩波書店, 2002)에서 '예감'이라는 흥미로운 개념을 이용해 그 전개를 실험하고 있다.

5. 비교라는 전략
―공감의 공동체와 동아시아에서의 미국의 존재를 둘러싼 공상의 실천계

2000년 1월 26일과 27일에 도쿄에서 열린 국제회의 '전후戰後 동아시아와 미국의 존재' 직후 일어난 일이다. NHK 교육 텔레비전인 ETV 2001에서 방영한 「시리즈: 전쟁을 어떻게 재판할 것인가」 제2회인 '전시 성폭력을 묻는다' 가 개찬[改竄 ; 문서의 자구를 악용하기 위해 고침]되는 일이 있었다. 이 사건은 대단히 비참한, 그러나 현재 일본의 국민주의를 생각하는 데에는 하나의 상징적인 사건이었다. 이 프로그램에 해설자commentator로 출현한 다카하시 데쓰야高橋哲也 씨와 요네야마 리사米山リサ 씨의 증언을 알지 못하더라도, 개찬된 제2회는 다른 회와 비교해서 기묘하게 돌출됐다는 느낌을 시청자에게 준다. 뿐만 아니라 이 회는 시리즈 전체를 꿰뚫는 논지에서 분명하게 이탈해 버렸음을 알 수 있다. 방송은 그 어색함을 감추려는 시도조차 하지 않았다. NHK의 편집 기술이 이 정도로 졸렬한 걸까.

그뿐이 아니다. 수사적인 배려를 무시하고 가위질을 해버린 결과,

제2회는 '꼴불견'이라는 표현에 딱 맞는 방송이 되었다. 제1회 '인도人道에 반한 죄'에서 프로그램 전체를 요약해서 알려 주는 보고자報告者 마치나가 도시오町永俊雄 씨는 사회가 스스로를 재판하는 일이 얼마나 어려운지에 대해서 말했다. 그러나 독일에서도 프랑스에서도 '인도에 반한 죄'라는 이름 아래 국민이 자신의 전쟁범죄와 식민지의 과거를 재판하는 경향이 일었음을 강조했다. 그런데 일본의 위안부문제를 중심으로 다뤘던 제2회를 보면, 현시점에서 일본 국민의 자기변호와 전쟁범죄를 묻는 것에 주저하는 장면이 정면으로 나왔다. 제1회 '인도에 반한 죄'는 말하자면 제2회 '전시 성폭력을 묻는다'를 향한 수사적인 디딤돌이라고 할 수 있다. 그래서 원래 시나리오대로 제작되었다면, 서양인의 자립성 대 아시아인의 자립성 결여 따위의 오리엔탈리즘적인 스테레오타입의 대비를 파괴하고, 자립한 주체라는 사고 그 자체에 물음표를 붙이는 영상을 내보낼 수 있었을 것이다. 여성국제전범법정의 도쿄 개최를 달성한 여성들의 노력이, 일본 국민이나 아시아 여성들의 독립을 표명하는 것처럼 말이다. 그러나 개찬 후의 프로그램은 자기검증 의무에서 도망가려는 일본인, 자기비판능력을 갖지 못한 일본인이라는 오리엔탈리즘적인 일본인관을 추인해 버린 셈이 되었다. 시리즈를 연속해서 봤던 사람들이, 독일인이나 프랑스인은 자기검증에 엄격한 데 비해 일본 국민은 자율적인 주체로서 스스로를 재판할 능력을 결여하고 있는 것은 아닐까라는 인상을 강하게 받았을 정도다. 자기검증의 용기가 없는, '부끄러움을 알지 못하는 일본인'.

원래 시나리오는 이러한 자율적인 주체와 서양중심주의가 암묵적으로 결합되어 있는 양상을 풀어헤쳐 보여 주는 것이었지만, 개찬은 서양인 대 아시아인이라는 도식이나 자율적인 주체라는 신화를 근본적으로 의심할 수 있는 기회를 유산시켜 버렸다. '전시 성폭력을 묻는다'에서 개찬된 이야기는, 말하자면 이유 없이 자기를 비하하는 '국욕적國辱的인 일본인관'을 강조하는 결과를 만들고 말았던 것이다.

국민주의적인 긍지를 배반한 효과를 낳아 버린 개찬의 배후에, 원래 시나리오는 사실 국민적인 긍지를 고무하는 방법으로 일본 국민에게 자신의 전쟁책임에 직면할 것을 권하는 식으로 쓰여 있었다는 사실을 간과할 수 없다. 「시리즈: 전쟁을 어떻게 재판할 것인가」에서 전후 독일이 절반 정도 이상적으로 그려져 있는 것은 이 때문이다. 요컨대 국민이란 자신의 과거의 죄책감에 직면할 정도의 자율적인 주체성을 가져야 한다는 이상을 암묵적으로 거론하고 있다는 점에서, 원래 시나리오가 국민주의적이면 국민주의적일수록, 개찬을 거친 프로그램은 죄책감에서 도망가고자 하는 일본인, 자립성을 결핍하고 있는 국민으로서의 일본인을 그려 낸 결과가 되고 말았다. 개인이 전쟁·식민지책임을 취하기 위해 국민적 긍지를 고무하는 일을 진정으로 피할 수 있는가의 여부에 대해서는 이 책 마지막 장인 「끝맺음을 대신해서」에서 논했다.[1] 그러나 어쨌든, 일본회의 등 우익 정치가의 간섭으로 프로그램에서 제기할 예정이었던 국민주의의 주장이라는 일관성을 빼앗겼다. 그리고 이 일에 대해서는 새삼 주목하지 않으면 안 될 것이다. 아시아·태평양전쟁 패전 후, 일본의 우익은 국민주의적인 일관성을 견지할 가능성을

---

1 酒井直樹, 「日本史と国民的責任」, 『歷史と方法』 No.4, 2000, 143~162쪽(『ナショナル·ヒストリーを学び捨てる』, 東京大学出版会, 2006, 161~190쪽에 재수록).

잃고 말았다는 사실이, 여기에서 다시 노골적으로 드러나 있는 것이다.[2] 이에 우익은 국수주의자 혹은 민족주의자의 집단으로 규정할 수 없게 되고, '우익'이란 국제적인 냉전체제가 국내에 반영된 것으로, 미국의 이해와 일본 국민의 이해를 혼동해서 미국의 정책에 자기획정自己劃定하여 행동하는 자들이라는 조잡한 정의만 가능해져 버렸다(이 장에서는 이런 사정을 감안하여 굳이 우익을 엄밀하게 규정하지 않는다. 그저 국수주의 혹은 국민주의의 수사를 사용하면서 반동적인 정치에 가담하는 집단이라는 의미에서 사용하기로 한다).[3] 그들은 패전 초기부터 일관해서, '친미반소'親美反蘇의 우익이었다. 소비에트 연방이 붕괴해 버린 후, '친미'만이 남았다. 그래서 우익에는 '친미애국'의 모토를 내건 기묘한 국민주의만이 남았다.

'전시 성폭력을 묻는다'의 개찬은, 의도하지 않았는데도 '국욕적인 일본인관'을 낳았던 것일까, 그렇지 않으면 개찬을 필요로 한 우익의 태도 속에 '국욕적인 일본인관'이 편입되어 있었던 것일까. 이 장에서는 나라의 치욕을 인수함으로써 과거를 극복하는 것이 아니라, 나라의

---

2 전후 천황제가 존속하는 한, 전후 일본 국민주의의 부정합성은 여실히 드러날 것이다. 그러나 천황제 폐기를 외치는 국민주의가 출현할 때 일본의 국민주의는 커다란 전환점에 이를 것이다. 공화제 국민주의 우익이 출현할 때, 지금까지의 반동세력은 어떻게 대응할 것인가.

3 이 책에서는 이른바 우익이라고 칭해지는 정치세력이나 정치운동이 가진 다양성을 취급하지 않고, 그들이 가진 반동성(reactionary와 reactive 두 방면의 의미에서)이 어떻게 국민공동체의 공상에 관련해 왔는가라는 점과, 또한 우익이 '미국으로부터의 독립'이라는 명목에도 불구하고, 미국의 국민주의와 공범관계를 맺지 않을 수 없었던 이유는 무엇인가라는 두 가지 의문점을 집중적으로 고찰하고 있다. 여기서부터, 일본의 우익이 오리엔탈리즘을 비판할 수 없음을 알 수 있을 것이다. 왜냐하면, 마침 동남아시아에서 1990년대에 유행한 '아시아적 가치'의 논의가 그러했듯이, 전후 일본의 우익도 오리엔탈리즘을 내면화하고 있는 조건 하에서만 존속가능하기 때문이다.

치욕이라는 화제 그 자체를 부인하고자 한 방어적인 국민주의의 해석을 통해서 아시아·태평양전쟁 후에 태평양을 가로지르며 차례로 만들어졌던 미국과 일본 간의 공범성共犯性——일찍이 내가 '보편주의와 특수주의의 공범성'[4]이라고 부른——의 구조를 이해하는 작업을 하고자 한다.

그건 그렇다고 치더라도, 이렇게 난리를 치면서까지 NHK 경영진과 정계 우익 인맥이 은폐하고자 했던 것은 도대체 무엇이었을까? 다카하시 데쓰야 씨와 요네야마 리사 씨의 증언에 의하면, 원래의 시나리오에서 검열된 사항은 "1930년대 및 1940년대 아시아·태평양 지역에서 일본군과 일본 정부가 저지른 강간과 성 노예제에 관해서 '인도에 반한 죄'라는 이름 아래, 천황 히로히토는 유죄이고, 위안소의 설립 및 유지에 대해서 일본 정부는 국가로서의 책임을 지지 않으면 안 된다"라는 여성국제전범법정의 판결이었다. 이와 더불어 구 일본군 병사의 증언과 여성국제전범법정을 개최하기까지 페미니즘계가 담당했던 투쟁의 역사 등에 관한 사항까지 검열의 대상이 되었다.[5] 여기서 나는 다음의 기묘한 일치에 놀라고 말았다. 그것은 태평양을 넘어서 일본과 미국에서 보여 주는 은폐의 사상이 서로를 훌륭하게 보완하고 있다는 것에 대한 놀라움이었다. 그리고 이 개찬은 12년 전에 일어난 천황제에 관한 어떤 개인적인 사건을 기억나게 만들었다.

---

4 酒井直樹, 「近代の批判, 挫折した投企」, 『現代思想』, 15권 15호, 181〜207쪽(『死産される日本語·日本人』, 新曜社, 1996에 재수록).

5 リサ米山, 「反ひのきみネットML」(anti-hkm 1215), 2001년 2월 1일 ; 高橋哲哉, 「何が直前に消されたのか」, 『世界』, 2001년 5월호, 209〜219쪽 재인용.

1989년 9월, 쇼와 천황이 위독하다는 소식이 전 세계로 퍼졌다. 각국의 매스 미디어가 보도한 천황 히로히토의 역사적 역할에 대한 평가는 대체로 부정적인 것이었다. 하지만 일본과 미국에서의 평가는 완전히 달랐다.[6] 잘 알려져 있듯이, 일본의 경우 그로부터 3개월이 넘도록 천황의 전쟁책임을 공공연하게 이야기하는 것조차 꺼리는, 이상하리만치 억압적인 분위기가 지배하고 있었다.

지금 현재 일본 각지의 지방 교육위원회가 '일장기'나 '기미가요'에 반대하는 자들에 대해 노골적으로 권위주의적 강제를 강행하는 양상을 미리 보여 주기라도 하는 듯, 천황에 대한 부정적인 언사는 자숙이라는 이름으로 공공영역에서 자취를 감추고 말았다. 당시 미국의 매스 미디어에는 천황에 관한 금기 사항이 전혀 없었다고 한다. 무릇 히로히토는 미국에 선전포고를 한 적국의 원수였다. 그럼에도 불구하고, 쇼와 천황에 관한 기사나 방송은 외교적인 립서비스나 객관적인 사실을 서술하거나 나열하는 것이 대부분이었다. 일부 한국계나, 중국계 혹은 미국인들을 제외하면, 천황 히로히토를 규탄하는 목소리는 거의 들리지 않았다.

『뉴욕 타임스』도 연일 천황 히로히토에 관한 기사를 게재했다. 그 중에는 미국의 일본 점령시기를 전문적으로 다루는 역사가들 사이에

---

6 히로히토의 죽음을 둘러싼 일본 국내와 국외의 보도에 대해서는 『記錄 · 天皇の死』(栗原あき
  ら · 杉山光信 · 吉見俊哉 編, 筑摩書房, 1992)에 상세히 기록되어 있다.

이미 잘 알려져 있는, 맥아더 장군의 비서를 역임하고 전후 천황제의 연출에 중요한 역할을 담당했다고 하는 포비언 바워스Faubion Bowers 씨가 기고한 회상문이 있었다. 바워스 씨의 글은 천연덕스럽게도 오래된 이국취미의 수사를 사용해, 1945년 9월 쇼와 천황과 맥아더 장군이 처음으로 만났다는, 너무나 잘 알려진 우화를 반복해 보여 주는 감상적인 회상록이었다. 패전으로부터 44년이 지난 이 시점에, 아직도 아시아인에 대한 멸시를 숨기지 않고 있는 이러한 기사를 게재한 『뉴욕 타임스』에 야마구치 지로山口二郎 씨와 나는 그저 아연실색할 따름이었다. 그래서 바워스 씨의 회상문에 항의하는 편지를 써서 『뉴욕 타임스』 편집장에게 보냈다.

놀랍게도 『뉴욕 타임스』로부터 즉각적인 답장이 왔고, 우리가 보낸 편지를 게재하겠다는 취지의 연락이 왔다. 그리고 '편집장에게 보내는 편지' 란으로는 예외적으로 널찍한 공간을 할애하며, 우리가 쓴 편지의 거의 전문을 게재해 주었다. 그러나 항의문이 실린 지면을 보고 나서 우리는, 원문과 게재된 편지글 사이에 조금이기는 하지만 아주 중대한 차이가 있음을 발견했다.[7] 한정된 지면에 수록하기 위해서였을까, 혹은 신문기사로서 읽기 쉽도록 하기 위해서였을까, 편집자는 우리의 원문에 아주 미세하게이지만 손을 댔던 것이다. 하지만 그것을 독자를 위한 배려라고 가정할 때 전혀 설명되지 않는 것이 바로 다음 두 가지 우리의 주장을 삭제한 것이었다.

히로히토의 신비하고 고귀한 동시에 둔중한 인격이 맥아더 장군에

---

7 *The New York Times*, October 11, 1989.

게 강한 인상을 주었다고 바워스 씨는 말하고 있다.[8] 우리의 주장은 히로히토의 인격을 근거로 해서 그가 져야 할 전쟁책임을 면제할 수 없다는 것이었다. 당시에는 히로히토의 병세가 위독하다는 이유로, 자숙해야 한다며 표현의 자유에 대한 억압을 정당화하려는 움직임이 있었다. 이런 때 바워스 씨의 논의는 표현의 억압을 조장할 뿐이다. 오히려 지금이야말로 쇼와 천황의 전쟁책임과 연합국이 쇼와 천황의 책임을 면책했던 결단이 정말로 타당한지에 대해서 자유롭게 논의할 수 있는 열린 장을 만들어 내야 한다는 게 우리의 두번째 주장이었다.

적어도 『뉴욕 타임스』에서, 쇼와 천황의 전쟁책임 그 자체를 묻는 것은 금기 사항이 아니었다. 1989년 즈음, 이미 미국에서는 쇼와 천황 무죄설이 등장하기 시작했고, 오히려 금기가 되었던 것은 히로히토의 면책에 미국이 적극적으로 관여했고 히로히토 무죄설을 구축하는 데 미국의 일본전문가가 적극적으로 담당해 왔다는 사실이었다. 그 수년 후, 기시 노부스케岸信介와 사토 에이사쿠佐藤栄作 등 1950년대 일본 보수파 정치가가 CIA에 돈을 요구했던 것, 말하자면 그들이 미국첩보기관의 앞잡이였다는 사실을, 『뉴욕 타임스』는 한 페이지 전면 이상을 써서 확실하게 보도했다. 오히려 일본 신문이 이런 중요한 정보를 일본 국내에 널리 보도하려고 하지 않았던 것이 의외였다.[9] 1990년대가 되면서

---

8 *The New York Times*, September 30, 1989. '둔중함'은 원문으로 stolid라고 되어 있다. 영어의 인류학 문헌에 친숙한 사람이라면, 곧 눈치 챌 테지만, 이 형용사는 일찍이 '둔중한 원주민' 혹은 '둔중한 야만인'이라는 식으로 빈번하게 사용되었다. 포비언 바워스 씨의 회상문에 히로히토에 대한 역겨운 동경의 표현과 그에 대한 인종주의적인 모욕이 동시적으로 표명되어 있다는 점은 흥미롭다. 제국적 국민주의자들이 자신들이 만든 꼭두각시에 대해서 어떠한 태도를 취할 수 있는가라는 점에서, 바워스 씨의 기사는 시사하는 바가 풍부하다.
9 *The New York Times*, October 9, 1994.

55년체제가 흔들리기 시작하자, 『뉴욕 타임스』는 일본 보수파와 썩은 인연의 줄을 끊고, 공적으로 천황제에 의리를 다할 작정이 아님을 표명하기 시작했다.

말할 필요도 없겠지만, 오해가 없도록 확인해 두자. 나는 『뉴욕 타임스』의 극히 적은 규모의 검열과 NHK가 행한 대폭적인 개찬을 같은 선상에 두고 논란을 벌일 작정은 아니다. 그럴 의도가 전혀 없다. 한쪽은 자발적인 기고에 따른 것으로, 『뉴욕 타임스』는 우리 편지를 게재할 의무를 지지 않는다. 이에 비해서 다른 한쪽은 해설자로서 초대되어 전체 프로그램의 전반적인 이해를 기반으로 시나리오를 작성했고, 그런 다음 프로그램을 녹화했다. 그랬던 것이 방영 직전 해설자의 허가도 없이 대폭적으로 개고改稿되었다.

이러한 차이에도 불구하고, 이 두 검열 사례를 병치했을 때 우리는 일본과 미국 사이에서 움직이고 있는 공상적인 분리의 기구機構라고 말할 수 있는 것을 발견할 수 있다. 이 분리 덕분에 일본과 미국의 전후 천황제가 담론으로서 연속적이고 공범성을 갖고 있음을 포착하기 힘들다. 내가 여기서 분리라는 말로 보이고자 한 것은 바로 이것이다.

확실하게 전후 천황은 미국 정부에 의해 만들어졌다. 그것은 만주국의 황제제皇帝制가 일본의 제도였다는 의미에서, 전후 천황제는 미국의 발명이 되는 것이다. 만주국 황제 푸이溥儀는 청나라 마지막 황제이기도 했으므로, 만주국을 청나라의 부흥으로 생각하여 청나라와의 연속성에서 〔만주국을〕 긍정하는 만주 국민주의자를 상정할 수 없는 것도 아니다. 마침 전후 일본 국민의 일부가 천황 히로히토를 향하고 있었던 것처럼, 푸이의 존재를 만주 국민 통합의 근거로 간주하고, 그의 존재에 기반해서 만주 국가의 정통성을 옹호하고자 한 만주 국민주의자가 있었다고 해도, 그런 가설 자체가 전적으로 불가능한 것은 아닐 것이다. 그런 사태가 진정으로 혼재했다면, 만주국 식민지경영을 위해 전적으로 형식적인 정통화를 위해 푸이를 끌고 들어온 제국주의자인 '일본인 우리'는 주저 없이 이러한 만주 국민주의자를 어리석다고 간주할 것이다. 동시에 제국주의자로서 '우리'의 욕망을 충족시켜 준 만주 국민주의자에게 연민을 담은 어떤 애착 같은 것마저 느낄 수도 있을 것이다. 그들은 제국주의자를 은밀히 익찬하는 국민주의자라고 할 수 있다. 그들의 국민주의는 식민지지배에서 국민을 독립시키고자 하는 고전적인 국민주의와 닮은 듯하지만 전혀 다르다.

물론 '우리'의 '일본인으로서의 자존심'은 이러한 피식민자의 욕망을 경유해서 충족되기에, '우리'의 욕망을 일부러 만족시켜 주는 도착된 만주 국민주의자에 대해서, 물론 입 밖으로 말하지는 않았지만, '우리'가 "참으로 귀여운 놈들이군"하고 몰래 느끼고 있어도 그다지 이상하지 않다.[10] 제1장에서 고찰했듯이, 여기에는 연애의 영상과 유사한

---

10 일본의 우익단체인 일본회의(日本会議)의 멤버이기도 하고 외교평론가로 불리는 가세 히데아키(加瀬英明)가 관계해서 출판된 '추한 한국인(醜い韓国人) 시리즈'(光文社)에는, 마이너리티의 욕망의 대상이 됨으로써 비로소 충족되는 일본인의 욕망의 공상적인 구조가 훌륭하게 드러나 있다. 아마도 『추한 한국인』의 인기의 비밀은 여기에 있을 것이다. 그 표제가 보여 주듯, 존 다워(John W. Dower)의 *Embracing Defeat: Japan in the wake of World War II*(W. W. Norton & Co., 1999)는 미국과 일본 사이의 욕망의 상호얽힘(바로 그렇기 때문에 '서로 껴안고' 抱きつき合い라는 번역어를 썼겠지만)을 역사적 자료를 넉넉하게 사용하여 그려 내고 있다. 아마 이 저작을 읽은 미국 독자는 『추한 한국인』을 읽은 일본의 독자에 상당하는 자리를 차지하고 있는 것은 아닐까.

식민지 지배자의 욕망기제가 존재한다. 그들에 대한 슬픔을 입에 올리지 않으려는 이유는, 만주국이 독립국으로서 명목을 옹호하고 싶다면 일본 제국주의자와 만주국 국민주의자 사이의 욕망의 상호교착을 부정하지 않으면 안 되기 때문이다. 그렇기에 그들을 향해서 만주와 일본은 전적으로 분리해 있다고, 상호독립해 있다고 '우리'는 점차 열을 내며 말할 것이다. 물론 이것은 공상의 사태이긴 하지만, 같은 사정이 전후 천황제에서도 있었다. 태평양을 넘어, 일본과 미국은 서로를 껴안았고, 그 부인否認으로서 일본과 미국의 '분리'가 있었다.[11]

일본 정부와 일본 보수 세력의 대부분은 미국이 만든 제도를 전면적으로 긍정했고 협력해 왔다. 그러므로 전후 정착된 천황제는 미국과 일본 간의, 말하자면 합작이라고 생각해도 타당할 것이다. 물론 여기서 나는 일본 국가의 여러 제도가 미국에 의해 직접적으로 관리된다고 주장하려는 것이 아니다. 전후 미국 정부는 방대한 일본 국가의 여러 제도를 통괄할 정도의 인재와 자본력을 갖고 있던 것도 아니었다. 그러나 일

---

11 존 다워의 *Embracing Defeat: Japan in the wake of World War II*는 '전후 천황제 담론'의 부산물과 같은 작품이다. 여기에는 미국의 자화자찬적인 국민주의·선교사적 입장·국민사 틀 등 전후 미국의 지역연구의 체제가 그대로 온존되어 있는 것처럼 생각된다. 존 다워에게 있어서 이 저작은 '자위적'인 구조를 갖지 않는 것일까? 미국에서의 *Embracing Defeat*의 성공은 이 지점에서 이해할 수 있다. 다워의 *Embracing Defeat*가 미국과 일본의 차이와 성에 관련한 페티시즘을 숨은 주제로 삼은 저작 — 주제라기보다는 동기라고 말해야 할까 — 임을 마나이 에이코는 예리하게 지적하고 있다(生井英考, 「アメリカの戦争宣伝とアジア·太平洋戦争」, 岩波講座 ; 『アジア·太平洋戦争 8』, 岩波書店, 2006, 233~260쪽). 1970년대에 다워는 미국의 지역연구에 대한 우수한 비판을 행했기에, *Embracing Defeat*에서는 현저한 반동화가 일어났다고밖에 볼 수 없을 정도다. 다워를 자위적인 자세로 후퇴시킨 것은 무엇이었을까? 여기서는 제1장에서 고찰한 일본과 미국의 동성사회성(homo-sociality)을 문제로 삼을 필요가 있는 것처럼 보인다. 이 문제에 대해서는 이 책의 자매편인 『희망과 헌법』을 참고하기 바란다.

본 국내의 군사시설이나 천황제를 위시하여, 전후 일본의 몇 가지 제도
는 미국 정부와 일본 정부가 말하자면 공범해서 만들어 냈다고 할 수 있
다. 물론 미국 정부가 발명한 모든 제도가 괴뢰로서 잘 움직여 줄 리는
만무했다. 주지하듯, 일본국헌법 9조처럼, 시행 후 2, 3년 동안 미국의
극동 정책은 역효과를 내서, 미국 정부가 그 후로 항상 개정을 시도했던
제도도 있었다. 다카시 후지타니가 서술했듯이, 1942년 미국 전쟁성戰
爭省에 에드윈 라이샤워 씨가 제출한 「대일 정책에 관한 각서」対日政策にか
んする覚え書き에 이미 천황제를 미국의 점령 정책을 위한 수단이라고 간
주하는 제안이 있었다.[12] 이 책에 이어 이본샤에서 간행된 『희망과 헌
법 ─ 일본국 헌법의 발화주체와 응답』 안에, 그 전문을 번역해 게재했
다. 「일본에 관한 각서」日本に関する覚書에서 라이샤워 씨는 다음과 같이
서술하고 있다. "일본은 몇 번이나 괴뢰 정부의 전략에 호소해 왔지만,
이렇다 할 정도의 성공을 거둘 수 없었다. 왜냐하면 그들이 이용한 괴뢰
가 역부족이었기 때문이다. 그런데 일본 그 자체가 우리의 목표에 가장
적합한 괴뢰를 만들어 주고 있는" 이상, 가령 만주국 황제 푸이보다 훨
씬 유효한 괴뢰로서 히로히토를 만들어 낼 수 있고, 그는 "천황을 우리
측으로 돌아눕도록 시켜서", 미국의 점령에 대한 협력과 미국을 향한
우호의 상징으로 이용하는 것이 득책이라고 주장했다.[13] 그 후, 이 제언
은 우여곡절을 거치면서도 거의 초안 그대로 실현되었다. 전후 일본의
국민주의가 이 구상의 선을 따라서 발전해 왔다고 말해도 과언이 아닐
정도다. 요컨대 전중부터 미국의 정책 결정자들은 일본의 국민주의를

---

12 タカシ・フジタニ,「ライシャワーの傀儡天皇制構想」,『世界』, 2000년 3월호, 137~146쪽.

어떻게 육성할 것이고, 또한 어떻게 횡령할 것인가를 고려하고 있었던 것이다.

그럼에도 불구하고 천황제가 미국의 영향에서 독립한 일본 고유의 제도인 것처럼, 태평양 양안에서 이런 안案을 생각하고 있었다는 사실은 놀라울 정도다. 확실히 처음에는 일부 점령 정책 발안자의 '음모'였을지도 모른다. 하지만 전후 반세기를 거치면서, 천황제를 미국으로부터의 독립이라고 보는 신화적인 전제 자체가 제도로서 기능해 버렸다. 이 제도화된 사태를 '분리'라는 개념으로 파악해 보자. 패전 후, 히로히토는 미국의 괴뢰라는 사명을 갖게 되었고, 천황제를 통해서 미국 정부는 군사·경제·입법과 같은 굳건한 관리지배의 채널 외에도, 일본 국민의 문화의식이나 전통감각과 같은 소프트한 영역을 통해 일본에 대한 원격지배를 달성했다. 미국의 정책 결정자는 일본 국민에게 국민적 전통이 전전부터 — 더 나아가서는 신대神代 시대부터 — 연속한다는 믿음과 일본 문화의 특수성을 허용함으로써, 전후 일본의 국민주의의 근거 자체를 준비했다. 요컨대 미국은 일본에 국민주의를 적극적으로 양성함으로써, 극동을 관리하는 새로운 제국주의적인 헤게모니를 형성하

---

13 Edwin O. Reischaur, "Memorandum on Policy towards Japan", September 14, 1942; with materials collected by War Department General Staff, Organization and Training Division, G-3. "Enlistment of Loyal American Citizens of Japanese Descent into the Army and Navy", December 17, 1942; 291.2, Army-AG Classified Decimal File 1940-42; Records of the Adjunct General's Office, 1917-, Record Group 407; Entry 360; Box 147; National Archives at College Park, MD. 또한 이 장이 처음으로 발표된 후에 다카시 후지타니의 논고에 촉발받아, 전중(戰中) 미국의 일본 대책 일반을 논한 가토 데쓰로(加藤哲郎)의 『象徵天皇制の起源』(平凡社, 2005)이 출판되었는데, 가토 데쓰로의 고찰에는 다카시 후지타니에게 있었던 제국주의가 인종주의와 관련이 있다는 시좌는 보이지 않는다.

는 데 성공했다. 이 제국주의적 헤게모니에서 보자면, 미국과 일본 간의 공범관계를 상징하는 천황제라는 제도는 공범관계를 부인하는 상징으로서도 훌륭하게 기능하고 있다. 그래서 천황제를 통해서 일본과 미국의 분리가 강조되었다. 다시 말해 일본과 미국 두 나라는 서로 독립적인 전통을 갖고 있고, 전적으로 다른 역사를 드러내도록 강조되었다. 국민사國民史는 미국과 일본의 분리를 상징하는 데에 알맞은 인식배치의 틀이었다.

일견하자면 '전시 성폭력을 묻는다' 프로그램의 개찬은 국민주의적인 행동에 촉구받은 것으로 보인다. 그래서 국민통합의 상징이었던 쇼와 천황을 유죄라고 한 여성국제전범법정의 판결은, 전후 천황제를 만들어 히로히토에게 면죄부를 줬던 미국 정부에 대한 탄핵 대신에, 일본 국민의 명예를 침해한 것으로 즉각 받아들여졌던 것이다. 천황제의 탄핵에 얽힌 사태를 단순하게 일본의 책임으로 이해하는 역사의 논의는, 일본 전후사를 잘 알지 못하는 외국 보도진이나 일본에 거주하더라도 역사 지식이 별로 없는 사람들에게는, 어느 정도의 설득력을 가질 것임에 틀림없다. 그런데 우리의 편지를 검열한 『뉴욕 타임스』 편집장의 판단은 정확했다. 그는 어떤 비밀이 은닉되어야 하는지를 잘 알고 있었다. 그 비밀은 천황의 유죄성에 있는 게 아니었다. 끝까지 옹호되어야 했던 것은 미국의 정책과 일본 천황제의 거리였고, 쇼와 천황의 책임 추궁과 미국 정부에 대한 비판은 어디까지나 분리되어야 한다는 점이었다. '전시 성폭력을 묻는다'의 개찬은 이 분리의 원칙을 옹호하기 위해 이뤄졌다. '전시 성폭력을 묻는다'의 개찬은 『뉴욕 타임스』에서 행해진 검열을 보완하는 것이었다. 여성국제전범법정 회의장에 우르르 들이닥쳐 국제법정을 방해하고자 한 우익은 사실 미국의 권리를 옹호하기 위해서 속이 뻔히 다 보이는 폭행을 휘두르고자 했던 것이고, '전시 성폭력을 묻는다' 의 개찬을 지시한 일본회의의 정치가는 미국 출장지의 똘마니로서 곁에서 말참견했을 뿐이다. 이런 똘마니 중 한 사람이 현재 일본의 수상[2001년 당시 현직 수상인 고이즈미를 말한다—옮긴이]이 되어 있다.

그건 그렇다 치더라도, 부끄러움을 숨기기 위해 행해진 개찬은 '국욕' 적인 효과를 낳았다. 이에 대해서 개찬을 요구한 이른바 우익이란 사람들은 국민으로서의 부끄러움이라는 감정을 끝내 갖지 않을까, 이런 의문을 금할 길 없다. 부끄러움의 원인이 되는 사상을 노골적으로 은폐한다거나 부끄러운 장면에서 방약무인傍若無人인 양 행동하는 것은, 부끄러움을 덧칠하는 일이다. 요컨대 부끄러움의 원인이 정당한 것이고, 보통 부끄러움이 타당성의 증명으로 이해되기 때문이다. '전시 성폭력을 묻는다' 의 개찬은 세계인들로부터 "역시 그렇군" 이라는 반응을 이끌어 냈고, 일본 정부와 NHK, 보수적 정치가는 여성국제전범법정의 판결에 반론할 수 없었기 때문에 그것을 뒤집은 형태로 판결의 정당성을 공적으로 인정해 버린 것은 아니었을까? 그들의 행동은 '부끄러움을 모르기에' '국욕' 을 야기했던 것이다. 게다가 그들은 흡사 만주국 황제가 모욕당했다라며, 화를 내며 만주 황제를 모욕하는 정보를 억지로 은폐하려는 만주 국민주의자처럼 구는 것은 아닐까? 만약 그런 만주 국민주의자가 있다면, 그들은 만주 황제의 명예를 지키고자 관동군關東軍이 내건 만주국의 정통성 프로파간다에 언질을 주어, 일본 제국주의가 만주를 지배할 수 있도록 지원하고자 했을 것이다. 그들은 일본 제국주의자의 욕망을 충족시키기 위해 행동하는 '기대된 만주인'의 역할을 연기해서 보여 준 '원주민' 국민주의자일 것이다. 물론 만주국이 붕괴되기 직전까지, 만주국에는 이런 국민주의자가 거의 없었다. 라이샤워 씨가 썼듯이 "일본은 괴뢰정권 전략을 광범위하게 이용해 왔지만, 성공했다고 말할 수 없기" 때문이다.

놀랍게도, 21세기 초 일본에는 이런 국민주의자가 쓸어 버릴 정도로 많았다. 왜냐하면 미국에 의한 괴뢰정권 전략이 일본에서는 훌륭하게 성공했기 때문이다. 그래서 여성국제전범법정의 판결에 반발하고 역사교과서에 종군위안부에 대한 기술을 거절하는 국민주의자들이 자신을 반미주의자로 위치 짓는 것을 보면, 우스꽝스럽다는 느낌도 전혀 들지 않는다.

이렇게 보면 '국욕적인' 결과를 야기한 우익의 행동이 전혀 다른 전제와 시나리오에 기반한 국민주의적인 행동에 기반하고 있었음을 알 수 있다. 그들은 국민국가의 자기완결성을 의심하지 않는다. 어쩌면 의심하기를 거부하고 있는지도 모른다. 그들은 천황제도, 일본의 전통이라고 불리는 것도, 일본인의 국민의식도, 또한 일본인으로서의 긍지도, 모두 일본 국민 속에서 자발적으로 또한 즉자적으로 태어난 것이고, 국민의 바깥에서 온 것과 안에서 생겨난 것은 즉각적으로 변별할 수 있고, 외래성과 내발성은 즉각적으로 식별할 수 있다고 여기고 있음이 분명하다. 그들은 국민사의 실천계 속에 푹 젖어 들어 있으므로, 국민사의 효과로서 안과 바깥, 외래성과 내발성이 구별된다는 것에 반성의식을 전혀 가지고 있지 않은 것이다. 요컨대 그들에게 있어서 국민은 하나의 폐쇄된 구역으로 상징되고, 또한 일본인과 일본인이 아닌 자는 이 폐쇄된 구역 안에서 온 자와 그 폐쇄된 구역 바깥에서 온 자의 차이로 즉각적으로 인지할 수 있다고 믿고 있음이 분명하다.

그래서 이런 믿음으로 말미암아 "일본인으로 태어나 특별한 사정이 없는 이상 일본인으로 살아가고, 일본인으로 죽을 운명에 있는 우리 아이들은, 미리 하나의 집단을 만들어 낸다"는 테제를 그냥 받아들이게 된다. 게다가 이런 믿음 자체가 이데올로기적으로 구성되었다는 국민주의의 가장 초보적인 사실을 인정하는 일조차 감상적으로 거절하고 있는 것이다. 그저 "일본인이 될" 뿐이고, 일본인으로서 자기획정하는가의 여부는 역사적 조건에 의할 뿐이다. 그런데 "일본인으로 태어났다"는 등의 상정을 끝까지 고집하는 그들에게 '일본인임'은 '일본인이 되는 것'과 명확히 구별될 수 있는 일이라고 생각된다. 이렇기에 일본인이라는 범주는 자연화되고, 국민으로서의 일본인은 어느샌가 민족으로서의 일본인이 된다. 결국 인종으로서의 일본인으로 낙착되는 것이다. 그들의 행동은 일본인이라는 동일성이 피하기 힘든 불안정성·찰라성·무아성無我性의 부인에 다름 아니다. 그렇기에 그들은 어딘가 형이상학적인 장소에서 일본인이라는 동일성을 보증할 근거를 구하고자 하는 광신적인 행동을 취하게 된다.

이와 동시에 우익의 행동이 결코 한정된, 극히 예외적인 이상한 자들의 행동이 아니라는 것도 알 수 있다. 일본인과 일본인이 아닌 자의 구별이 자명하게 주어져 있지 않으면 안 된다는 기대 혹은 기원은 실은 사람들 사이에 널리 퍼져 있는 욕망이다. 이 욕망이 우익의 '국욕적인' 행동을 허용하고 있다. 하지만 일본인과 일본인이 아닌 자 간의 구별이 자명하게 주어져 있다고 믿는 한, 그들의 행동이 '부끄러워해야 할' 것이라는 자각을 야기하지는 않을 것이다. 바로 여기서 내가 우익의 행동을 어느 시나리오에 의한 것이라고 간주할 이유를 발견했다.

시나리오라고 불러야 하는 이유는 우익의 행동이 판타지에 의해 한정되어 있기 때문이다. 그것은 단순하게 **상상적想像的인** 성격을 가질 뿐만 아니라, 적극적으로 **공상적인** 성격을 갖는다. 왜냐하면 여기에는 부재不在의 사태를 흡사 현전現前하는 것처럼 제시하고 있고, 뿐만 아니라 상상하는 주체가 공상된 우화 속 주인공으로 등장하는 공상적인 이야기가 문제되고 있기 때문이다. "내가 백만장자라면"이나, "내가 인기 스타라면"과 같은 백일몽처럼, 그 사건은 시간적인 경과 속에서 전개되며 공상된다. "일본인인 내가, 일본 국민의 통합의 상징이 제도적인 강간자라고 말해지면 과연 참을 수 있을까?" 이런 수사가 설득력을 가질 수 있는 이유는 이러한 문제제기가 듣는 이의 공상을 북돋울 수 있기 때문이다. 왜냐하면 국민이란 상상적인 공동체일 뿐만 아니라, 공상적인 시나리오 속에서 일정한 역할을 연기하는 자들의 공동체이기 때문이다. 즉 국민이란 공상적인 실천계에 의해서도 지탱되는 것이다. 그래서 국민주의적인 항쟁은 다양한 시나리오들 간의 항쟁으로서 전개된다. 그런 한에서, 우익의 행동을 한정 짓는 작업도 시나리오로 분석하지 않으면 안 된다. 이와 동시에 이 공상적인 이야기는 개인적인 것처럼 보이지만, 실은 초개인적인 것이고, 문화적인 장치로 조건 지어져 있다. 그런 한에서 공상적인 이야기는 사회적인 현실을 낳는다. 그렇기에 그것은 현실을 은폐하는 단순한 환상도 아니다. 요컨대 공상적인 이야기는 이데올로기적인 성격을 가질 수밖에 없다.

그래서 우리는 우익이 자기 행동의 '국욕적인' 성격을 깨닫지 못하고, 혹은 자신들이 창피를 당하고 있다는 사실을 인정하는 것 자체를 수치스럽게 여기고 있고, 수치에 대한 자각을 스스로 거절하고 있음을 지적할 수 있다. 그들(일본회의, 혹은 '새로운 교과서를 만드는 모임'을 표방하는 사람들, 나아가 '자유주의사관'에 찬동하는 사람들)의 '국욕적인' 행동은, 그들의 행동이 '국욕적'이라고 간주되는 조건 자체를 부인함으로써 부끄러움이라는 감각 그 자체의 가능성을 소거하려는 것이다. 다시 말해 그들의 행동은 자기 행동의 '국욕성'을 부인하기 위해서 결단적이고 폭력적인 외견을 가지지 않을 수 없다.

어떤 주체의 행위가 '국욕적'인지의 여부, 즉 국민에게 '부끄러움'을 구성하는지의 여부를 결정짓는 것은, 국민으로서의 '우리' 이외의 사람들의 시선에 의해서이다.[14] 좀더 엄밀하게 말하자면, 외국인뿐만 아니라 일본인일지라도 마치 동포가 아닌 것처럼 '국욕성'을 지적할 수 있는 '비非국민'의 시선을 부정할 수 있을 때, 그들의 행위는 '부끄러움'을 구성하지 않는다. 같은 공상에 **취해** 있는 사람들 사이에서 보자면, 공상에 취해 있는 일은 부끄러운 일이 아니다. 그런데 각성한 시선을 가진 자가 있을 때, **취해 있는** 것 그 자체가 부끄러움으로 느껴질 수 있는 가능성이 생겨난다.

'동포'란 부끄러움을 느끼지 않아도 괜찮은 그런 '가까운 사람들'이다. '동포'란 함께 취해 줄 뿐만 아니라, 취해 있는 것을 논란거리로

---

14 우카이 사토시(鵜飼哲)는 이 문제를 죄와 부끄러움의 차이 문제로 밀접하게 검토하고 있다. 鵜飼哲, 『償いのアルケオロジー』, 河出書房新社, 1997 ; 「時效なき羞恥 ― 戰爭の記憶の精神分析に向けて」, 『抵抗への招待』, みすず書房, 1997, 346~371쪽 ; 「ある情動の未來」, 『トレイシーズ』 제1호, 岩波書店, 2000, 38~70쪽 등.

삼는 차갑고 각성된 시선을 갖지 않는 따뜻한 사람들의 집단이다. 즉 **사이 좋은 동료**인 것이다. "동포로서의 일본인이라면, 이러한 부끄러움을 감히 환기하려는 일 따위는 없을 것이고, 사람을 모욕하고자 하는 자를 동포라고 부를 수 없는 것은 당연하지 않을까"라고, 그들은 핏대를 세워 말하고 있는 것처럼 보인다. 일본인 동포가 일본인 자신을 논란거리로 삼는다거나 하는 일이 없고, 일본인끼리의 공감으로 받쳐지지 않는 외국인의 '차가운 시선'이 없다면, 그들은 부끄러움을 느끼지 않을 것이다. 따라서 그들의 행동은 부끄러움이 부끄럽지 않은, 부끄러움이 더이상 부끄러움이 되지 않는 '친밀한 동포'의 존재를 조건으로 하고 있다. 일본인들끼리라면, 종군위안부의 존재 자체를 부인하는 것도, 쇼와 천황의 유죄판결을 거절하는 것도, 수치스럽고 부끄러워해야 할 광경을 낳는 일은 없을 거라고 그들은 믿고 있다. 그들은 외부인이나 비국민의 시선이 존재하지 않는 세계, 가깝고도 친밀한 '사이 좋은 동료'의 세계를 희구하고 있는 것이다.

다시 말해 일본 국민들 사이에는 종군위안부문제를 은폐해 왔던 것에 대해서 분노하는 자도 없을 것이고, 쇼와 천황의 전쟁책임을 감히 물으려는 '부끄러움을 느끼는' 일본인은 존재할 수 없을 것이라는 기묘한 믿음이 거기에 있는 것이다. **같은 일본인이기 때문에**, '내가' 부끄럽다고 생각할 때 '너'도 부끄러워할 것이므로, 굳이 '나'를 모욕하려는 자는 일본인으로서의 공감의 유대를 침범하는 자로서 탄핵해도 또는 배제해도 상관없을 것이다. 그런 행위는 부끄러움이 없는 무치無恥 상태에서 상호신뢰로 맺어져 있는 '우리 일본인'의 공감에 쐐기를 박는 폭거暴擧이고, 정말로 좌익 특유의 '자학적인' 이상異常 행위에 다름 아니다.

「가자 가자, 신군」에 등장한 오쿠자키 겐조奧崎謙三는 '부끄러움을 느끼는' 일본인의 상징이다. 이 다큐멘터리에는 무치를 통해서 '사이좋은 동료'인 자들의 공감을 타파하는 힘이 있다. 그것은 전후 일본 사회의 서로 친함의 공감을 거절한다는 점에서, 마치 음화陰畵처럼 무치를 통해서 유지되는 공감의 공동체를 부상시켰다. 오쿠자키 겐조가 숨기고 있었던 폭력성은, '사이좋은 동료'들이 갖고 있는 집단적 부인의 폭력성에 길항하는 것임을 알 수 있다.

일반적으로 우익에 의해서 다음과 같은 변명이 만들어졌을 것이다.[15] '일본 국민'(혹은 일본 민족)이란, 서로의 부끄러움을 서로 용서하며, 공감으로 성립된 자기연민의 공동체이므로, 나라를 위해 우리 부모나 형제 및 천황 폐하가 범한 죄를, 부끄러움의 대상으로 새삼 제시하려는 태도는 공동으로 부인되지 않으면 안 된다. 그러한 사태가 있었다고 하더라도, **모두 하나가 되어** 보고도 못 본 척하지 않으면 안 된다. 이러한 공동의 부인에 적극적으로 가담하는 일이야말로 국민주의의 핵심을 이루고, 애국주의의 정수가 되는 게 아닐까. 동포를 부끄러워할 게 아니라, 동포의 부끄러움을 자신의 부끄러움인 양 부끄러워하고, 부끄러움이 성립하는 최초의 상황에서 동포를 구제하려는 것이야말로, 우리 일본인의 애국심이 아닐까. 바로 이런 식의 변명 말이다.

요컨대 우카이 사토시鵜飼哲가 속죄와 부끄러움에 대한 일련의 논

---

15 서유럽, 오스트레일리아, 북미 등의 반(反)이민운동이나 신자유주의라고 불린 배외주의에서는, '자학성'(自虐性)과 국민주의에 대한 비판성을 구별하려 하지 않는 수사는 몇 번이고 사용되어 왔다. 일본에서도 그 용법은 아직까지 상투구이고, 일본적인 특수성은 인정되고 있지 않다.

문에서 해석했듯이, 개찬을 긍정하는 자의 국민주의는 부끄러움을 숨기는 일을 과도하게 부끄러워하는 공동의 자기연민을 경유하여 '부끄러움을 모르는 국민주의'에 가닿았다.[16]

　　물론 일본인에 한정된 것이라면, 종군위안부의 존재 자체를 부인하는 것도, 쇼와 천황의 유죄판결을 거부하는 것도, 부끄러워해야 할 풍경을 낳는 일도 없을 것이라는 믿음은 공상의 심급에서 성립한다. 또한 그들 행동의 정당화 논리도 공상의 심급에서 기능한다. 물론 그들은 이러한 믿음 그 자체가 개인으로서의 일본 국민에 대한 모욕을 의미한다는 사실을 충분히 알고 있지 못한다. 부끄러움을 직시하지 못하는 것은, 부끄러움이라는 감정이 계시하는 인간의 근원적인 사회성을 보고도 못 본 체하는 것과 관련되어 있다. 하지만 그들은 타자에게 열려 존재한다는, 중요한 윤리적인 계기를 잃어버리고 있는 것처럼 생각된다. 왜냐하면 부끄러움은 공동체의 공감을 보증하는 '감상'感傷이 아니라, 공동성의 바깥에 있는 타자를 향해서 열려 존재함을 계시하는 '정'情이기 때문이다.[17] 주어진 공동성을 넘어선 타자를 향해서 '열려 존재하는 방식'을 '자학적'이라고 부르고 있지만, 과거에 대해서 국민적인 책임을 비판한다는 것이 무엇을 함의하는가를 그들은 이해할 수 없었던 것이다. 그들은 부끄러움을 통해서 타자에게 열린다는 것, 부끄러움이 사회성을 몸에 익히기 위한 인간의 필수계기임을 이해할 수 없었던 것이다. 동포同

16　鵜飼哲,「ある情動の未來」.

17　'정'이 '감상'과 변별되는 까닭은 이 구별에 의한다. '정'은 사람이 타자에게 노출되어 있음에서 유래하는 정동(情動)임에 반해, '감상'은 폐쇄구역을 구성하며 작용한다. 가령 애국심이 훌륭하게 '감상'적인 까닭도 바로 이 때문이다. 제1장 각주 4번을 참고하기 바람.

胞 ― '같은 자궁에서 태어난 자들'이라는, 시사示唆로 풍부한 이 뛰어난 표현에서, 국민=민족=인종의 압축이 집약적으로 표현되어 있다 ― 는 그들 행동의 '국욕적'인 성격을 은폐하기 위한 조건이 되어버렸다. 동포라는 단어에 어떤 유아기의 퇴행적인, 사회성으로부터의 도피라는 의미가 담겨 있음을 놓쳐서는 안 된다.

그렇기에 우익이 여봐란듯이 과시하는 폭력성에는 동포를 향한 하소연과 국민적인 친숙함에 대한 기원이 표현되어 있음을 간과해서는 안 된다(이와 동시에 「가자 가자, 신군」의 오쿠자키에게도 과시적인 폭력이 드러나지만, 그의 과시적 폭력은 집단적인 자기연민으로 향하지 않는다). 나는 이런 '국욕'의 부인에서 성립된 공상적인 국민적 단결이 일본 특유의 현상이라고는 전혀 생각하지 않는다.

그건 그렇다고 치고, 여성국제전범법정의 도쿄 회의장에는 일본군에 의해서 성적 노예가 된 여러 나라의 여성 증인이나 일본인 이외의 법조계 전문가들이 모여들었다. 뿐만 아니라 세계 각국에서 온 보도진과 각국의 보도를 통해서 이 법정을 지켜보고 있을 지구촌 시청자의 시선이 〔도쿄 회의장으로〕 집중되었다. 게다가 거기에는 VAWW-NET 재팬 Violence Against Women in War Network Japan의 회원이나 일본에 거주하는 역사가, 증인으로 등장한 구 일본 군인도 있었다. 여성국제전범법정에 폭력적으로 간섭하고자 했던 그들 행동에 '국욕성'을 드러내기 위한 현실적인 조건은 빠짐없이 나왔던 셈이다.

여기서 잠깐 공상적인 화자가 이데올로기적인 성격을 가진다는 점을 다시 한번 확인해 두자. 정확하게 미국과 일본 간의 공범관계를 상징하는 제도로서 마련된 천황제가 미국과 일본을 분리하는 것으로 기능했듯이, 앞서 지적한 바와 같이, 여성국제전범법정을 방해하고 '전시 성폭력을 묻는다'를 개찬한 행위는, 일본인 이외의 사람들의 시선 한가운데에서 수행되었다. 그럼에도 불구하고 그런 시선의 부재를 수립하는 행위로서 그들의 '부끄러워해야 할' 행위는, 부끄러움을 구성하지 않았다고 열을 내며 말하는 행위로써 수행되었다. 마치 그것은 많은 국가의 여성 증인도, 외국인 법조계 전문가도, 세계 각국에서 온 보도진도, 각국 보도를 통해서 이 법정을 지켜보고 있을 지구촌 시청자도 **존재하지 않는 것으로 치자**, 국민적 단결을 저해하려는 그런 시선 따위는 처음부터 **없었던 것으로 치자**는 행동이었다. 그것은 흡사 이 세상에는 일본인인 '나'와 일본인인 '당신들' 이외의 인간은 존재하지 않는다는, 그런 식의 행동이었다. 일본인 동포 이외의 것들이 모두 무화된 극단적인 국민적 인간주의가 여기에 있는 것이다.

스스로 일본인임에 불안을 가진 자와 일본인이 '될 수 없는' 일본인 속의 소수자가, 이러한 동포에 참가하는 일에 이상할 정도의 흥미를 가지고 있다 하더라도 놀라지 마시라. 공동체에 귀속되고자 하는 욕망이란, 당연하게도 타자의 무화에 기반하고 있기 때문이다. 그것은 흡사 귀찮은 부외자部外者를 **없는 셈 치는** 것이 동포의 친밀함을 보증하는 것과 같다.

여기서 말하고 있는 친밀함은 국민적인 공감에 기반을 둔 것이고, 이 공감이 공상의 심급에서 성립된다는 점은 의심의 여지가 없다. 더구나 이 친밀함은 공상적인 시나리오가 집단적인 현실에 대한 서술로 받아들여지는 한에서만 통용된다. 이렇게 공상된 친밀함은 다음과 같은 점에서 간신히 유지되는 게 명확하다. 즉 공상된 친밀함의 정서에서 깨어나게 만드는 현실적인 조건에 사람들을 노출시키지 않도록 할 것. 친밀함의 공상성에서 눈뜨게 만드는 기회에 사람들을 대면하지 않도록 할 것. 바로 이 점에서 '전시 성폭력을 묻는다'의 개찬을 정신분석에서 말하는 검열로 유비할 수 있다. 바로 개찬은 공상된 친밀함을 보호하고, 그들의 국민적인 믿음을 온존시키기 위해 만들어졌기 때문이다. 공상의 세계에서 자신의 국민공동체를 닫고, 자기완결적인 공감을 위한 폐쇄된 구역을 만들기 위해서는 '부끄러움'을 야기할 수 있는 차가운 시선은 배제되고, 친밀함의 공상성을 보여 줄 수 있는 정보는 검열되어야 한다. 친밀함의 공상으로 지탱되는 공감의 공동체를 유지하기 위한 필요로 요구되는 허구를 현실적인 조건에서 간신히 지키기 위해, 개찬의 폭력이 수행되어야 했던 것이다.

그렇기에 그들이 적대시하는 좌익이란 제일의적으로 봐서 사회주의를 종교적으로 신봉하는 자도 아니고 사유재산제를 부정하는 자도 아니다. 그것은 바로 국민주의적인 공감을 넘은 원리에 의해, 과거의 역사적인 행위로 현재에 대응하고자 하는 것, 즉 공상된 친밀함에서 깨어나려는 자들이다. 따라서 지금껏 좌익이라고 자인해 왔던 자들 대부분이 실제로 좌익으로서는 실격이라는 사실은 그다지 놀라운 일이 아니다. 좌익 지식인들 중에, '전시 성폭력을 묻는다' 개찬의 배후에 있는 정신을 긍정하는 자가 있다손 치더라도 그것은 논리적으로 전혀 모순되지 않는다. 조직 면에서 말하자면, 10여 년 전까지 좌익 지식인으로 간주되어 왔던 자들이 '새로운 역사교과서를 만드는 모임' 같은 조직에 참가하는 것도 그다지 놀랄 일이 아니다.

이렇게 그 짜임새를 그려 보면, 내가 분리라고 부르는 사태가 일본이 섬나라라든가, 미국과 일본 사이에는 아주 넓은 태평양이 있다는 등의 지리적인 거리나, 양국이 처한 경도와 위도가 다르다는 등의 물리적 사실과 아무런 관계가 없음을 알 수 있다. 분리가 공상적인 심급에서 움직이는 것임을 잊지 말자. 분리 덕분에, 여성국제전범법정이 열리는 같은 건물 주위에 있어도 우익은 부끄러움을 느끼지 않고, 외국 기자들의 면전에서 외국인의 시선이 마치 없는 것처럼 행동할 수 있는 것이다. 그렇기에 분리란 부끄러움을 알지 못하게 하기 위한 공상적인 담론장치라고 말해도 좋다.

분리와 공재성

하지만 분리에는 타자의 시선을 무시하는 움직임 이외에도 다른 움직임이 있다. 공감으로 묶여진 '우리' 이외의 타자의 시선을 무시할 때, 사람은, 실은 타자로부터의 잠재적인 부름까지도 말살하고 있다. 이는 부름에 응하는 의무에서 자신을 면제하는 일일 터이다. 분리가 있는 곳에서는 부름에 응할 필요가 없기 때문에, **응답의 의무**라는 의미에서의 책임에서 또한 면제된다. 그것은 어느 특정한 타자와 거리를 두는 것이고, 차별을 도입하는 일이다. 분리·거리·차별은 서로 개념적인 연쇄를 만드는 술어다. 왜냐하면 분리는 전쟁이나 식민주의의 과거에 대해 무책임이기 위한 필요조건이고, 여성국제전범법정의 판결을 거절하기 위한 전제이고, 또한 판정을 거절함으로써 확인된 사태이다. 분리는 부끄러움을 모르는 담론장치일 뿐만 아니라, 무책임이기 위한 필요조건이다.

　게다가 전쟁책임이나 식민주의의 과거에 대해서 책임을 지지 않는다는 것은, 전쟁이나 식민주의의 폭력을 수행한 개인의 입장에서 보자면, 폭력적 행위를 할 무렵 행동규범이 되어 그 정통화의 논리가 되었던 것 — 일본의 경우, 일찍이 천황제가 규범과 정통화 논리의 역할을 담당했음은 의심할 바 없다 — 을 현시점에서 다시 시인하는 일이다. 그것은 현존하는 식민지적인 관계를 온존하기 위한 필요조건이 된다.

쇼와 천황은 특히 아시아와의 관계에서 일본과 아시아의 분리를 체현한 인물이었다. 왜냐하면 아시아인의 주시注視를 그 정도로까지 후안무치하게 무시했던 인물도 없기 때문이다. 또한 거듭되는 전쟁책임에 대한 질문을 그만큼 철저하게 묵살해 온 사람도 드물기 때문이다.[18]

대일본제국이 붕괴하기 전까지, 쇼와 천황은 동아시아를 통합하는 보편주의의 상징의 역할을 담당했음에도 불구하고, 일단 미국에 점령당하자, 폐쇄구역으로서 일본 국민공동체의 자기연민이라는 역할을 훌륭하게 체현했다. 그런 한에 있어 히로히토는 일본을 제외한 아시아 인민들과의 관계에서 일본 국민이라는 자기연민에 의한 공감의 공동체의 통일을 훌륭하게 상징하는 자다. 게다가 아시아인의 고발을 묵살함으로써, 쇼와 천황은 노스탤지어를 갖고 일본의 식민주의 국가로서의 입장을 전후에도 긍정해 보였던 인간이다. 하지만 쇼와 천황이 미국에 대해서도 동일한 분리를 유지해 왔던 것은 아니다. 그는 미국 점령군의 연출을 따랐던 순종적인 꼭두각시였다. 그는 미국 정책 결정자로부터 부여받은 역할에서 벗어나는 일 따위는 전혀 하지 않았다. 그는 미국 정부

---

18 히로히토의 전쟁책임 거부, 그의 '그러한 문학적인' 문제의 거부 이면에 미국에 의한 승인이 있었음은 과소평가할 수 없다.

의 중추에 대해서는 가능한 한 응답적이었고 책임 있는 태도를 취하며, 미국의 기대를 한 몸에 지고 '기대된 일본인의 상징'으로서 미국 지도 층을 향한 교태를 한 번도 무너뜨리지 않았다. 그는 말하자면 핀커튼에 대한 '나비부인'의 역할을 죽을 때까지 충실하고 '책임감 있게' 연기했 던 것이다.

그럼에도 불구하고, 지금껏 서술했듯이, 미국과 일본 간에도 분리 가 설정되어 있다. 1950년대, '친미반소'의 구호로 군림했을 우익이 지 금은 적어도 '반미의 포즈'를 어떻게든 취할 수 있도록 하는 무대 조건 을 낳은 것이 바로 분리장치였다. 분리의 장치가 기능하기 위해서 필요 한 것은 미국 점령군이나 일본 보수층 및 전쟁책임을 간신히 피한 일본 고급관료 등뿐만 아니라, 지식생산에 관련하고 있는 자의 협력이었다. 왜냐하면 "1930년대 및 40년대의 아시아·태평양 지역에서 일본군과 일본 정부가 저지른 강간과 성 노예제에 관해서, '인도에 반한 죄'라는 이름 아래, 천황 히로히토는 유죄이고, 위안소의 설립 및 유지에 대해 일본 정부는 국가로서의 책임을 지지 않으면 안 된다"고 하는 여성국제 전범법정의 판결 그 자체를 부인하는 자 중에는, 일본인으로서의 아이 덴티티를 갖는 일본의 국민주의자뿐만 아니라, 미국인으로서의 아이덴 티티를 갖는 자들도 포함되어 있기 때문이다.

요컨대 일본과 미국 간에 수립된 분리의 체제를 이해하기 위해서 는 일본 국민주의의 공상적인 구성에만 주목하는 것으로는 충분하지 않다는 것이다. 이 분리의 체제를 이해하기 위해서는 미국의 공상적인 구성을 시야에 넣어야 한다.

내가 지금껏 의도적으로 비교의 전략을 취해 왔던 이유는 바로 이

때문이다. 분리의 공상적인 구성을 개시하는 작업에는 분리 그 자체가
작동하는 장면이 대상화되어야 하기 때문이다. 비교라는 작업은 그때
까지 분리된 채 흩어져 취급되던 항목을 접합함으로써, 분리가 자연화
되어 있는 페티시즘을 해석하고 분리의 실천계 그 자체를 전이轉移·탈
구脫臼하는 작업이다. 그렇기에 비교는 분리가 어떻게 성립되어 왔는가
를 해명하는 역사화의 시도로, 이미 테제화된 항목들 사이에 유사성과
차이성의 배분질서economy를 만드는 일이 아니다. 그때까지 불가시성
의 위치에 놓여 있던 관찰자나 연구자를 비교의 차원으로 억지로 끌어
냄으로써, 비교는 연구대상 지역이나 문화 아래서 말해져 왔던 것이 어
떻게 관찰자나 연구자의 공상에 의해서 만들어졌는지를 제시하는 작업
이다.

　　분리의 개념과 대비해서 말해야 할 사태는 동시성同時性(공시성共時
性과 구별돼야 함을 강조해 두자)이라고 불러야 할 것이다. 분리를 거리를
두는 것distancing 또는 격리하는 것separation이라고 하고, 동시성의 한 양
태로서 공재성coevalness, 共在性을 분석한 뛰어난 시도로 요하네스 파비
안Johannes Fabian의 『시간과 타자』를 들 수 있다.[19] 파비안의 이 시도를
주로 1980년대 제임스 클리포드나 조지 마커스 등에 의해서 이뤄진 민
족지民族誌와 인류학 비판의 선구로 위치 지어도 좋을 것이다. 파비안에
따르면 공재성이란 "같은 시간을 사는" 일로, 격리되어 인공적으로 변

---

19 Johannes Fabian, *Time and the Other: How Anthropology Makes Its Object*,
Columbia University Press, 1983.

별된 시간 속에서 살지 않는다는 뜻이다. 따라서 그는 분리의 핵심을 시간의 공간적인 분리 속에서 발견하고자 한다.

'서양'의 인류학자나 식민지 경영자는 일부러 아프리카·아시아·라틴 아메리카 미개지의 원주민을 찾아간다. 그들을 찾아가야 하는 이유는 이른바 미개지 원주민에게 배우고, 그들과 함께 일하고, 그들과 함께 다양한 제도를 만들기 위해서다. 그들에게 배우고, 함께 일하고, 제도를 만들 때, 서양 인류학자나 식민지 관리자는 원주민과 '같은 시간을 살'지 않을 수 없다. 공재성이 없다면, 현지 습관을 배우는 일도, 함께 일하는 것도, 식민지 지배체제를 만드는 일도 불가능하다. 처음부터 원주민의 이야기를 듣는 것, 그들에게 질문하는 것이 인류학자에게 '같은 시간을 살' 것을 요청하는 것이다. 인류학의 민족지에 있어서 공재성은 바로 그 절대적인 기원이다.

여기서 근대 학문제도인 인류학은 기묘한 모순을 안고 있다고 파비안은 지적한다. 인류학이 학문으로서 경험적 실정성을 주장할 수 있는 이유는 세계의 다양한 대지에서 서양인이 원주민과 만나고, 일정한 절차를 따라 정보를 얻기 때문이다. 성서의 기술記述이나 이교도와 관련된 신화적인 환상을 기반으로 단정된 전근대적인 정보는 근대적인 인류학적 절차를 따르지 않기 때문에, 경험적인 실정성을 주장할 수 없다. 또 인류학의 원자료로서 통용될 수도 없다. 민족지가 인류학에서 둘도 없는 정보 제공원이 될 수 있는 까닭은 바로 이 때문이다. 민족지는 공재성에서 획득된 정보에서 그 경험적 실정성의 근거를 갖는다. 따라서 인류학은 민족지 없이는 경험적 실정성을 요구할 수 없다.

그런데 파비안은 인류학에는 구조적인 불성실함 혹은 분열증적 이율배반이 반드시 잠입한다고 말한다. 경험적인 실정성의 근거가 된 원주민에 관한 지식이나 원주민이 배워 간 '문명'에는 그 장場에 함께 있었을 인류학자나 식민지 관리자의 존재 흔적이 새겨져 있다. 그런데 대상화된 원주민의 습관·문화·제도에 대한 객관적인 주의를 중시하는 식으로 민족지가 이론화되고, 또 원주민 문화에 대한 인류학적 지식이라는 자격을 획득하면, 공재성의 증거는 모두 사라져 버린다.[20] 요컨대 원주민의 습관, 또는 문화라고 말하는 것은, 원주민과 인류학자나 식민지 관리자의 공재성의 혜택임에도 불구하고 그 내력이 전부 소거되어 버린다. 파비안은 이 사태를 거리를 두는 것, 혹은 격리라고 부르며, 시간을 주제로 하여 인류학이 어떻게 공재성을 제도적으로 거부하게 되었는가를 해석하고 있다.

현시점에서 보면 파비안의 연구에는 상호주관성intersubjectivity이라는 개념이 부주의하게 사용되고 있고, 뿐만 아니라 공재성을 어떤 종류의 접촉의 직접성이나 융화의 이미지 및 전달론 모델로 보는 경향에서 충분히 벗어나지 못했음을 느낄 수 있다. 그럼에도 불구하고, 인류학적인 지식이 갖는 공재성의 거부라는 특성을 적출해 낸 파비안의 수완은 대단히 뛰어나다. 그것은 미국과 일본이라는 공상된 두 개의 폐쇄구역 간에 존재한다고 여겨지는 분리 —— 실은 폐쇄구역이 존재하는 결과로 분리가 있는 것이 아니라, 이 분리 때문에 미국과 일본이라는 상정된 영역의 폐쇄성이 만들어진다 —— 가 어떻게 미국과 일본의 국민주체가 상

---

20 Fabian, *Time and the Other: How Anthropology Makes Its Object.* 특히 제1장과 제2장을 참고하기 바람.

호적으로 행한 투사의 기제를 통해서 분절화되는지를 고찰하는 과정에 실마리를 던져 주었다.

『시간과 타자』에서 보면, 인류학의 지식은 인류학자와 원주민의 공재성의 증거이고, 동시에 원주민의 장소에서 보면 인류학자의 부재의 증거이다. 파비안에 따르면, 이런 이율배반이 두 개의 다른 시간을 설정할 것을 요청한다. 원주민과 인류학자는 같은 장소에서 서로 이야기하고, 서로 배우고 혹은 서로 가르치고, 권력관계를 만들고, 상품을 교환한다. 그럼에도 불구하고 이들은 전적으로 이질적인 두 개의 다른 시간의 층에 귀속한다. 서양인과 대비되는 한, '원주민'이라는 단어뿐만 아니라 원주민에게 주어진 '원시적'이니 '야만'이니 '전통적'이니 하는 형용사가 다른 시간의 층화 혹은 공간화allochronism의 작동을 시사한다.[21] 시간의 계층화 없이, 온 세상의 사회를 진화의 위계 속에 정합적으로 위치 짓는 일은 불가능하고, 문명개화의 논리를 적용하는 것도 불가능하다. 나아가 '인종·민족·국민'이라고 불리는 민족-언어통일체 ethno-linguistic unity가 현실적으로 드러나는 역사적 과정으로서 '근대'를 이해하는 것도 불가능하게 된다. 또한 역사적인 정복의 결과로 공존하게 된 이질적인 사회집단에 대해서도, 일찍이 왜인倭人과의 관계에서 아이누가 '선사적'先史的이고, 오키나와 문화가 일본 고대 문화를 보존하고 있다고 말해졌듯이, 시간의 계층화를 통해서 단순한 정치적 패배의 사실이 역사적인 시간층의 차이로 전위된다. 그것은 우리가 '근대'라고

---

21 Fabian, *Time and the Other: How Anthropology Makes Its Object*. 제2장 및 제4장. 시간의 층화(層化)라는 개념은, '기억'과 '장소'(아리스토텔레스가 말하는 의미에서의 토포스)의 연관 분석을 통해서, 근대적인 역사의식의 비판을 위해 고안되어 있음을 주의해 두고 싶다.

부르는 '세계'의 존재방식인 것이다.[22]

진화의 전제를 내재화했던 역사주의나 근대화론에서 전형적으로 드러나는 전통과 근대(진보)의 이항대립에 대해서, 물론 이제부터 이에 대해서 논의해야겠지만, 파비안의 분석에서 나의 관심을 끈 것은 역사주의나 근대화론에 대한 그의 예리한 비판 때문만은 아니다. 그가 시간의 공간화로 끄집어 내고 있는 문제가 바로 '부끄러움'과 분리의 주제를 훌륭하게 전개하는 것이기도 했기 때문이다. 내가 알고 있는 좁은 범위 내에서의 분석이지만, 우선 그가 제시한 시간의 문제를 훌륭하게 도상화한 예를 고찰해 보자.

원주민들 사이에서 자료를 채취하는 인류학자는 원주민들과 사회관계를 반드시 가지기 마련이다. 화물운반인·가이드·요리사·통역·심부름꾼·교섭담당자·어학교사 등, 인류학자는 많은 중개자를 통해서 원주민과 함께 있다. 중개자의 원조가 없다면, 인류학자는 원주민에 관한 '데이터'를 획득할 수 없다. 또한 거의 대부분의 경우, 인류학자의 어학능력이 충분하지 않기 때문에 통역이나 어학교사 등, 인류학자가 알고 있는 언어를 사용할 수 있는 원주민 측 가까운 협력자의 도움이 없으면, 인류학자는 완벽하게 무력하다. 이는 비단 언어 방면에만 한정되지 않는다. 인류학자는 그곳에서 생존해 나가기 위해서, 이런 중개자와 원주민들과의 사회관계에 들어가야 한다. 말하자면 인류학자는 그들 덕분에 살아갈 수 있는 것이다. 그래서 인류학자의 민족지적인 '데이

---

22 근대세계의 구상에 대해서는 酒井直樹, 「近代と世界の構想」, 『近代の文化史』 제1권, 岩波書店, 2002, 1~41쪽을 참고하기 바람.

터' 수집은 협력작업일 수밖에 없다. 확실히 민족지의 텍스트 그 자체는 인류학자의 필기일지도 모른다. 그러나 '데이터'의 기초가 되는 관찰이라는 개념을 고찰해 보면 즉각적으로 알 수 있듯, 인류학이나 사회학에서의 관찰은 자연과학에서의 실험과 관찰, 지리학과 고고학에서의 관찰, 임상의학에서의 진단과 크게 다르다. 주지하듯, 여기에는 원주민의 소문을 수집하거나 그들의 표정이나 동작을 살피는 것, 통역과 중개자를 통해 확인하고 해설을 듣는 등의 상호교섭이 반드시 포함되어 있다. 원주민의 번역 이전에 원주민에 의한 번역이 있는 것이다. 이러한 번역 ── 커뮤니케이션인 '전달'傳達이 아니라 '번역'임을 한 번 더 확인해 두자 ── 을 매개로 해서야 비로소 민족지적인 관찰이 가능하게 된다. 관찰이라는 단어를 사용하고 있어도 인류학자와 원주민의 관계는, 기본적으로 인식론적인 입장에서 볼 때, 관찰된 대상과 관찰을 행하는 인식주관認識主觀의 관계로 환원될 수 없다. 왜냐하면 그것은 주관이 대상에서 오는 데이터,즉 여건與件을 수용한 다음, 대상의 관여 없이 주관 안에서 여건을 재구성해서 지식을 만들어 내는 것이 아니기 때문이다. 다시 말해 수동성과 능동성이 대상과 주관 측에 단호하게 해부된 인식론적인 관계가 아니다. 때문에 파비안이 공재성을 말해야 했던 이유도 이런 민족지 그 자체의 성격에 기인한다.

인류학자는 주관적이지 않다. 그 혹은 그녀는 우선 원주민이나 중개자와의 행동론적인pragmatic 사회관계에 매번 한정된 주체적 입장을 점해야 한다. 인류학자는 원주민이나 중개자와의 상호교섭을 통하지 않고는 민족지적인 데이터를 수집할 수 없다. 왜냐하면 인류학자가 원주민이나 중개자에 대해서 열려 있지 않으면, 경험적 실정성을 주장할 수 있는 정보를 획득할 수 없기 때문이다. 상대에게 말 걸고address, 상대가 말 걸어 주는 것에 응답하는 열린 자세가 없다면, 물건을 사고 팔거나 언어를 배우는 일 및 원주민과 성적 희열을 누리는 일에 이르기까지, 모든 것이 불가능하게 된다.

그러나 인류학적인 지식이 종합되고 편집되면, 원주민이나 중개자와의 상호교섭은 부인되고, 그들과의 공재성은 흔적도 없이 사라진다. 파비안에 따르면, 공재성에서 공재성의 부인으로 이행하게 만드는 것이 바로 시간의 층화 혹은 공간화이다. 이 구조의 예시로 현지 짐꾼의 등을 타서 안데스 산맥을 탐방하는 유럽인 탐험가를 그린 D. 마예D.Maillet의 작품 『고뇌의 등반』[23]이 종종 인용된다. 메리 루이 프랫Mary Louise Pratt이 훌륭하게 해석해 보여 줬듯이,[24] 일단 민족지에 선택된 '데이터'가 가공되고 인류학적으로 해석되고 학문적인 문헌으로 제출되면, 민족지를 지탱해 주는 원주민이나 중개자는 인류학자 본인이 화자인 '나'의 세계에서 사라져 버린다. 인류학의 보고서도 발표된 저작이나 민족지도 원주민이나 중개자를 향한 말 걸기가 없어지고, 한결같이 '서양인'을 향해서만 말을 건다. 『고뇌의 등반』은 인류학자의 이미지가 어떻게 만들어지는지 그 구조를 교묘하게 도상화해서 보여 준다. 즉 현지인의 언어가 흡사 사어死語로 쓰인 문헌으로 주어진 것처럼, 인류학자는 원주민이나 중개자의 지식이나 노동을 횡령할 수 있게 된다. 마치 미

---

23 D. Maillet, "La montrée de l'agonie", *Voyage dans l'Amérique équinoxiale*, Le Tour du Monde, 1879 ; Mary Louise Pratt, *Imperial Eyes : Travel Writing and Transculturation*, Routledge, 1992, p.154 재인용.
24 Mary Louise Pratt, *Imperial Eyes : Travel Writing and Transculturation*.

개의 땅에서 어느 누구의 손도 빌리지 않고 탐색을 행한 탐험가로서의 인류학자의 이미지, '서양인 독자'를 위한 인류학자의 이미지가 만들어지는 것이다.

파비안은 이런 이행의 과정이 **최후의 심급에서는 서양과 그 나머지**(The West and the Rest) 간의 분리에 귀착한다[25]고 생각한다. 그것은 공재성을 거부하는 이층적二層的인 시간의 배분 덕택에, 화자인 '나'와 원주민의 관계를 인식론적인 관계로 한결같이 간주할 수 있다. 원주민과의 관계에서 인류학자가 끝까지 인식주관을 견지할 수 있는 이유는, 공재성을 부인하는 시간의 층화 때문이다. 그래서 원주민이 단순한 인식대상이 될 때, 서양과 그 나머지 사이에 분리가 성립한다.

여기서 잊지 말아야 할 것은, 이렇게 인류학자가 말을 건 '서양인' 독자가 실체적으로 존재하지 않는다는 점이다. 원주민, 그리고 최종적으로 비서양인에서 격리된 '서양인'이란, 시간의 층화 혹은 공간화에 의한 분리가 만들어 낸 폐쇄구역에 다름 아니다. 그 구성방법에서 볼 때, 이렇게 상정된 '서양인'은 일본 우익이 생각한 '우리 일본인'과 전혀 다르지 않다.

파비안은 공재성의 거부를 시간의 층화 혹은 공간화에서 봤다. 지금부터 나는 파비안이 주장한 이 구조를 본론의 관심에 따라 고찰하고자 한다. 요컨대 앞에서 분리의 기제를 해명했던 시각에서 공재성이 성립해 있는 민족지가 계속 쓰이고 있었던 시간의 층과 인류학자가 인식주관으로 정립한 시간의 층이 어떻게 다른지에 대해 검토하기로 하자.

---

[25] Fabian, *Time and the Other: How Anthropology Makes Its Object*, p.35.

공재성이 성립했던 민족지가 쓰여질 때, 인류학자와 원주민이나 중개자는 '같은 시간을 살기' 때문에, 서로에 대해서 열려 있어야 한다. 다만 상호교섭이 있다고 함은, 일체화나 공감이 성립해 있음을 말하는 것이 아니다.[26] 열려 있음은, 폭력이나 항쟁을 배제하지 않는다. 폭력이나 항쟁은 공재성의 훌륭한 양태이다. 여기서 공재성에서 다음의 두 계기를 끄집어낼 수 있다.

첫째, 너와 내가 서로에게 열려 있을 때, 나의 발화는 너를 향한 말 걸기이고, 또한 너의 발화는 나를 향한 말 걸기이다. 다시 말하면 나는 너에게 대답할 책임을 지고 있는 자로서 너를 향해서 말하고, 또한 너는 나를 향해서 대답해야 할 책임을 진 자로서 말한다. 말 걸기가 실은, 비난을 한다거나, 탄핵을 하는 일일지라도, 이 조건은 기본적으로 변하지 않는다. 말 걸기 행위와 말을 듣는 행위, 질문하는 행위와 거기에 응답하는 행위가 서로 교차해서 짜여 있는 것이 바로 공재성의 양태이다. 바로 그렇기 때문에, "같은 시간을 산다"라는 표현이 타당한 것이다. 그것은 협동성의 존재이다. 서로 응답의 책임을 취할 준비가 없을 때, 인류학자와 원주민이나 중개자 사이에는 민족지적 정보의 채택, 상품교환, 고용관계, 언어의 학습과 가르침, 습관의 습득이 발생할 수 없다. 인류학자와 원주민이나 중개자가 단순한 인식주관과 대상으로 환원될 수

---

26 공재성이 조화적인 공존도 아니고, 와쓰지 데쓰로(和辻哲郎)의 논리학에서 말하는 '사이성' [間柄]도 아니라는 점을 주의하자. 파비안은 『시간과 타자』에서 공재성을 "서로 다르고, 서로 항쟁하고, 서로 모순되는 의식형태의 문제를 포함한 동시성"(p.146)이라고 말하고 있다. 파비안의 그 후의 저작(*Out of Our Minds : Reason and Madness in the Exploration of the Central Africa*, University of California Press, 2000)은 『시간과 타자』를 읽을 때 받았던 일말의 위구심을 훌륭하게 불식시켜 주었다.

없는 한에서, 그들의 사회관계는 수행가능하게 된다. 단순한 인식주관이 아닐 때, 사람은 우선 책임물음을 당하는 어떤 자이다. 그때, 사람은 주관이 아니라 협동하는 주체가 된다.

　둘째, 너와 내가 서로에게 열려 있을 때, 나는 너의 시선에 폭로되어 있다. 너에게 대답의 책임을 진다는 것은, 사전에 대답의 선택지를 내가 의도적으로 선택할 수 있음을 보여 주는 것이 아니다. 그 대답의 책임은 진정으로 정언명제로서 나를 때린다. 그렇기에 나는 너에게 열려 있도록 운명 지어져 있다고까지 말해도 좋을지 모른다. 왜냐하면 대답을 회피할 수도 있지만, 회피는 즉각적으로 나에게 부끄러움을 유발하기 때문이다. 대답의 방식에는 선택의 여지가 있지만, 대답을 해야 하는가에 대한 주저는 우카이 사토시가 이야기한 '부끄러움의 불안'을 야기하지 않을 수 없다.[27] '부끄러움의 불안'은 사회적인 관계에 반드시 항상 따라다니게 마련인 우연성aléa, 偶成性을 뒤집은 것이다. 왜냐하면 서로 대답해야 하는 자로서 너와 내가 관련되어 있음이 바로 공재성이기 때문이다. 그래서 너에게 열려 있음은 너에게 노출되어 있다는 것이고, 열려 있음을 거절해서 폐쇄구역을 만들고자 할 때, 공재성의 거부에 대한 보복처럼 나는 부끄러움에 휩싸이게 되는 것이다. 이런 한에서 보자면, 부끄러움은 공재성에 반드시 수반하는 '정'情이다. 그것은 **주관적인 감정이 전혀 아니고, 내 존재가 어떻게 타자에게 공재되어 있는가를** 보여 주는 정동情動이다. 사람은 협동적으로 존재하고 있기에, 이른바 개인(비분할체)이 아니다. 열려 있을 때, 사람은 부끄러움을 가진 존재

---

27 鵜飼哲, 「ある情動の未來」.

이다. 이른바 통상적으로 열린 사회관계에서 사람은 자신을 타자에 의해 창피를 당하는 자(부끄럽게 되는 자)로 상정하고 있고, 부끄러움을 느낀다는 잠재성을 기초로 해서 타자를 받아들인다.[28] 너와 내가 우연적으로 묶여 있기에, '부끄러움'의 불안은 나와 너의 사회적인 관계 근저에 있는 '정'을 예고한다.

이렇게 보면 공재성에서 이탈해 인식론적인 지식의 배치로 이전하는 것은, 인류학자가 원주민이나 중개자에 대한 호의적인 태도에서 비판적인 혹은 적의를 가진 태도로 변환하는 일이 **아니라**는 것을 알 수 있다. 애착에서 혐오로 이전하는 것이 아니라, 호의와 적의까지도 담고 있는 '정적'인 태도에서 '정'이 결여되고, 부끄러움에서 절연되고, 닫혀진 태도로 이전하는 것이다. 공재성에서 이탈해 인식론적인 지식의 배치로 이전하는 것은, 타자에게 창피[부끄러움]를 당한다거나 상처를 입는다거나 하는 식으로 타자를 향해 열린 '정적'인 존재에서, 부끄러움을 숨기지도 않고 상처 입지도 않는 닫혀진 '감상적' 존재로 전환하는 일이다. '정적'인 양태에서 우리는 '타인에게 감동받' 지만, '감상적'인 양태에서는 '타인에게 감동받는' 위험에서 도망치고자 한다. 감상적으로 존재할 때는 가령 비서양인들에게 박애의 호의를 가지고 있으면서도, 그들에게 닫힌 채로 존재할 수도 있다.[29]

---

28 다만 부끄러움은 집단 내부의 평가와[内輪] 외부의 평판[外聞], 동료들 사이[仲間内]와 공공(公共)과 같은 부끄러움은, 집단 간의 구별이 정서를 재가(裁可)하는 원리로 작동하는 정동(情動)의 영역이다. 이는 여러 번 강조해도 지나치지 않다. 이 책은 국민·민족의 집단과 관련한 부끄러움을 고찰하고자 할 뿐이다.

29 이러한 박애적인 분리주의는 이른바 선교사적 태도로 널리 인식되고 있다. 선교사적 태도에 대해서는 다른 기회에 논하기로 한다.

파비안이 말한 시간의 층화 혹은 공간화라고 부른 기제가 달성하는 것은 우선 내가 그들에게 대답해야 할 책임을 가진 자로서 말하기를 그치는 것을 허락받는 일이다. 나는 그들로부터 대답이나 질문에서 면제된 자로서, 그들을 향한 말 걸기를 그만두어도 괜찮게 된다. 무책임하게 될 수 있다. 이는 '정적인' 존재에서, '부끄러움의 불안'에서 도망할 수 있는 특권을 획득한다는 것이다. 그런 한에서, 나는 그들에 대해서 순수한 인식주관이 될 수 있을 것이다. 이와 동시에 인식주관이 되어 버린 나는 그들에게 **폭로된** 존재이기를 멈춘다. 어쩌면, 내가 그들에게 폭로된 존재인 건 아닐까라는 식으로 생각할 수 있을지도 모르겠다. 그들에게 열려 있음은 그들에 의해서 창피를 당하는 자로 자신을 상정하고 부끄러움을 느낀다는 잠재성을 기초로 하여 그들과 사회관계를 만드는 것이다. 이는 바로 닫혀 있음을 멈춤으로써, 나에게 부끄러움을 주는 그들의 시선이 가진 능력을 박탈해 버리는 것이다. 어린이나 동물에 대해서 자기의 벌거벗은 몸이나 우스꽝스런 몸짓을 부끄러워하지 않는 것처럼, 열려 있음을 멈춤으로써, 나는 그들에 대한 부끄러움에서 도망갈 수 있다고 믿을 수 있게 된다.

따라서 시간의 층화 혹은 공간화가 응답가능성으로서의 책무에서 자기면책을 위한 수단이자 부끄러움의 불안으로부터 도주하기 위한 수단임을 알 수 있다.

하지만 이 문제는 잠시 젖혀 두도록 하자. 시간의 층화 혹은 공간화는 어떤 대인對人 상황을 전제로 하고, 어떤 상상력의 조작을 필요로 하는 것일까. 파비안이 시간의 층화 혹은 공간화를 설명하면서 기억술을 언급하고 있는 점을 놓치지 말자.[30] 중세 유럽에서 르네상스에 이르는 기억술에서 기억은 일정한 장소와 묶임으로써 보존되었다.

이미 고전의 지위를 획득한 프란시스 예이츠의 『기억술』에 따르면,[31] 기억술은 무엇보다도 수사학의 과제로 생각되었다. 기억술이 수사학 독자에게 추천한 기술이란, 기억의 내용이 장소의 형상에 결부된 것은 아니고, 그보다는 기억된 어느 일정한 장소가 특정한 기억의 장소 즉 토포스가 되고 토픽(주제)이 된다는 식이었다. 기억술에서 중요한 것은, 이질적인 많은 기억 내용을 수없이 많은 서랍 안에 각각 보존할 수 있도록 기억해야 할 사상을 여기저기 분산해서 구분할 것과, 기억할 내용이 아닌 서랍의 위치를 기억해 두는 것이었다. 현대 컴퓨터 기술에서 보자면, 파일 —— 정보 기술에서 서랍에 해당할 것이다 —— 로 나누는 것이 기억의 첫걸음이라고 말하는 것과 다르지 않다.

서랍의 위치를 잘 기억하기 위해서는 각각의 서랍에 적당한 레테르를 붙여 두는 게 좋을 것이다. 그리고 이 레테르를 기억해 두는 것이다. 왜냐하면 토포스와 기억의 내용은 자의적인 관계를 갖기 때문이다. 그리고 계열적인 근친성近傍性과 내용적인 환유성의 연계는 단절되기 때문이다. '장소' 즉 토포스가 상호독립된 장소가 되어 버린 이상, 과거의 사상을 원용할 때, 상기하는 조작이 다를 때마다 그것을 다른 순서로 원용할 수 있다. 요컨대 서랍을 여는 순서는 그때마다 달라져도 상관없다는 말이다. 기억된 다양한 사상을 파일로 잘게 나눔으로써, 각각의 파일은 독립하게 된다. 한 파일 안에서라면 전후관계(화자의 순서)에 따라

---

30 Fabian, *Time and the Other : How Anthropology Makes Its Object*, pp.109~125.

31 Francis A. Yates, *The Art of Memory*, University of Chicago Press, 1966(青木信義 外 訳, 『記憶術』, 水声社, 1993).

서만 재생될 수 있는 것을 보다 작은 단위에서 선형적인 질서와는 무관하게 공간적으로 분산시켜 보존할 수 있게 된다. 그렇다면 이러한 상상력의 행사가 우리에게 시사하는 바는 무엇일까?

　텔레비전 방송의 예를 들어 보자. 뉴스·드라마·스포츠 중계 등의 프로그램 안에 광고가 삽입되는 방식을 생각해 보자. 뉴스의 경우, 혹은 드라마나 스포츠 중계의 경우에도 마찬가지이다. 방송된 영상 및 음성의 연속체는 일정한 서사론적인 구조를 따라서 분절되어 있기 때문에, 한 장면과 그것에 이어진 장면의 연속과 거기서 이야기된 사건의 내용이 자의적으로 결부되어 있다고 말할 수는 없다. 장면의 연속을 다시 짠다거나 다른 장면을 삽입하면, 사건의 내용에는 변화가 생길 것이다.[32] 이렇게 계열적인 근친성과 내용적인 환유성이 연동하는 한에서 보자면, 설사 복잡한 서사론적인 구조 —— 생략법ellipsis, 省略法 · 예변법 prolepsis, 矛弁法 · 역언법paralipsis, 逆言法 등 —— 가 착종해서 짜여져 있다고 하더라도, 드라마나 스포츠의 경우 한 토포스를 이룬다고 일단 생각하면 좋을 것이다. 그래서 드라마나 스포츠 시합이, 광고를 많이 삽입함으로써 여러 차례 중단되더라도, 우리가 작품이나 시합의 통일을 잃어버리는 경우란 거의 없다. 시간적인 단절·선취先取·역전逆轉 등이 있어도, 시청자는 장면을 한데 이어서 이야기를 선형적인 연속으로 재구성할 수 있다. 왜냐하면 시청자는 결코 광고 영상을 드라마의 영상·음성

---

32 물론 스포츠 시합의 요약이나 드라마 예고편처럼, 영상·음성 연속체의 재편집은 오리지널이 되는 시합이나 작품의 존재를 전제로 이뤄지는 일이 많이 있다. 이런 경우, 사건의 내용 변화는 편집방법에서 판단할 수만은 없다. 역사 사건과 역사 이야기 간에는, 이것과 유사한 관계가 있다. "오리지널의 시합이나 작품이 존재한다"는 전제와 기억의 재편집의 관계는 별도의 글에서 논의하고 싶다.

의 연속체와 이어진 것으로 간주하지 않기 때문이다. 요컨대 영상·음성의 연속체를 끊는 광고와 연속체를 이루는 드라마나 시합의 관계는 전적으로 자의적이어서, 광고의 토포스는 드라마나 시합의 토포스에서 독립해 있다. 그래서 동일 상품을 둘러싸고 동일 에피소드로 이뤄진 광고가 어느 때는 드라마 결말 언저리에 또 어느 때는 드라마의 전반부에, 또는 똑같은 광고가 완전하게 다른 장르에 속하는 퀴즈 프로그램에 사용되고 있어도, 우리는 혼란스러워하지 않는다. 뿐만 아니라 그것을 기이하게 생각하지도 않는다. 이에 반해서 드라마의 살인장면 바로 뒤에 위장약을 선전하기 위해 갈비를 게걸스레 뜯고 있는 식사장면의 광고가 등장해도, 그것이 식인을 묘사했다는 식으로 잘못 인식되는 일이 없다. 왜냐하면 거기에는 계열적인 근친성과 내용적인 환유성의 연계가 단절되어 있기 때문이다. 요컨대 광고는 다른 토포스를 만들어 내고 있는 것이다. 다른 토포스를 만들어 낸다는 것은, 시청자의 입장에서 보면 머리를 전환하는 일이고, 일정한 공상적인 문맥에서 스위치를 끄는 일이다.

파비안은 "기억의 장소들 간의 운동을 고찰하면서, [기억술을 말한 전근대 수사학자는] 실은 **의식의 공간화**를 요구하고 있었다"[33]라고 서술하며, 공간화 혹은 층화로 지적한 사태는 우선 이러한 하나의 세계에서 다른 세계로의 전환임을 말한다. 물론 세계라고 하더라도, 그것은 드라마 속의 세계나 스포츠 시합 속에서 전개되는 세계의 일로, 어느 정도 상정된 사회관계가 존재하고, '나'는 일정하게 예정된 관계를 이 세계

---

33 Fabian, *Time and the Other: How Anthropology Makes Its Object*, p.111.

와의 사이에서 갖게 될 것이다.

　더구나 그러한 세계와의 상관에서 '나'의 존재방식도 그때마다 매번 결정된다. 드라마 세계에서 관객인 '나'는 등장인물이 아니기 때문에 등장인물로서 참가하지 않는다. 스포츠 시합에서 관객이자 팬인 '나'는 시합이 진행될수록 열광하는 일은 있어도, 텔레비전 모니터를 뚫고 그 속으로 들어가거나 그라운드로 뛰어들어 가지는 않는다. 나는 '이쪽'에 있기 때문에, '저쪽'에서 걸어오는 도전이나 권유에 응답하지 않아도 좋다. 그리고 이렇게 병존하면서도 분리된 장소로, 인류학에서 보자면 민족지적인 공재성의 세계(저쪽)와 서양(이쪽)이라는 토포스를 들 수 있다.

　층화되고 공간화됨으로써 **공상적인** 맥락에서 응답책임으로부터 도망쳐 부끄러움을 미연에 회피할 수 있다고 생각하는 이유가 바로 이 때문이다. 함께 있는 세계가 있음에도 불구하고, 억지로 층화할 수 있다고 생각하는 이유가 바로 이 때문인 것이다. 공재성에서 당연하게 맡고 있는 응답책임에서, '나'는 전화를 끊듯이 회로를 끊어(스위치 오프) 버리고, 창피를 당하기 전에 그 세계에서 탈락해 버리고자 하는 것은 텔레비전 드라마 세계와의 유비에서 공재성의 경험을 생각하기 때문이다. 여기에서 우리는 왜 이 분리의 기제가 공상적인지에 대해서 설명해야 할 것이다. 왜냐하면 지금까지 뱃길안내도에 의지해 온 『시간과 타자』에는 부끄러움의 문제나 공상적인 상상력의 문제가 명시적으로 말해지지 않기 때문이다.

　『시간과 타자』에서는 이따금 인류학자의 개인적인 경험 과정을 논하면서 민족지적인 데이터 수집이나 데이터 해석 및 인류학적인 저작이나 보고서 집필이 일정한 편년적 순서를 따르기 때문에, 공상의 문제가 오히려 보이지 않게 되어 버렸다. 먼 이국땅에 나가서 민족지적인 데이터를 수집하는 일이 먼저 있고, 이국에서 서양으로 돌아온 이후에 저작이나 보고서 집필이 행해지는 게 가장 흔한 시나리오일 것이다. 당연한 일이지만, 현재에서 보자면 집필된 인류학적 지식에 있어서 민족지적인 데이터 수집은 과거의 사건이다. 그러나 이 일은 물리학자의 논문이 실험 後에 쓰이고, 사회학자의 통계가 조사 後에 산출되고, 역사가의 저작이 역사문헌 읽기 後에 구상되는 것과 별다른 차이가 없다. 왜냐하면 인류학적 지식에서 민족지적 데이터가 수집된 원주민의 생활환경이 과거의 것임을 도출할 수 없기 때문이다. 극히 최근까지 민족지 조사가 행해진 사회 대부분이 미리 역사 단계 위에서 과거의 것('전통적' · '차가운 사회' · '진보에 저항한다' 등, 여러 방식으로 말해진다)이라고 생각되어 왔던 것은 이와는 전혀 다른 이유 때문일 것이다.

비서양이든 서양이든 간에, 민족지적인 조사를 행하기 위해서는 '같은 시간을 살' 지 않으면 안 되고, 사람들과 공재하지 않으면 안 된다. 그러나 일찍이 공재했던 사람들에게 가졌던 응답의 책무에서 도망쳐, 부끄러움의 잠재성이 없는 관계 안에서 그들에게 대처하기 위해서 흡사 그들이 존재하지 않는 것처럼 위장하는 일이 필요하다. 게다가 내가 한결같이 그들에 대해서 인식주관이기 위해서 서양이라는 토포스로 이행하는 일이 요청된다. 우리가 원주민과의 공재성을 잃어버렸을 때, 원주민이 존재하는 현실성을 잃는다. 요컨대 나를 향해서 대답하고, 나의 책임을 따지고, 나를 응시하는 시선을 가진 원주민이 인식대상으로 환원되면서, 나의 응답의무를 환기하지 않고 나에게 창피를 주는 잠재성에서 손을 놓을 때, 그들은 일정한 실재성實在性을 상실한 먼 존재가 되어 버릴 것이다.

나는 공재할 수 있는 사람들이 공재성을 부정당하고, 그 결과로 공상적인 심급으로 이행했기 때문에 이런 현실성이 상실되었다고 생각한다. 이 경우에 공상성은 동시적으로 존재하는 사람들을 마치 함께 있지 않는 것처럼 간주하기 위해서 꼭 필요한 기제이다. 나를 향해서 대답을 하고, 나의 행동을 따지고, 나를 응시하는 시선을 가진 타자가 나를 중심으로 짜낸 나의 욕망을 만족시키는 시나리오의 한 요소가 되어 버릴 때, 나와 타자의 관계는 안전하고 폭력이 없는 공감적인 것이 된다. 그리고 그 관계는 완전하게 '감상적'인 것이다. 그때 타자는 그 단독성을 잃고서, 나와 절친한 존재자 이상의 그 어떤 것도 아니게 된다. 민족지의 대상이 된 사람들이 끊임없이 스테레오타입화되는 이유는 바로 이 때문이다.

더구나 이렇게 해서 공상된 타자는 내 의식의 상관물에 지나지 않는다. 그렇기 때문에 내가 좋을 때에 불려 나오고(스위치 온), 싫어지면 없어질(스위치 오프) 수 있는 것으로 지각된다. 나에게 공상된 타자는 광경에 지나지 않고, 나는 이 타자로부터 후퇴해 자기 안에 틀어박히고, 인식주관의 입장을 취한 관찰자가 될 것이다. 나와 타자와의 관계 그 자체가 객관주의적으로 타자에게 투사되어 버리고,[34] 나와 타자와의 관계 그 자체가 타자의 속성인 것처럼 생각된다. 그래서 관계성의 '정'인 부

---

34 '나'와 타자와의 관계에서 만들어질 수 있는 갖가지 특성이 타자에게 투사되어 버리고 '내'가 일관되게 인식주관이 되는 것을, 피에르 부르디외가 '객관주의'라고 불렀던 것을 생각해 보라. Pierre Bourdieu, *Esquisse d'unethéorie de la pratique*, Droz, 1972.

끄러움은 타자의 악의(그들은 나를 부끄럽게 만들려고 한다)나 타자의 비뚤어진 성격(사람들을 부끄럽게 만들고 그들의 부끄러워하는 모습을 보는 것을 좋아한다)의 결과로서 이해된다.

이렇게 공상적으로 비서양과 다른 토포스를 정립함으로써, 한편 공재성이 널리 퍼져 있는 서양인 동료들 사이에서는 서양을 공감이 지배하는 장소로서 공상할 수 있게 된다. 독자의 폐쇄구역이었던 '서양'이 인류학적인 말 걸기 구조 안에 주어져 있는 이유가 이 때문이다. 비서양인에게 부끄러움을 느끼지 않지만, 서양인 동료인 '우리' 사이에서 보자면, 응답책임에서도 그리고 '내' 안의 부끄러움을 환기하는 시선에서도 도망칠 수 없다. 따라서 서양은 공재성이 지배하는 폐쇄구역이 된다. 더구나 공재성과 공감이 전적으로 무관함에도 불구하고, 이 폐쇄구역은 공감에 의해서 특징지어진 영역으로 생각된다.

물론 이렇게 정립된 서양도, **나머지**the Rest가 공상적인 구축체임과 마찬가지로, 그 자신도 공상적인 구축체임을 잊어서는 안 된다. 서양으로 추정된 통일체를 실정적으로 확인하는 작업은 극도로 곤란한 일이다. 뿐만 아니라 이른바 서양인이라고 자기정체성을 규정하는 자들 간에도, 계급의 차이·언어의 차이·인종의 차이·친족관계·조직으로의 귀속·교육수준의 정도·정치적 당파·성차性差·연령 등에 의해서 공재성은 매번 재분배되고 분단된다.

이런 식으로 공재성이 끊임없이 유동하고 있음에도 불구하고, '우리 서양인'은 공재성이 긴밀하게 지배하는 듯한 공감의 폐쇄구역으로 공상할 수 있다. '우리 서양인'이라는 공감은 비서양인으로부터 공재성을 박탈함으로써 추정이 가능하게 된 어느 공상적인 사태인 것이다.

분리, 부끄러움 그리고 공감

파비안의 시간의 층화 혹은 공간화의 분석을 길게 논의한 이유는, 앞에서 반복해 왔던 인류학에 있어서의 서양중심주의의 비판을 다시 행하기 위해서가 아니다. 그것보다는 오히려 **서양과 그 나머지의 분리**가 만들어진 방식이 미국과 일본의 분리를 고찰하는 데에 중요한 계기가 된다는 것을 보여 주고 싶어서였다. 나아가 미국과 일본이 국민주의적으로 폐쇄구역을 구성하는 기제를 분석함으로써, **서양과 그 나머지의 분리**가 사실은 경험·실증적인 수준에서 성립되지 않았다고 제시함과 동시에, 그 공상적인 분리가 현실적이고 정치적으로 작동한다는 점을 재확인하기 위해서였다. 미국과 일본의 분리가 공상적인 수준에서 수행되었다고 말했는데, 그렇다고 해서 이 분리가 정치적인 귀결을 야기하지 않는다고 말하려는 건 전혀 아니다. 공상적인 것이 곧 망상적인 것은 아니기 때문이다.

부끄러움과 그 은폐도, 응답의 책임과 그 거절도, 모두 일련의 행위의 연속 안에서만 이해될 수 있다. 부끄러움도 응답의 책임도, 양쪽 모두 사건이 먼저 있다. '누가 누구에 대해서 무엇을 한다'는 행위는 최소한 말하기의 구조를 가지고 있다. 우리는 부끄러움과 응답의 의무를 우선 말하기의 형태로 정식화된 사건 안에서 이해한다. 왜냐하면 부끄러움과 책임이 상상될 때, 그것은 **상상하는 주체가 주인공으로 등장하는 시나리오**로 공상되기 때문이다. 사람들이 부끄러움을 두려워하는 이유는 자신이 창피당할 수 있는 시나리오를 공상할 수 있기 때문이다. 또한 응답책무로서의 책임을 거절하는 것도, 사람들이 책임을 추궁당하는 시나리오를 미리 공상하고, 그런 시나리오가 실현되지 않도록 기피하고 있음을 보여 준다. 그리고 시나리오가 전개되는 장소로서 부끄러움과 책임은 모두 어떤 상상의 무대를 전제로 하고 있다.

거기에서는 나의 유죄성을 묻는 어떤 사람들이 있고, 피고의 위치에 놓인 나는 타자의 시선에 노출되어 있다는, 고발과 굴욕의 시나리오가 공상되고 있다. 나는 어쨌든 죽는다는 사실이 아니라, 나의 죽음을 둘러싼 나의 관념 ── 나를 주인공으로 하는 시나리오, '불가능성의 시나리오' 라고 말해도 좋을 ── 이 나를 가장 괴롭게 만든다. 이와 마찬가지로 현재 내가 부끄러움에 직면하고 있는 게 아니라, 내가 사람들에게 창피를 당할 것을 예상하게 하는 시나리오가 나로 하여금 타자와의 공재성을 가장 두렵게 만든다. 부끄러움의 부인은 공상된 부끄러움의 시나리오에 대한 두려움이고, 응답의 거절은 공상된 고발의 시나리오에 대한 두려움이다.

왜냐하면 부끄러움의 부인과 책임의 기피는 무엇보다도 우선 부끄러움을 부인하고 책임을 회피하도록 허락하는 공상의 기제로써, 게다가 그러한 공상을 초안한 시나리오를 제작함으로써 전개되기 때문이다. 부끄러움의 부인과 책임의 회피를 허락하는 시나리오를 끊임없이 만들어 내는 작업이 국민주의에서 가장 중요한 과제의 하나가 되는 이유가 바로 이 때문이다. '종군위안부' 에 관한 기술을 고등학교 역사교과서에서 삭제하자고 소리 높여 주장하는 '새로운 역사교과서를 만드는 모임' 의 사람들을 동요시키는 것은 부끄러움의 부인과 책임의 회피를 가능하게 하는 시나리오, 즉 이데올로기적인 공상인 것이다.

이것은 흥미로운 일이 아닐 수 없다. 사람들은 공상된 부끄러움의 시나리오와 공상된 고발의 시나리오를 두려워한다. 때문에 부끄러움에서 피하려 하고 응답을 거절한다. 본질적으로 '부끄러움의 불안'은 공상의 차원에서 일어나는 훌륭한 문화적인 사건이다. 사람들은 유죄 혐의를 받을 것을 예상하고 있고 심중으로는 이미 알고 있다. 부끄러움과 책임의 기피가 종종 폭력적인 행동을 수반하는 까닭이 바로 이 때문은 아닐까. 무치無恥란 스스로 부끄러움이 결여되었다는 공상에 대한 반응이고, 무책임은 책임을 묻는 자를 향한 공상에서의 응답이다. 요컨대 무치와 무책임을 꾸짖는 자도, 추정된 문책자에게 응답하고 있는 셈이다.

고발과 책임의 기피라는 드라마는 유죄가능성culpability의 무대에서 연기된다. 유죄가능성의 무대에서, 말 걸기의 존재에 대한 혐의를 받고 있는 나는 완벽하게 정반대 행위의 선택지 — 공상적으로 또 수행performative적으로 — 에 직면한다.

먼저, 다음과 같은 것들이 부끄러움도 모르는 자로 나를 몰아세우는 선택지일 것이다. 나는 문책자에게서 혐의를 받아도 어쩔 수 없는 유죄가능성을 가진 한 사람으로 간주되고 있다. 원래 우리에게 편견을 가진 문책자나 제3자가 나를 미리 유죄라고 결정했다. 이런 상황인 이상, 그들에게 응답을 하는 즉시 유죄로 간주될 것이라고, 말하자면 문답무용問答無用이라고, 나는 남몰래 믿어 버린다. 유죄가능성의 혐의를 받은 국민·민족(인종 혹은 젠더)의 한 사람인 나는, 나의 국민적·민족적(인종적 혹은 젠더적) 동일성 때문에 유죄로 결정되어 버린 셈이다. 그래서 저쪽에는 나의 유죄를 믿는 문책자의 국민·민족 집단이 있고, 이쪽에는 나의 무죄를 믿는 내가 귀속되는 국민·민족 집단이 있게 된다. 그러나 이 두 집단 사이에 토론이나 설득이 일어날 수 없다고 나는 믿고 있다. '그들'과 '우리'는 각각 안으로 폐쇄된 집단을 만들고 있어서, 그들과 우리 사이에 솔직하고 정직한 대화 따위는 있을 수 없다. 그래서 문책자와 우리는 분리되고, 각각의 폐쇄구역 내부에서 나의 무죄가 전적으로 부정되든가, 그렇지 않으면 전적으로 긍정되든가 하는 상태가 될 뿐이다.

분리로 통제되는 공상 속에서 생각을 진척해 가면, 일련의 자기정당화의 논리로 귀결될 것이다. 내가 무죄임을 나는 몰래 확신하지만, 내가 우리 폐쇄구역 바깥 사람들에게 나의 무죄를 설득하고자 해도 그것은 전적으로 쓸데없는 일이기에, 나의 무죄를 증명하려는 노력조차 하지 않게 된다. 무죄를 증명하기 위해서는 폐쇄구역 바깥의 사람들과 '공재'할 필요가 생기지만, 증명하려고 노력하지 않아도 좋다면, '공재'할 필요성도 없어진다. 원래부터 내게는 '공재'를 위해 노력하겠다는 마음이 없었기 때문에, 나의 유죄가능성에서 출발한 나의 문책자도 나를 포함한 제3자에게 나의 유죄를 납득시키려고 할 필요가 없어져 버린다. 문책자로부터도 '공재'의 필요성이 탈취되어 버리는 것이다. 게다가 나는 문책자에게 내가 유죄인 이유가 무엇인지, 내가 어느 정도로 심각하게 죄를 범했는지에 대해 제시하라는 등의 요구를 하려고조차 하지 않을 것이다. 문책자의 물음에 응답을 거절하자마자, 나에 대한 문책자의 응답도 나는 요구하지 않게 된 것이다.

이렇게 부끄러움을 기피하고 응답을 거절하는 자들의 시나리오 —— 이것이야말로 국민주의의 시나리오일 것이다 —— 에는 **유죄가능성과 유죄성의 거리가 없어져 버린다.** 유죄가능성을 유죄성에 결부시키기 위해서는 증명이나 반론 등의 절차가 필요하고, 증명이나 반론의 행위는 공재성을 요청한다. 그런데 부끄러움을 기피하고 응답을 거절할 때, 다른 하나의 공재성을 낳는 것, 즉 유죄가능성과 유죄성의 차이가 증발해 버린다. "우리에 대해서 그들이 말하고 싶은 것을 말하게 둬라. 그 대신에 우리는 우리 자신이 비밀리에 하고 있는 확신을, 타자의 눈을 신경 쓰지 않고 말하고 싶다." 그리고 추궁당하지 않으면 응답할 책무에서도 해방되는, 이러한 분리의 상태에서 나는 안도감을 느낄지도 모른다. '부끄러움의 불안'을 피하기 위해 사람들은 이렇게 '수치도 모르게' 된다. 사람들은 용기를 잃어 감과 더불어 '부끄러움을 모르게' 되어 간다.

그런데 나는 이것과 완벽하게 정반대의 선택지에 직면할 수도 있다. 내가 혐의를 받는 국민·민족에 속한다고 간주되는 상황에 한정해서 보면, 나에게 혐의를 두는 것은 당연하고, 나는 유죄가능성을 부정할 수 없다. 그러나 유죄가능성과 유죄 사이에는 커다란 차이가 있다. 무죄라고 생각하는 나는 문책자에게 응답함으로써, 그에게 혐의를 증명하라고 요구할 수 있고 또한 혐의에 반발하는 것도 가능하다. 가령 어떤 집단이 죄를 저질렀다고 하자. 하지만 그렇다 하더라도 그 집단 전원이 유죄라고는 말할 수 없다. 19세기, 북아메리카의 인디언에게 자행된 백인의 이른바 민족정화는 명백하게 집단적 규모의 범죄이다. 현재라면 '인도에 반한 죄'에 해당하겠지만, 그렇다고 21세기 미국의 백인으로 자기정체성을 갖고 있는 개인을 즉각적으로 유죄라고 말할 수 있을까?

19세기에 있었던 민족정화 행위와 21세기 현재의 유죄성 간에는 오랜 논증과 설득의 과정이 필요하다. 더구나 여기서 문제가 되고 있는 나 혹은 내가 속한 특정 집단에만 타당한 규범으로 나의 유죄성을 증명할 수는 없다. 나의 유죄성은, 나나 내가 속한 집단뿐만 아니라 내가 속한 집단과 관계없는 다른 사람들이 나와 같은 일을 저질렀을 때, 그 사람에 대해서도 해당하는 규범에 따라야 한다. 게다가 나의 유죄성은 문책자까지도 구속할 수 있는 것이어야 한다. 즉 내가 혐의를 받고 있는 죄와 **비슷한** 행위를 문책자가 행했다고 판단되는 경우, 나는 질문을 할 수 있다. 그때는 내가, 혹은 우리가 문책자가 될 수 있어야 한다. 유죄가능성에서 유죄성으로 가는 길에서, 공재성을 통해서 나는 나의 집단에 귀속하지 않는 사람과 함께 보편적인 규범의 입법 작업에 참가하고 있는 것이다.

(물론 이것은 상정된 사태이다. 실정적인 국가의 주권으로 권위를 부여받은 법정이나 국제법정에 대해서 고찰할 때 알아야 하는 법제도나 절차에 대해서 나는 매우 무지하다. 따라서 여기서의 나의 고찰은 어디까지나 유죄가능성의 무대에서의 공상적인 시나리오 분석임을 이해해 주기 바란다.)

문책자와 나 사이에 응답책무의 상호성이 생겨나는 순간은 바로 '같은 시간을 살아갈' 때가 아닐까. "당신은 나를 고발한다. 그러나 고발하는 당신도 비슷한 죄를 저지르고 있는 것은 아닌가" 하는 반론이 유죄가능성 혐의를 받고 있는 나의 무죄를 증명하는 것은 아니다. 나의 유죄가능성은 문책자나 다른 제3자의 유사한 죄에 관한 유죄가능성과는 독립된 사항이기 때문에, 이 두 개는 **혼동되어서는 안 된다.** 법적으로도 또한 도덕적으로도 나의 유죄가능성과 유죄성은 타자의 유죄가능성 여부와 유죄 여부와는 전혀 상관없다. 그럼에도 불구하고 공재성의 상황에서 볼 때, 유죄가능성을 검증하는 것은 응답책무의 상호성을 유발하는 것은 아닐까. 그것은 요컨대 "만약 당신이 같은 죄를 저지를 경우, 당신을 고발할 권한을 인정받는 한에서, 나는 나의 유죄성을 증명하는 절차를 승인할 것이다"라고 말하는 것이다.

응답책무의 상호성은 문책자를 향한 보증 없는 신뢰를 요청하지만, 그런 신뢰가 배반당하지 않는다고 보증할 수 없다. 따라서 문책자를 향한 보증은 우연적aléatoire인 것이다.

덧붙여 이 우연성이 비교의 잠재성에 기반하고 있음을 간과해서는 안 된다. 왜냐하면 여기에는 도대체 무엇을 가지고 비슷하다고 하는 것인가, 특이한 사건을 어떻게 비교할 것인가라는 물음이 기다리고 있기 때문이다. 그러나 보증할 수 없고 비교할 방법이 없다는 것이 내가 부끄러움을 기피하며 문책자에게 응답을 거절하는 구실이 될 수는 없다. 그보다는 타자에 대한 보증 없는 신뢰와 비교할 수 없는 것을 비교하는 일이야말로, 타자에게 열려 있음에 포함되어 있고, 공재성이라는 단어에 의해서 은밀하게 지시되고 있는 게 아닐까. 보증의 결여와 비교 기준의 부재를 이유로 문책자에 대한 신뢰를 방기할 때, 나는 의도하지 않았지만, 공재성을 거부하는, 즉 부끄러움도 모른다는 선택지로 몰리게 되는 것이 아닐까.

예를 들면, 일본은 중국을 침략했고, 미국은 베트남을 침략했다. 이 두 역사적인 사건을 동등한 것으로 결부시켜야 할 결정적인 이유는 발견되지 않았다. 또한 등가로 묶을 수 없는 이유도 아직 발견되지 않았다. 마찬가지로 나치 독일의 민족정화 정책과 소비에트 연방의 수용소 군도를 동등시해야 하는 이유도, 동등시해서는 안 되는 이유도 발견되지 않았다. 이러한 사건들이 특이한 이상, 이러한 사건들 간에 일반화된 비교공식을 이끌어 낼 수는 없다. 종종 지적되었듯이, 가령 전시에 행해

진 민간인학살의 한 사례로 '난징대학살'을 일반화할 때, '난징대학살'
에 대한 역사적 책임은 중성화되어 버린다. '난징대학살'과 특별한 관
계를 가진 사람들, 가령 그 생존자에 대한 책임문제가 경시되어 버린다.
현재 집단적인 유죄가능성의 혐의를 받아들이지 않으면 안 되는 과거
역사적인 범죄는 많고, 그것들 간에 비참함의 서열이나 죄의 심각성에
일률적으로 순서를 매기는 일도 불가능하다.

한 집단적(국민·민족·인종적)인 범죄와 다른 집단적 범죄를 비교
하고 계량하는 일은 불가능하지만, 적어도 그것들을 결부시키는 일은
가능하다. 왜냐하면 문책자와 고발당한 자 간에, 역사적 범죄를 고발하
는 자와 가해의 유죄가능성을 받아들이지 않을 수 없는 자 간에 응답책
무의 상호성을 금지할 수 없기 때문이다. "당신은 나를 고발한다. 그러
나 고발하는 당신도 나와 비슷한 죄를 저지르고 있는 것은 아닌가."

응답책무의 상호성이라는 토대에서 보자면, 가령 일본군의 난징학
살과 미군의 도쿄폭격은 비슷한 죄로서 문책당할 수 있다. 또한 일본의
조선병합과 미국의 뉴멕시코병합을 나란히 놓을 수도 있다. 물론 이러
한 연계가 전적으로 타당하다고 말할 수는 없다. 역사적 범죄의 피해자
에게 있어서 추상적인 동등시는 유죄가능성의 묵살에 다름 아니기 때
문이다(자의적인 비교가 역사에서의 유죄가능성을 단순히 기피하기 위해서
만 이용될 가능성이 있고, 유죄가능성을 성립시키고 있는 문책자와 피고발
자의 말 걸기 관계[공재성]를 무시할 때 일반화는 중성화에 귀속된다). 그러
나 가령 일본의 중국침략과 미국의 베트남침략을 같은 것으로서 문책
자에게 돌려 물을 수 있는 잠재성은, 묻는 자와 물음을 당하는 자 간에
공재성이 있는 한 부정할 수 없다.

이와 동시에 이러한 공재성을 통해서 등가성에 대한 물음에 '아니다' 라고 말할 수도 있다. "같지 않느냐"라는 물음에 "같지 않다"고 부정하는 일도 가능한 것이다. 문책자가 중국인이고, 유죄가능성이 문제가 되고 있는 자가 일본인인 경우를 생각해 보자. 이러한 응답의 배치 속에서 일본의 중국침략과 미국의 베트남침략을 같은 것으로 취급하는 것은, 역사적인 사건의 특이성뿐만 아니라, 문책자와 유죄가능성을 질문당한 자 사이의 관계의 특이성을 유린해 버린다. 내가 유죄가능하다고 인정하는 것이 내가 유죄임을 의미하지는 않는다. 그럼에도 불구하고 내가 유죄가능이라고 인정되는 것에는 역사적인 축적이 있고, 같은 유죄가능성을 가령 미국 국적을 가진 자로 전위할 수는 없다. 유죄가능성은 역사의 특이성과 사람들 사이의 특이성에 반드시 의존하고 있기 마련이다.

"1930년대 및 1940년대 아시아·태평양 지역에서 일본군과 일본정부가 저지른 강간과 성 노예제에 관해서 '인도에 반한 죄'의 이름 아래, 천황 히로히토는 유죄이고, 위안소의 설립 및 유지에 대해서 일본정부는 국가로서의 책임을 지지 않으면 안 된다"고 여성국제전범법정 판결이 가장 날카롭게 겨누고 있는 지점은 바로 응답책무의 상호성이다. 특히 극동국제군사재판(이른바 도쿄재판)의 연합국(문책자의 입장을 취한)과 일본 전범 간에 응답책무가 대폭 제약되었던 사실을 겨누고 있다. 그렇기에 일본의 전쟁책임을 둘러싼 역사적으로 고유한 문제가 무시되고 손쉬운 일반화가 행해졌고, 연합국 측 사정으로 극동국제군사재판은 일본인의 유죄가능성을 충분히 추구하는 일에 태만했음을 이 판결은 훌륭하게 보여 주고 있다.

　게다가 이 판결이 천황 히로히토를 주제로 취급하지 않으면 안 되었던 이유는 천황의 면책을 통해서 부끄러움을 기피하고 응답을 거절하는 시나리오가 미국을 중심으로 한 연합국과 일본 양쪽에서 받아들여져, 제1의 선택지로 채용되었기 때문이다. 일본, 미국 모두 식민지국가이고 병합을 거듭해 다민족을 통합한 국가였다는 사실 / 일본, 미국 모두 국내에서도 점령지에서도 심각한 인종문제에 직면했었다는 사실 / 특히 유색인 혹은 민족적으로 일본인이 아니었던 여성이 노예적 상태에 놓였던 사실 등, '비슷한 죄'로서 되물어지는 의제는 천황의 면책을 통해서 봉인되어 버렸기 때문이다.[35]

　그래서 다음과 같은 시나리오가 일본 우익에 의해서 몇 번이나 반복해서 공상되었던 것은 아닐까. "애초부터 일본인에게 편견을 가진 문책자는 일본인 전범을 미리 유죄라고 정했을 것이다. 이런 상황인 이상, 그들에게 응답을 하는 즉시 일본인 전범뿐만 아니라 일본인 전체까지도 유죄로 간주될 것이다. 말하자면 문답무용인 셈이다. 유죄가능성의 혐의를 받은 국민·민족에 귀속하는 개인은, 일본인이라는 동일성 때문에 유죄라고 결정되어 버렸다." 그렇기 때문에 저쪽에는 일본인의 유죄를 믿는 전승국의 국민과 민족 집단이 있고, 이쪽에는 일본인의 무죄를 믿는 일본인 국민과 민족 집단이 있게 된다. 이 두 개의 집단 간에는 토

---

35 미국의 고등학교 역사교과서나 미국의 국민의식에서, 특히 일본과 비교해 보자면, 분리의 기제가 어떻게 움직이고 있는가를 살피고 있는 것으로 다음의 논문이 뛰어나다. James W. Loewen, "The Vietnam War in High School American History"; David Hunt, "War Crimes and the Vietnamese People: American Representations and Silences", eds. Laura Hein & Mark Selden Armonk, *Censoring History — Citizenship and Memory in Japan, Germany, and the United States*, M. E. Sharpe, 2000, pp.150~200.

론이나 설득이 일어날 리 만무하다. 문책자와 일본인은 분리되어, 각각의 폐쇄구역 내부에서 일본인의 무죄가 전적으로 부정되든지, 그렇지 않으면 전적으로 긍정되든지 하는 일이 생긴다.

이렇게 해서 폐쇄구역으로서의 일본인 공감 공동체 시나리오가 만들어진다. 따라서 천황 히로히토는 분리의 상징이고, 그런 한에서 국민 통합의 상징이다. 게다가 천황 히로히토는, 일찍이 일본과 미국이 병합을 거듭해 다민족을 통합한 국가이고, 내외적으로 심각한 인종문제에 직면해 있고, 특히 식민지 여성을 차별 상태에 둠으로써, 그 확장 정책을 추진해 간 국가였음을 은폐하고, 그것을 제도적으로 정통화하는 자이고, 그런 사실이 제도적으로 검열되고 있음을 상징하는 존재이기도 했다. 그리고 무엇보다도 천황은 다른 아시아 국가의 인민에 대해서, 미국과 일본은 응답책무에서 면제되어 있다고 스스로 납득시키기 위한 장치였다. 그래서 여성국제전범법정의 판결은 이 분리(분리라는 형식에 의한 공범관계)와 공재성의 거부라는 기제를 폭로하고 격하게 공격했던 것이다.

근무하고 있는 미국 대학에서 나는, NHK「시리즈: 전쟁을 어떻게 재판할 것인가」의 제2부 '전시 성폭력을 묻는다'를 상영할 기회를 가졌는데, 그때 프로그램이 진행될수록 이른바 자유파 학자나 아시아계 미국인 학생 사이에 멈칫거림이 확산되는 것을 발견할 수 있었다. 끝내는 반발마저 생겨났다. 이 멈칫거림은 존 다워의 그것처럼, 그들의 비판의식도 실은 미국의 국민주의를 예외시하는 분리의 기제에 의존하는 것에 지나지 않았기 때문이다. 당연한 일이겠지만, 여성국제전범법정의 판결은 이 분리의 기제를 전제로 해서 지식을 생산해 온 일본과 미국의 연구자를 공격했던 것이다. 그래서 '전시 성폭력을 묻는다'의 개찬은 검열이 폭로되는 걸 미연에 막기 위한 개찬이라고 생각해야 한다. 그것은 전후 일본의 국민주의가 미국의 제국적 국민주의와 공범관계를 가져야만 유지될 수 있다는 인식의 노출을 미연에 금지하고 있는 것이다.

이 인식을 배제하지 않는다면, 도대체 어떻게 새로운 두 국가 간의 식민주의적인 종속관계를 드러내는 언어에 불과한 '일미 파트너십'을 일본 국민공동체의 통일과 자립의 존중이라는 모토로서 통용시킬 수 있었을까.

그러나 국민주의와 제국적 국민주의의 이러한 공범관계가 일본과 미국의 관계에만 해당하는 특유한 것이라고 생각할 수 없다. 또한 자율적인 국민주체를 수립함으로써 이 공범관계를 해소할 수 있다고도 나는 생각하지 않는다.

다른 예를 더 들어 보자. 북아메리카에서 자행된 인디언의 민족정화와 일본에서 자행된 아이누박멸을 한데 묶어서 고찰하면, 이 두 사건은 서로 짝이 되는 역사적인 사건이라고 할 수 있다. 일본이나 북아메리카의 식민주의나 소수자의 역사를 연구하는 자들의 의식 한구석에는 항상 이 두 사건이 짝으로 연상되지 않을까. 물론 이 두 사건 사이에는 한쪽을 거론한다고 다른 쪽까지 말해야 하는 필연성이란 없다. 하지만 북아메리카에서 온 연구자가 아이누인에 대한 주제로 말하고자 할 때, '무치'라는 기제에 휘말리지 않고서 북아메리카 역사 속 인디언의 운명과 그 의의를 고찰하지 않은 채로 자신의 연구를 끝내기란 어려울 것이다. 마찬가지로 일본에서 온 미국문학 연구자가 소수자문학을 연구할 때, 일본의 소수자문제를 배려하지 않고 사유를 계속할 수 있으리라고 생각할 수 없다. 같은 연구자 개인 중에 문책자와 유죄가능성을 가진 자가, 말하자면 공존해 버리기 때문이다. 그렇다면 이때 어떻게 무치의 기제를 일으켜, 문책당하지도 않고 응답할 책임도 지지 않아 안도할 수 있는 분리의 상태에 빠지지 않을 수 있을까.

이 과제에 대한 해답이라고는 할 수 없지만, 테사 모리스-스즈키テッサ・モリス-鈴木의 저서 『변경에서 조망한다』는 해답을 향한 상당히 희망적인 이치를 시사하는 중요한 저작 중 하나다.[36] 오스트레일리아에서 살고 있는 테사 모리스-스즈키가 아이누인의 역사를 말한다는 것은, 다른 장소, 다른 시각에서 그녀와 오스트레일리아의 인디언의 관계를 생각하는 일이다. 그뿐만 아니라, 제목인 '변경에서 조망한다' 가 보여 주듯이, 역사주의에서 변경이라고 간주된 '서양'에서 떠난 장소(서양을 지리상의 고정점으로 생각해서는 안 된다. 그것은 맥락에 따라 끊임없이 유동적으로 움직이는 신화적 구축체이다) —— 영국이나 미국에서 보면 오스트레일리아가, 오스트레일리아에서 보면 일본이, 북반구 공업화된 사회인 일본에서 본다면 남반구의 오스트레일리아가, 일본에서 본다면 홋카이도나 사할린 및 그 주변의 섬들이, 유럽이나 아시아에서 본다면 저 멀리 연해주가 그런 〔변경인〕 경우 —— 에서 살아가는 사람들, 다시 말해 문명화로서의 근대화, 국민화로서의 근대화, 민족화로서의 근대화에 의해서 주변화되어 동일성을 구성하는 데 실패했다고 생각되어 온 사람들과의 관계 속에 끊임없이 자신을 다시 둠으로써, 민족이나 국민의 주체성이라는 사고방식으로는 볼 수 없게 된 인디언 속에 있는

---

36 テッサ・モリス-鈴木, 大川正彦 訳, 『辺境から眺める』, みすず書房, 2002.

'동시적 다층다중성'[37]을 다시 한번 볼 수 있게 된다. 여기에 예시되어 있는 것은 중심을 향해서 동일화하는 것과는 정반대의 노력, 즉 인종·민족·국민과 같은 폐쇄구역으로 분리된 사람들과 공재화하려는 탈자적脫自的인 노력, 바깥으로 나가고자 하는 노력이다.

그리고 이 장에서 나는 폐쇄구역을 해체함으로써 소수자에 대한 탈자적인 공재화를 꾀하는 전략을 '비교'라고 불렀다.

분리의 기제에 의해서 통제된, 전후 천황제로 대표되는 동아시아의 지배배치에서, 우리는 점차 떨어지고 있는지도 모른다. 그러나 나는 낙천적인 어조로 이 장을 끝낼 작정이 아니다. 왜냐하면 새로운 분리의 기제가 만들어질 가능성이 있고 우리는 그것을 피할 수 없기 때문이다.

분리의 기제가 끊임없이 횡단하도록 문헌을 읽고 조사를 조직하여, 그것이 어떻게 공상의 시나리오를 만들어 내는가를 해석하는 일. 분리의 기제에 의한 공상을 간섭하도록 다른 공상의 가능성을 제시하는 일. 이 책은 태평양을 사이에 두고 강력하게 기능해 온 전후 천황제 담론을 문화적 기제를 중심으로 분석했고, 거기에서 어떤 분리의 기제가 기능해 왔는가를 고찰하면서, 분리를 횡단할 방책을 모색하고 있다.

---

37 앞의 책, 75쪽.

끝맺음을 대신해서
—역사적 책임과 '위안의 장소'를 나가는 것

지금까지 나는 일본사라는 분야에서 일해 왔다. 하지만 기묘하게도 일본사분야에서 내가 했던 작업은 '일본사'라는 학문분야의 성립 그 자체를 묻는 일이었다. 즉 나는 '일본사'라는 학문분야가 없더라도 우리는 역사가로서 연구자로서 작업할 수 있는 것은 아닐까, 라는 가능성을 제기하는 데 구애되어 있었다. 다시 말하면 오늘날 '일본사'는 자기정당화를 필요로 하고 있고 자기정당화를 위해 반론자를 허용하는 학문분야로서 자기규정할 필요가 있다는 것이다. 또 그것을 증명하기 위해 학문제도로서의 '국민사'를 의심하는 자를 묵살할 수 없게 됐다고 생각하는 것도 불가능한 일은 아니다. 이런 낙관적인 전망 하에서 이 장의 논의를 전개해 나가며 이 책의 결론을 대신하고자 한다.

이 장의 테마는 나 나름으로 일본의 전후 역사학에 대한 비판을 해석하는 것이다. 게다가 지금까지 논의되어 온 논점, 즉 영상에서의 연애·위안부문제·공감의 공동체·태평양을 넘은 지식의 분업체제와 일본과 미국 정치지배의 공범성 등에 관한 논점을 역사학제도와 연계하여 거슬러 살펴보는 일이다.

1950년대에 많은 관심을 끌었던 '쇼와사昭和史논쟁'을 여기서 거론해 보자. '쇼와사논쟁'이 흥미로운 점은 이 논쟁이 패전에 이르기까지 일본인이 살았던 다민족 국민국가의 현실에 대한 기억을 훌륭하게 다시 짜내고, 전쟁 기억이 뒤바뀐 시기 '전후 일본인'의 존재방식을 실로 훌륭하게 그려 내고 있다는 점이다. 여기에는 '제국의 상실' 자체가 망각되어 있는 것이다.

이 논쟁을 새삼스레 고찰하는 데 있어서, 내 부주의한 즉단卽斷이 포함되어 있을 개연성은 물론 클 것이다. 그러한 위험까지도 인정하는 데다가 내가 손에 넣을 수 있는 자료도 한정되어 있음을 밝힌다. 게다가 당시 논쟁에 참가한 역사가와 개인적으로 알고 있지 않지만, 1950년대의 쇼와사논쟁에서 제기된 문제점을 경유하면서, 또 전후 역사학에 대한 비판과 역사적 책임에 관한 문제를 경유하면서, 공감의 공동체에 횡령당하지 않을 사회관계의 가능성을 모색하고자 한다.

쇼와사논쟁

내가 역사와 국민적 주체성에 관한 '일본사' 학계 고유의 논의를 상세하게 파악하고 있다고 해도, 논쟁에 참가한 역사가의 작업을 완벽하게 알고 있는 것은 아니다. 그렇기에 훗날 '쇼와사논쟁'이라고 불리는 이 역사를 둘러싼 논의를 당시 독자가 느꼈을 절박함에 상응하듯 충실하게 재현할 자신은 없다. 하지만 거기서 논해진 문제를 현재의 시점에서 검토함으로써, 역사기술과 역사책임이라는 문제에 접근할 실마리로 삼을 수 있을 것이라고 생각한다. 도야마 시게키遠山茂樹·이마이 세이이치今井清一·후지와라 아키라藤原彰가 공저한 『쇼와사』(『昭和史』, 岩波新書, 1955)에 대한 가메이 가쓰이치로亀井勝一郎의 최초의 반론을 검토하는 것에서 나의 작업을 시작하고자 한다.

『쇼와사』 비판의 도화선이었던 「현대역사가에 대한 의문」[1]에서, 가메이 가쓰이치로는 사람들이 역사를 배워야겠다는 마음이 들게 하는 욕구의 하나에 대해 다음과 같이 말했다. "〔우리가 역사를 공부해야지 하고 생각할 때의 기분으로〕 …… 자기 삶의 원천을, 민족성이나 시대의 흐름 속에서 확인하고 싶다는 욕구"가 있다(11쪽). 그리고 이 욕구는 곧 "일본인이란 도대체 무엇인가라는 물음이 근저에 있다"(11쪽)라는 말과 같이 일본인의 성격에 관한 물음에 기반을 두고 있다. 우선 여기서 '일본인'이란 국민인가, 그렇지 않으면 민족인가 하는 개념이 무규정적으로 남아 있음에 주목하자. '일본인' —— 국적·민족·영토로서의 일본국 주민·국민·천황의 적자, 그렇지 않으면 인종 —— 이라는 규정이 대폭적으로 또 급진적으로 변한 패전을 막 경과했을 뿐이었음에도 불구하고, 가메이 가쓰이치로에게 있어서 아마도 '일본인'은 개념적인 규정이 필요 없을 정도로 자명한 것이었을 터이다.

가메이 가쓰이치로는 몇 단락 뒤에 같은 무규정적인 '인간'을 등장시켰다. 더구나 역사는 "인간을 묘사"하는 것(17쪽)이고, "역사란 인간

---

1 亀井勝一郎, 「現代歴史家への疑問」, 『文芸春秋』, 1956년 3월호 ; 『現代史の課題』, 中央公論社, 1957년에 재수록. 이하 쪽수는 후자에 따른다.

의 역사"이기 때문에 인간을 매력적으로 그리는 것이야말로 역사가에 게 주어진 임무라고 그는 계속적으로 서술했다. 인간은 그 시대를 그 나름으로 힘껏 살다가 죽는다. 역사가는 "자신이 그 시대 그 환경에서 살았다면, 자신은 어땠을까라는 '추체험'에서 판단해야 하는 것이 아닐까"(19쪽). 인간이란 일본인이고, 그 일본인은 이미 일본 민족임이 마치 자명한 것처럼 가메이 가쓰이치로의 논의가 전개되고 있음에 유의해 두자. 그가 사용한 '일본인' 개념은 인간이라는 가장 포괄적인 집합에서, 일본 민족이라는 역사적으로 좁게 한정되는 집단에 이르기까지, 한 치의 거리낌도 없이 돌아다닌다. 야무지지 못한 '일본인'이라는 개념의 정치적 의의에 대해서는 뒤에서 다시 문제 삼기로 하자.

과거 인간의 경험에 대한 '추체험'을 기반으로 삼는 이상, 역사가란 과거의 일본인과 공감하며 살았던 사람이 아니면 안 된다. 거기서 가메이 가쓰이치로는 역사가는 문학적 재능을 필요로 하고 있고, 문학적 재능이란 "일정 시대의 분위기나 국민감정의 조형력", 즉 과거 자신이 경험한 적 없는 사건을 마치 체험한 것처럼 기억하는 능력, 즉 구상력構想力이라고 서술했다. 그것은 과거의 사건을 정확하게 재현하는 기억과 관련이 있는 재생산적 구상력이라기보다 오히려 과거를 허구로 상기하기 위한 신화를 만들어 내는 능력으로서의 구상력이라고 할 수 있다.

가메이 가쓰이치로는 『쇼와사』에는 신화를 만들어 내려는 의욕도, 그 가능성도 결핍되어 있다고 느꼈다. 거기에는 "'국민'이라는 인간부재의 역사"(22쪽)만이 있다고 그는 말한다. 『쇼와사』에는 "국민층의 모습이 드러나지 않는다"(23쪽), "나는 그 결여를 '국민' 부재 혹은 인간부재라고 말했던 것이다"(24쪽), "역사란 죽은 이의 소리를 대변하고, 그

혼을 소생시키는 것이어야 한다"(25쪽). 하지만『쇼와사』에는 죽은 이들의 체험을 신화적으로 구상하는 역사가가 없다. 가메이 가쓰이치로는 그것이 저자들에게 공감능력이 결여되어 있기 때문이라고 비난했다.

이 지점에 이르면 가메이 가쓰이치로가 생각하는 인간이란 무엇인가가 조금 확실해진다. 그에 의하면 인간이란 우선 일본인이고, 그 일본인은 일본 민족인 동시에 일본 국민이기도 하다. 그에게 있어서 '인간=일본 민족=일본 국민'이라는 등식이 당연시된다. 제국의 상실 후 10년도 채 경과하지 않은 1957년이라는 시점에 쓰였음에도 불구하고, 그의 논의는 현재 '단일민족 사회의 신화'라고 불리는 타성적惰性的인 사고 습관에 이미 완벽하게 지배당하고 있었음을 알 수 있다. 게다가 그는, 역사가는 인간에 대한 공감능력을 가져야 하고, 인간에 대한 공감능력이란 과거의 일본인=일본 국민=일본 민족의 경험을 추체험하는 일이라고 했다. 여기서 주의해야 할 것은 가메이 가쓰이치로가 인간의 부분집합으로 일본인을 들고 있지 않다는 점이다. 그에게 있어 '인간'이란 바로 일본인이기 때문이다. 여기에는 대담한 인종주의가 숨어 있다.

이는 패전 전, 일본낭만파 논객이었던 가메이 가쓰이치로의 사상 경력을 들여다볼 수 있는 논리전개가 아닐까? 거기에는 운명에 대한 사랑을 매개로 민족으로의 귀의歸依 신앙이 이야기되는 듯하다. 패전 전, 니시타니 게이지西谷啓治 등이 주장한 근원적 주체성의 철학과 통하는 듯한 민족지상주의의 형이상학이 여기에 전제되어 있는 것처럼 보인다. 그것은 전후문제로 간주되는 하이데거 민족애 사상과도 전적으로 무관한 것은 아닐 것이다. 가메이 가쓰이치로의 논의를 읽고 있으면, 전간기·전쟁기에 이탈리아 파시즘이나 나치즘, 즉 국민사회주의가 유럽

지식인과 대중에게 왜 그 정도로 매혹적이었는지에 대한 문제를 새삼 전후 일본의 문맥에서도 묻지 않을 수 없다는 느낌을 반드시 갖게 된다. 왜냐하면 나치에서의 민족지상주의의 형이상학이 전적으로 반성되지 않은 채 다시 제기되고 있기 때문이다. 패전 후 일본에서 이런 민족애 논의를 태연스레 말한다는 것 자체가, 나에게는 하나의 놀라움이다.

1960년대 후반이 될 때까지 전후 일본에서는 일견 파시즘을 비판하는 언사가 있었던 듯 보이지만, 파시즘적인 사고나 논의를 의식화한 시도는 거의 존재하지 않았음을 추측할 수 있다. 마루야마 마사오丸山真男로 대표되는 일본파시즘 비판은 있었지만, 그러한 비판은 가메이 가쓰이치로 등이 주장하던 나치적 민족지상주의에 어떠한 상처도 주지 못하고 그것을 온존시켜 버렸다. 파시즘을 매도하는 언사는 존재했지만, 이른바 '초국가주의' 라는 것으로 '악마 내쫓기' 를 해버린 결과, 전후 세계에도 존속하는 파시즘의 유제를 의식화하는 일이 불가능했다. 또한 파시즘이 얼마나 매력적이었는가, 파시즘은 사람을 끌어들이는 힘을 가졌는가라는 정말로 중요한 문제에 대한 파시즘 분석은 거의 존재하지 않았다.[2] 아무리 파시즘 반대를 표방하더라도 인간은 정취적情趣的으로 파시즘에 말려 들어갔다. 이 점은 국민주의나 민족주의가 감성-

---

2 마루야마 마사오의 민족주의에 대한 전향에 대해서는 酒井直樹, 「日本社会科学方法序説」, 山之内靖 外 編, 『岩波講座 社会科学の方法』, 1993, 1~13쪽(「日本思想という問題」, 『日本思想という問題』, 岩波書店, 1997년에 재수록)과 葛西弘隆, 「丸山真男の'日本'」, 『ナショナリティの脱構築』, 柏書房, 1996, 205~229쪽을 참고하기 바란다. 마루야마 마사오는 자신이 이른바 파시즘의 바깥에 서 있는 자로서의 입장에서 분석하고자 했다. 그 때문에 자신의 민족주의와 파시즘의 근친성을 충분히 자각할 수 없었다. 그 때문이었을까, 그는 파시즘의 '정신구조' 를 재생산하게 되었다. 酒井直樹, 「丸山真男と前後日本」, 『世界』, 1995년 1월, 57~68쪽.

미학적으로 얼마나 강력한 힘을 가졌는가를 현재의 상황에서 고찰해 봐도 잘 이해할 수 있다.

반론의 구조

그러면 가메이 가쓰이치로의 이런 비판을 뒤집어 쓴 『쇼와사』의 저자들은 어떻게 반론했던가. 이에 대해서 간단히 검토해 보자. 『쇼와사』 저자들은 이미 그 「들어가는 말」에서 역사와 책임의 문제를 언급했다. 도야마 시게키·이마이 세이이치·후지와라 아키라 세 저자는 '우리 국민'의 대표로서 패전까지의 쇼와 시기 역사를 쓰고자 했다고 서술했다. 내가 구한 1955년판 『쇼와사』를 보면, 일본 국민의 책임을 진 피고로서 책임의 주체는 어쨌든 일본 국민 자신이고, 또한 전쟁책임을 묻는 원고로서 주체도 같은 국민이라고 되어 있다. "왜 우리 국민이 전쟁에 휩쓸렸고, 떠밀렸던가, 왜 국민의 힘으로 이것을 막을 수 없었는가." 이는 일본 국민이 일본 국민의 책임을 묻는다는 형식을 취하고 있다. 하지만 이 힐문의 형식은 곧바로 국민들의 분열을 낳았다고 생각된다. 왜냐하면 저자들은 가해자와 피해자의 구별을 방기하고자 하지 않았기 때문이다. 그들은 이 구별을 다만 계급의 차이에서 구하고자 했다. 그런 한에서, 국민을 한덩어리로 보지 않고, 일본인 안에서 차이를 보고자 했던 것만은 인정해야 할 필요가 있다. 왜냐하면 피고로서의 주체와 원고로서의 주체가 완벽하게 포개질 때, 후회나 반성의 문제는 비록 남더라도(물론 일억총참회─億総懺悔는 가능하지만), 책임의 문제 그 자체가 사라져 버리기 때문이다. 책임의 문제가 존재하는 한, 힐문하는 주체와 힐문당하는 주체는 차이화되지 않으면 안 된다. 극단적인 상황에서 보면 같은 개인이 원고와 피고의 양쪽을 연기한다고 할 수 있지만, 적어도 입장의 차이가 확보되어 있지 않으면 책임의 문제가 성립할 수 없기 때문이다.

『쇼와사』는 지배자와 피지배자라는 입장의 차이를 역사기술에 근거하고 있기 때문에, 책임의 문제가 소홀하게 취급되어 버리는 일을 피할 수 있었다. 또한 『쇼와사』에 대한 어떤 비판이 전쟁책임이라는 문제 그 자체를 소거하는 것에 목표를 뒀다는 점은 특별나게 놀랄 일도 아니다. 그리고 1990년대 이후 더 과격함을 보이고 있는 전후사나 전후교육 체제와 헌법에 대한 비판에 대해서도, 비판이라는 형식에서 전쟁책임을 무화하는 데 목적을 둔 자들이 있음을 염두에 둬야 한다. 그러한 비판이 "국민의 이름에 숨어 전쟁책임을 애매하게 하고, 기본적으로 문제를 다른 곳으로 돌리려는 의도에서 나왔다"[3]는 판단은 오늘날에도 유효하다. 『쇼와사』 저자들은 계급으로 책임자를 분류하고 결정하는 작업으로 향했다. 요컨대 여기서 계급의 차이는 피고로서의 주체와 원고로서의 주체 간 차이를 유지하는 역할을 담당하고 있었다.

그러나 계급이 힐문하는 주체와 힐문당하는 주체의 변별을 담당할 때, 일본 국민 전체는 원고도 피고도 아니게 된다. 그 때문에 일본 국민의 책임을 묻는 시각이 소멸해 버릴 위험성이 생긴다. 그 경우, 일본 국민의 전쟁책임이 불문에 붙여진다. 그래서 가메이 가쓰이치로가 『쇼와사』 저자들에 대해 날렸던 다음의 비판은 흡사 타당한 것처럼 보이는

---

3 藤原彰, 「1955年の歷史学界」, 『史学雜誌 1955年の歷史学界 —— 回顧と展望』 65편 5호, 1956, 68쪽.

사태가 출현했다. 그는 다음과 같이 물었다. "왜 만주나 중국에 대한 침략이 행해졌던가. '지배계급'만 나빴다면 문제는 간단하다. 그것과 아울러 일청전쟁 무렵부터 국민들 간에는 점차 깊어져 가는 동양인 멸시의 감정이 있었다"[4], "저 전쟁을 문자 그대로 '성전'聖戰이라고 믿고, 천황폐하만세를 부르고 죽어 간 무수한 병사도 있을 것이다. 일본을 마음으로 사랑해 죽어간 성실한 군인도 있을 것이다. [행을 바꿔] 그렇게 죽은 이들은 모두 지배계급의 선동에 의해 놀아난 우매한 자란 말인가"[5].

여기서 국민이라는 개념 자체의 구조를 기억해 두자. 가메이 가쓰이치로의 '일본인' 개념이 야무지지 못한 일단도 바로 여기에 있다. 국민이란 경제적·인종적·계급적·성적·부족적·종교적·지리적인 차이에도 불구하고, 일정한 국가의 지배영역에 살고 있는 주민들 간에 공통성의 인연을 낳는 원리이다. 개인이 가족 내에 차지하는 입장의 차이(부친·아내·장남·막내딸, 혹은 조모)나 사회적 입장(교사와 학생, 공무원과 일반시민, 의사와 환자 등)의 차이는, 서로 다른 특전이나 의무 및 행동원리를 개인에게 부과하는데, 국민으로서 개인은 그러한 갖가지 입장상의 차이를 초월하게 된다. 국민이나 민족, 인종과 같은 범주는 종적인 동일성이라고 믿어질 뿐이지, 친족 내의 위치나 사회적 신분, 직무 등과 같이 관계적으로 한정되는 동일성은 아니라고 여겨진다. 따라서 가족이나 기업 내에서 평등의 원리를 주장할 수는 없어도, 국민공동체는 그 성원 전체에 대해서 평등을 적어도 이념으로서 제기하지 않을 수 없다.

---

4 亀井勝一郎, 「現代歷史家への疑問」, 23쪽.
5 앞의 책, 25~26쪽.

게다가 국민과 민족이 동일시되고 있는 전후 일본의 경우, '우리'를 일본 국민 혹은 일본 민족으로서 한정하자마자, '우리' 사이에 존재하는 다양한 차이는 억압되고, 무시된다. 왜냐하면 국민이란 이러한 사회적 차이나 입장의 차이를 부인하는 것을 주지의 원리로 삼기 때문이다.

가메이 가쓰이치로의 논의는, 얼핏 보면 피고자처럼 보이는 병사나 서민도 지배계급에게 일방적으로 속은 것이 아니다, 그들은 말하자면 확신범으로서 일본의 침략전쟁에 가담했던 것은 아닐까, 라는 식으로 일본 국민의 전쟁책임을 묻고 있다. 그러나 그 기저에 있는 "우리는 같은 일본인이 아닌가. 같은 일본인인 이상, 우리는 과거의 죽은 이들에 공감할 수 있다"라는 제언 그 자체가 이미 유죄와 무죄, 계급의 차이, 정치적 신념의 차이 등으로 갈기갈기 분열된 일본 국민을 균질화하고, '우리' 사이에 존재하는 다양한 차이를 부인하도록 움직인다. 앞장에서 봤듯이, 공감의 공동체로서의 '일본인'에게 호소하는 일은 역사적 책임을 부인하기 위한 상투적인 수단이었다. 따라서 그의 논의는, 단순히 지배계급에 속은 것이 아니라 확신범으로서 잔학 행위를 했던 일본군 병사·군속·기업가나 관료를 어떻게 적발하고, 고발하고, 처형할 것인가라는 방향으로 전혀 나아가지 못했고, "전쟁책임을 애매하게 만들고, 기본적으로는 문제를 피하려고 한" 방향으로 움직이고 말았다.

『쇼와사』 저자들은 사회계급의 차이에 따라 역사책임의 문제를 계속 논의하고자 했다. 그 결과 일본 국민의 책임을 묻는 시각이 소멸되었다. 그러나 그렇다고 해서, 가메이 가쓰이치로 등의 비판이 마치 일본 국민의 책임을 묻는 시각을 갖고 있는 것처럼 말하는 것은 기만임에 틀림없다. 가메이 가쓰이치로의 경우, 그런 계급차이조차 소거했기 때문에 힐문하는 주체가 소멸해 버렸고, 그 결과 일본 지배계급과 일본군은 힐문조차 당하지 않게 된다. 『쇼와사』 저자들이 일본 국민의 책임을 묻는 시각을 소거했다면, 그는 일본 국민의 책임뿐만 아니라 지배계급의 책임을 묻는 일까지도 그만둬, 전쟁의 책임문제를 아예 역사에서 증발시켜 버렸다고 할 수 있다. 여기서 가메이 가쓰이치로는 적어도 일본 국민의 책임을 문제로 삼았다는 반론이 있을 수 있다. 그러나 그런 해석은 정치적인 속임수를 포함하고 있고, 또 그런 해석을 제기함으로써 일본의 전후 역사학에서 역사와 책임의 문제 그 자체를 애매하게 만들었다고 나는 생각한다. 이 점에 대해서 지금부터 조심스레 논하고자 한다.

역사와 책임

나는 앞에서 가메이 가쓰이치로의 논의에는 일본인이라는 개념이 거의 논리적인 절도 없이 사용되고 있음을 지적했다. 게다가 '일본인'이 어느샌가 '일본 민족'과 동의어가 되고, 나아가 '일본 국민'으로, 최후에는 '인간'이라고 불렸음을 확인했다. 그러나 놀랍게도 그의 허술하기 짝이 없는 논리를 『쇼와사』 저자들은 비판조차 하지 않았다. 여기서 우선 가메이 가쓰이치로와 『쇼와사』 저자들 쌍방에서 이런 개념적인 무절조를 허용했던 조건 하나를 들어 두자. 그것은 그들이 자신들의 논쟁이 '일본인' 이외의 사람들에게도 열려 있다거나, 혹은 열려 있어야 한다는 의식을 전혀 가지고 있지 않았다는 점이다. 1950년대라는 시점에서 '일본 국민'이나 '일본 민족'에는 포함되어 있지 않았지만, 가메이 가쓰이치로나 『쇼와사』 저자들이 쓴 정도의 서적을 읽을 수 있을 만큼 일본어 독해력을 가진 사람들이 당시 일본국의 영토 이외에도 몇 천만 명이나 있었다. 게다가 일본제국 붕괴 후 '일본 국민'이나 '일본 민족'에는 포함되지 않았지만, 마찬가지로 쇼와사논쟁에 참가한 논자들의 글을 충분히 해독할 수 있었던 사람들이 일본 내에도 몇 백만 명이나 살고 있었다. 쇼와 시기에는 일본인으로 혹은 일본제국의 신민으로 전쟁에 참가했지만, 1950년대에 일본인이 아니게 된 사람들은 『쇼와사』 논쟁에서 완벽하게 무시되었다. 이들은 힐문하는 자로든 혹은 힐문당하는 자로든, 전쟁책임에 깊이 관계하는 자로 전혀 인정받지 못했다. 확인하고 넘어갈 것은, 가메이 가쓰이치로의 경우, '일본인'=일본 민족=일본 국민='인간'인 이상, 여기서 무시당한 자들은 '인간'조차 아니게 된다는 점이다. 일견하면 아시아인이나 그들의 문화를 존중하는 듯한 언사를 사용하지만, 그에게 있어서 아시아인과 '우리 일본인'의 관계는 개와 인간의 관계를 벗어나지 않는다. 그들이 '인간'이 아닌 이상, '일본인'과 그들 간에는 책임의 문제가 애초부터 발생할 여지가 없다. 이는 우리가 기르는 애견에게 사과의 말을 건네는 일은 있어도, 우리가 개에 대한 실질적인 책임을 갖지 않는 것과 다르지 않다.

　　여기서 역사와 책임, 국민주체에 대한 짧은 고찰을 통해, 가메이 가쓰이치로와 『쇼와사』 저자들에 의해서 제시된 전후 역사학과 책임의 문제를 전개해 보자. 이미 많은 사람들이 지적하고 있듯이, 책임이라는 사고에는 호명됐을 때에 〔이름을〕 부른 사람에게 응답을 해야 하는 '책임'이 포함되어 있다. 요컨대 책임을 고찰할 때, 부르는 자addresser에 의해 내가 말 걸어address지고, 말 걸기에 호응할 의무를 불려진 자addressee인 내가 지고 있는 상황을 상정하지 않을 수 없다. 따라서 책임을 고찰할 경우, 적어도 책임을 묻는 자, 책임 물음을 당하는 자, 책임 물음을 당하는 역사적 사건이라는 세 가지 계기가 드러나야 한다. 책임 물음을 당하는 자가 법인격法人格으로 일본 정부나 일본군 등이 될 경우, 일본이 마치 하나의 인칭처럼 취급되는 일이 벌어질 수 있다. 일본 국적을 가진 개인이 일본 정부를 고소할 수 있기 때문이다. 또한 일본 국적을 갖지 못한 자가 일본 정부를 고소할 수 있다. 그때, 어떤 개인은 '일본'이라는 주체의 책임을 물을 수 있지만, 이 경우 '일본'은 국가이지 직접적인 국민주체인 것은 아니다. 물론 국민주권을 표방하는 국가에서 '일본 국가'는 최종적으로 '일본 국민'의 주권에 기초를 두고 있기 때문에, '일본 국민' 전체가 책임 물음을 당하는 자의 위치에 있다고 할 수 있을지도 모른다. 그러나 메이지헌법은 천황주권을 밝히고 있으므로, 『쇼와사』기술의 문맥에서 보자면 국민주권에 얽힌 여러 문제를 고찰할 필요는 없다고 할 수 있다. 그렇다면 전후사에 관해서 '국민주체'를 고찰할 필요는 없는 걸까? 역사상의 책임에 있어서 국가주권과 구별되는 '국민주체'가 문제되지 않는다는 말인가. 만약 문제가 된다면, 그것은 어떤 조건 하에서 그럴까?

책임을 묻는 자와 책임 물음을 당하는 자가 같은 국민이나 민족일 때, 국민이 새삼스럽게 문제시되는 일은 없다. 책임을 묻는 자와 책임 물음을 당하는 자가 모두 같은 국민이거나 민족일 때, 책임은 개인과 개인의 법적 다툼의 문제가 되기 때문에, 이 문제가 특별하게 부각되어 국민이나 민족을 다시 고찰해야 할 필요는 없어진다. 그렇기에 국민이 문제시되기 위해서는 책임을 묻는 자와 책임 물음을 당하는 자가 집단적인 정체성을 확립하는 데에 상호 외부적이어야 한다. 책임을 묻는 자가 책임 물음을 당하는 자의 집단에 동일화하는 일이 없을 때, 그럴 때에만 국민적 주체가 책임의 주체로서 등장한다. 때문에 일본의 국민주체가 문제가 되는 것은 일본인으로 동일화하지 않은 사람들, 말하자면 일본 국민공동체 바깥의 비非일본인에 의해서 물어질 때뿐이다. 따라서 전쟁책임을 논할 때는 일본 국민끼리의 책임문제는 물론이고, 일본 국민과 천황의 관계나 일본 국민과 정부 및 군대와의 관계도 당연히 고려해야 할 사항이다. 그러나 국민적 책임에 한정하는 나의 논의에서는 이 문제를 일단 옆에 두어도 좋을 것이다.

마쓰자와 히로아키松沢弘陽가 개정판『쇼와사』에 대한 서평[6]에서 서술했듯이, 국민과 비국민의 구별은 아시아·태평양전쟁 당시 그리고 패전 후에도 가장 기본적인 정치적 정당화의 장치로서 기능했다. 그런데『쇼와사』저자들은 일본 국민주체의 위치를 완벽하게 역전시켜 포착하고 있다. 일본의 국민주체는 책임 물음을 당하는 자가 아니라 책임을 묻는 자의 위치에 놓여 있다. 그럼에도 불구하고 상호 외부성의 원리는 유지되어야 했다. 이 때문에 일본 지배층의 책임을 묻기 위해, 〔『쇼와사』저자들은〕 지배층을 국민에서 배제하는 작업을 하고 있다. 요컨대 그들은 지배층을 '비국민'으로, 말하자면 '인민의 적'으로 설정함으로써 안이하게 책임의 논리적 정합성을 구하고자 한 것이다. 그들은 대신, 스탈린주의에서 훌륭하게 드러난 국민주의의 비참한 수사에 가담하고 말았다. 마쓰자와 히로아키는 다음과 같이 서술하고 있다. "구체적인 용례에서 추측하면, 국민이란 민족으로서의 객관적 계기를 공통으로 삼는

---

6 松沢弘陽, 「書評 : 『昭和史』新版」, 『思想』, 1959년 10월호, 109쪽.

일본인 전체에서 지배층을 배제한 것(지배층은 비국민이다)으로 되어 있음을 엿볼 수 있다."[7] 이렇게 지배층을 배제함으로써, 『쇼와사』에서 일본 국민은 책임 물음을 당하는 자가 아니라, 일본 지배층의 책임을 묻는 자로 등장하게 된다. 이러한 설정의 결과로, 『쇼와사』에는 일본 국민의 책임을 물을 가능성은 제시되어 있지 않은 것처럼 보인다. 마쓰자와 히로아키가 예리하게 지적했듯이, 『쇼와사』가 "국민의 주체적인 책임을 애매하게 만든 것은 아닐까"[8]라는 의심이 일어나는 건 당연한 일이다.

『쇼와사』에는 전쟁책임이 주제로 취급되지 않았음을 다시 한번 확인해 두자. 그러나 『쇼와사』 저자들이 국민과 비국민의 구별이 갖는 의의를 충분히 고려하고 있다고는 생각되지 않는다. 내전의 경우를 제외하고, 타국민을 적으로 정립하는 한에서 전쟁은 가능하게 된다. 적은 정의상 **비국민**이다. 국민의 구별과 적과 아군의 구별이 중시되는 한에서 근대 전쟁이 가능하기 때문에, 한 국민과 다른 국민을 구별하는 일은 전쟁에서 적을 공격하는 정당성의 필요조건이 된다. 일반적으로 이 '비국민'의 정의가 보다 정통적인 것이어서, 지배층을 비국민으로 보는 사고방식에는 무리한 점이 있다. 왜냐하면 국민국가에서는 보편적으로 지배계급의 개인이 애국적인 국민주의자이기 때문이다. 피지배계급의 군인들이나 위안부로 대표되는 군대에 의존해서 살아가는 사람들은, 최종적으로 국가의 소비재로서 벌레처럼 취급받기 때문에 국민국가의 잔학한 측면을 가장 정확하게 체험하는 자들이다. 그녀/그가 피지배계급

---

7 松沢弘陽, 「書評: 『昭和史』新版」.
8 앞의 책, 110쪽.

에 속해 있다는 물질적인 조건에서, 피지배계급 개인은 간단하게 애국적으로 길들여지지 않을 것이다. 또한 이데올로기적으로 고무되지 않는다면 국민주의자가 되지도 않을 것이다. 그럼에도 불구하고 피지배계급의 병사들이나 위안부들은 종종 국민주의자·인종주의자로서 자기정체성을 갖는다. 그 이유는 무엇일까? 이는 어떤 종류의 사람에게는 파시즘이 그토록 매력적인 이유가 무엇인가를 묻는 질문과도 결부되어 있음이 틀림없다. 이러한 질문이 『쇼와사』에서도 결정적인 중요성을 갖지만 이런 질문이 나오거나 거론된 일은 결코 없었다. 민족·국민주의의 전제를 묻지 않으면, 일본인은 어떻게 되는가라는 질문은 유산되고 만다. 『쇼와사』 저자들의 지배계급관에는 그 이후 일본공산당이 체현하는 구제할 수 없는 국민주의가 드러나 있다. 그렇게 느끼는 것은 필시 나뿐만은 아닐 것이다.

　오늘날, 계급문제는 점차 중요해지는 것처럼 보인다. 계급차별은 인종차별·민족차별·성차별 및 국민주의와 관련해서, 또 인종·민족·국민의 범주와 유동적으로 접합하는 범주로서 고찰되어야 한다. 국민적 동일성은 계급차별의 보충물로서 어떻게 작동하는가, 국민주의와 인종·성차별은 왜 연동하는가. 이것은 이 책에서 내가 몇 번이나 제시했던 질문이다. 이 질문은 가령 글로벌리제이션을 고찰할 경우에도 결코 간과할 수 없는 시각을 제공할 것이다. 그런데 『쇼와사』의 저자들은 계급을 국민·민족·인종을 독립적인 변수처럼 취급하고 말았다.

　한 국민을 다른 국민과 구별하고자 고집하는 국민주의와 마찬가지로, 인종차별 혹은 성차별 행위 역시 반드시 인종/성의 구별을 수립하고, 〔그것을〕 긍정하고, 또 확인하는 행위이다. 인종차별 혹은 성차별 행위는 필연적으로 차별하는 자의 인종차 혹은 성차에서 동일성을 확보하는 행위임을 잊어서는 안 된다. 인종차별·성차별은 '동일성'의 물신화에 수반되어 있다. 식민지차별·인종차별·민족차별이 식민지 지배자와 식민지 피지배자, 한 인종과 다른 인종, 한 민족과 다른 민족 간의 구별을 수립하는 행위라는 점을 간과해서는 안 된다. 식민지차별·인종차별·민족차별·성차별 그리고 전쟁처럼, 침략 행위가 인간의 여러 범주의 구별을 확립해 유지하기 위하여 수행될 때, 그 결과로서 발생된 책임 문제에 대해 국민·인종·민족·성적 주체 등을 책임의 주체로 정립하지 않을 수 없는 이유는 바로 이 때문이다. 민족 A가 민족 B에 대해서 책임을 지고, 인종 C가 인종 D에 대해서 책임을 진다는 것은, 피해를 낳은 침범 행위가 민족 A와 민족 B 간의 민족차별이나 인종 C와 인종 D 간의 인종차별에 따라 수행됐다고 생각되기 때문이다. 이는 침범 행위가 민족이나 인종의 범주를 수립하는 작업이기도 하기 때문이다. 이 시점에서 보면, 『쇼와사』의 지배층(책임 물음을 당한 자)과 국민(책임을 묻는 자)의 구별은 아직 잠재적인 것이고, 역사적으로 현실미現実味를 갖는다고 할 수 없다. 지배층을 비국민으로 보는 것은 가령 전쟁 당시 적으로 구별된 중국인이 침략을 당한다거나, 패전 후, 한국인이 독립과 더불어 일본 국민에서 구별되어 배제된 것과 같은 것으로 취급할 수 없다.

유죄가능성과 역사적 책임

식민지차별·인종차별·민족차별·성차별 그리고 전쟁처럼, 침략 행위가 인간의 여러 집단의 동일성과 집단 간의 구별을 확립하기 위해 수행됐을 때, 역사적 책임 물음을 당하는 자는 설사 그것이 형사상의 유죄성을 구성하지 않는 사건이나 사상일지라도, 그 부름을 무시할 수 없다. 식민지차별·인종차별·민족차별·성차별의 구분을 따라, 책임 물음을 당한 자의 집단적 동일성이 한정된다. 흑인을 백인으로부터 차별하는 인종차별이라면, 백인이라는 집단의 책임으로서 역사에서의 침략 행위가 물어진다. 또한 식민지차별이라면 중국인에게 식민주의의 잔학함을 휘두른 일본인이라는 집단의 책임으로서 역사상의 침범 행위가 물어진다. 책임 물음을 당한 자는, 예를 들어 백인이거나 일본인이거나 하는 형태만으로 책임이 물어진 역사적 사건에 대해서 응답할 '책임'을 진다. 왜냐하면 침범 행위에 의해서 수행된 차별은, 바로 백인인 나나 일본인인 나의, 백인 혹은 일본인으로서의 동일성을 구성하는 비백인·비일본인으로부터의 구별과 중첩되어 있기 때문이다. 차별은 구별을 수립하는 작업이다. 개인인 백인이나 일본인이 특정 역사 사건에 직접 가담하지 않았다고 하더라도, 그 침범 행위가 백인과 흑인 간의 인종차별이나 일본인과 중국인 간의 민족차별을 수립하고 긍정하는 일인 한에서, 백인이거나 일본인이거나 한 나는 응답의 책임을 진다.

하지만 백인이거나 일본인이거나 하는 일에서 내가 피하지 못하는 이유는 백인이라는 인종적 동일성이나 일본인이라는 국민적·민족적 동일성이 개인인 내 안에 내재되어 있기 때문이 아니다. 다른 경우라면, 나의 백인성이나 일본인성이 문제가 되지 않을 가능성이 다분히 있을 수 있다. 그뿐이 아니다. 다른 경우라면, 나는 백인이 아니라 유색인종으로 분류되거나, 일본인성이 완벽하게 무의미하게 되어서, 오직 아시아인성으로서의 의의만을 갖는 일도 있을 수 있다. 그러나 인종·민족·

국민 혹은 성의 차별을 낳은 침범 행위라는 역사적 사건에 관한 한, 묻는 자와 물음을 당하는 자의 관계는 그 차별에 관한 동일성 사이의 관계로서 한정된다. 예를 들면, 한국에서 온 늙은 여성들로부터 종군위안부 제도에 대해서 힐문당했을 때, 나는 자신이 일본인 남성이라는 것을 무시할 수 없다. 나의 국민적·성적 동일성은 나에게 질문을 해오는 '당신'이 한국인 여성이라는 것과 관련해서 한정된다. 나는 '당신'에 대해서 일본인 남성이 아닐 수 없다. 그리고 이러한 나의 동일성은 고정된 것이 아니라, 상대에 따라서 다이나믹하게 변화한다. 하지만 '당신'과의 관계에서 나는 '당신'과 대조적으로 한정된 동일성에서 도망칠 수 없다. 왜냐하면 나와 '당신'과의 관계에는 역사가 있기 때문이고, 현재現在하는 차별은 역사에 뿌리를 두고 있기 때문이다.

여기에 포스트콜로니얼이라는 용어의 기원이 있다. 포스트콜로니얼이라는 말을 현재 널리 사용되고 있는, "편년기의 질서로 식민지체제 후에 온다"는 의미에서 사용하지 말기로 하자. 이 용어에서 '포스트'는 '포스트 팩툼' *post factum*을 말한다. 그것은 '버스 떠난 뒤에 손흔들기'라는 의미에서의 '되돌이킬 수 없는' 혹은 회복불가능한irredeemable 사태에서의 '포스트'이다. 그렇기 때문에 포스트콜로니얼의 시각에서 식민주의자라는 성격은, 일본인이라는 동일성에 우연하게 부가된 부대적인 사태가 아니라 본질적인 사태인 것이다. 식민주의의 역사는 일본인이라는 동일성에 '되돌이킬 수 없는' 방법으로 각인되어 있다. 어떤 자가 일본인이라는 사실에는 식민주의자였음이 본질적으로 포함되어 있고, 그것은 일본인이라는 동일성을 구성하는 매우 소중한 역사가 된다. 그렇기에 이 식민주의 역사의 현존이야말로 포스트콜로니얼한 것이다.

　　진정으로 이러한 역사이기에 나는 '책임'을 방기하거나 '물음'에서 도피할 수 없다. 인종차별이나 민족차별은 개인의 심리문제가 아니라, 제도적·객관적 사태이기 때문이다. 그렇기에 내가 '백인'이 될 생각도 없고, '일본인'도 아니라며 우긴다고 해서, 이 '책임'에서 도망칠 수 있는 게 아니다. 책임을 묻는 것은 나도 우리도 아닌 '당신' 혹은 '당신들'이기 때문이다. '책임'은 일본인 이외의 인간으로부터 온다.

　　그러나 책임의 문제는 부르는 혹은 응답의 '책임'을 지는 것 이상의 사태를 포함하기 마련이다. 다만 내가 응답의 '책임'을 지고 있다는 것과 내가 '유죄'라는 것에 대해서 확실히 구별해야 한다. 책임을 다하는 것은 응답에만 그치지 않는다는 것이고, 응답 이상의 것을 하지 않고는 책임을 완수할 수 없다는 것이다. 책임을 다한다는 것은 처음의 부름에 응하는 일이지만, 그렇다고 그것이 반드시 자신의 유죄를 인정하는 일은 아니다. 책임 물음을 당하는 일은, 책임 물음을 당하는 자가 즉각적으로 유죄고, 사죄해야 하는 입장에 있음을 의미하지 않는다. 그것은 그저 유죄가능성의 입장에 놓여 있음을 보여 줄 뿐이다. 그래서 응답에는 자신의 무죄를 주장하는 것도 포함되어 있다. '책임'은 묻는 일이고, '묻는 일'에는 책임 물음을 당하는 자가 자신의 유죄를 인정하거나 무죄를 주장하는 일이 예상되어 있다. 왜냐하면 자신은 무죄라고 믿고 있더라도, 내가 유죄라고 생각하는 자들에게 나의 무죄를 설명해야 하는 응답의 의무를 지고 있기 때문이다. 책임을 다한다고 함은 나에게 책임을 묻는 자들과 나의 유죄가능성을 둘러싸고 논의를 갖는 것, 나에게 책임을 묻는 자들을 설득하기 위해서 그들에게 말을 거는 설명의 작업까지도 담고 있다.

비록 내가 나의 무죄를 확신하고 있어도 그들에게 응답해야 하는 이유는 내가 역사적 진공 속에 살고 있지 않기 때문이다. 이런 점에서 정말이지 우리는 포스트콜로니얼한 존재다. 역사적 여건을 전제로, 책임을 묻는 부름은 나에게 호소해 온다. 전쟁이 끝난 뒤에 태어난 일본인이라고 할지라도, 나는 일본인으로서의 전쟁책임에서 도망갈 수 없다.

역사적 책임에서 도망치는 것은 자신이 책임을 문책당해도 전혀 이상하지 않은 입장에 있음을 부정하는 것이다. 그리고 이러한 역사 책임으로부터 도피한 사실이 폭로되면, 부끄러움이라는 감정이 환기될 것이다. 일본인이라는 것의 부끄러움, 그뿐만 아니라, 백인이라는 것의 부끄러움 등, 서로 다른 역사와 관련된 부끄러움의 양상들이 떠오를 것이다. 부끄러움은 내가 자의적으로 좌우할 수 있는 감정이 아니다. 그것은 객관적인 사회성을 고지하게 만드는 감정이다. 그래서 일본인인 '내'가 일본인이라는 점에서, 한국인 고발자에 의해서 민족차별자로 의심받아도 어쩔 수 없는 유죄가능성의 입장에 놓이고 마는 것이다. 내가 유죄가능성의 입장에 놓여 있음을, 나아가 유죄가능성에서 도망칠 수 없음을, 나의 감정인 부끄러움은 나에게 알려 줄 수 있는 것이다. '내'가 고발당했다고 느끼는 이유는 역사적인 여러 조건들이 '나'를 유죄가능성의 입장으로 설정하기 때문이고, '백인으로서 부끄럽다'거나, '일본인으로서 부끄럽다'라는 감정 속에서 나는 흑인이나 혹은 한국인들의 힐문과 만난다.[9]

---

9 부끄러움과 국민적 어팩트(affect)에 관한 뛰어난 고찰은 鵜飼哲, 「ある情動の未來 ― 恥' の 歷史性をめぐって」, 『トレイシーズ』, 일본어판 창간호, 38~70쪽.

부끄러움이라는 감정은 내가 〔나에게〕 책임을 묻는 자의 '시선' 안에 있다는 것, 유죄가능성의 입장에 놓여 있음을 가르쳐 준다. 부끄러움이라는 감정(혹은 '정')에 있어서 책임을 묻는 자와 책임 물음을 당하는 자 간에는 기본적인 연계가 주어져 있다고 말할 수 있다. 부끄러움은 사람들 간의 인연이 역사적으로 존재한다고 지시하는 감정이다. 그래서 부끄러움이 지시하는 사회관계에서 '나' 혹은 '우리'는 책임을 묻는 자들에게 응답하고자 한다. 더구나 부끄러움은 국민공동체나 민족공동체의 경계를 횡단하며 움직이는(affection을 주는) 정이라는 점이 중요하다.[10] 그것은 가메이 가쓰이치로가 고찰한 공감과는 전혀 다른 방식으로, 인간들의 유대를 확인하는 정이다. '인간'을 향한 가메이 가쓰이치로의 공감은 일본인 이외의 사람들을 배제하는 인종주의에 의해서 간신히 성립될 수 있었다. 이에 대해 전쟁책임을 부인할 때 밀려오는 부끄러움은 일본인 이외의 사람들을 향해 열려 있다. 그것은 민족이나 국민으로서의 일본인 사이에서만 공유되는 서로 간의 친밀함의 감상感傷이 아니다. 자신이 유죄임을 부정할 수는 있지만 자신이 유죄가능성의 혐의를 받고 있음은 거부할 수 없다.

따라서 유죄가능성의 혐의를 부인하는 사람은 '부끄러움을 모르는 자'로 퇴행한다. 그리고 흑인의 '질문'에 응답하지 않는 백인이나, 반유

---

10 이론적인 고찰은 여기서는 삼가지만, 나는 개념적으로는 '정'과 '감상'을 구별하고 있다. 가메이 가쓰이치로의 공감은 '감상'이긴 해도 '정'은 아니다. '정'은 타자에 의해 내가 움직여지는 것인데, '감상'은 그러한 타자와의 접촉이 결핍되어 있다. '정'과 '감상'의 개념적인 구별에 대해서는 다음을 참고하라. 酒井直樹, 「情と感傷」, 脇田晴子, スーザン・ハンレー 編, 『ジェンダーの日本史 下』, 東京大学出版会, 1995, 137~177쪽. 酒井直樹, 『過去の声: 十八世紀日本の言説における言語の地位』, 以文社, 2002.

대주의에서 빠져나오지 못한 기독교도 및 한국인들이 제기한 '책임'의 문제를 거절하는 일본인 등이 '부끄러움을 모르는' 태도를 취하기 때문에, 왜 역사의 부인이 행해지지 않을 수 없었는가를 알 수 있게 된다.

백인이거나 일본인임은 종적 동일성의 일이기에, 일반적으로 타자와의 사회관계와는 독립적으로, 나의 신체적·민족적 출신에 의해서 결정되고 있다고 믿어지고 있다. 그러나 설사 종적 동일성을 가질지라도, 백인이거나 일본인임이 특별히 자각되는 것은 그것이 개인이 취할 수 있는 주체적 입장의 하나이기 때문이고, 또 주체적 입장은 반드시 '내'가 관계하는 자들의 입장과 상관해서 상대적으로 한정되기 때문이다.

그러나 '나'의 주체적 입장은 자유롭게 선택할 수 있는 것이 아니다. '나'의 주체적 입장은 나에게 있어서 주관적인 사상도 아니고 심리적인 사상도 아니다. 왜냐하면 사회적으로 관계 맺고 있는 타자와의 관련에서 나의 주체적 입장은 한정되기 때문에, 타자에 의한 인정이 없다면 나는 자신이 누구인가를 일부러 주제로 삼아 고찰하는 일이 없다. 그리고 부끄러움의 정에서 드러나듯이, 타자에 의한 '나'의 한정은 역사적 객관성을 갖지 않을 수 없다. 비록 그것이 대단히 싫을지라도, 어떤 상황에서 나는 '백인'이거나 '일본인'일 수밖에 없다. 그러나 타자에 의한 '나'의 한정과 '나'에 의한 나의 자기한정이 예정조화적으로 일치해 있다고 보증할 수 없음을 기억해 두자. 가령 어떤 사회관계에서 자신을 단순한 역사가라고 생각하고 있는 나에게 타자가 "너는 일본인이다"라고 말하는 사건이 일어날 수 있다. 내가 다른 역사가 동료들과 맺는 방식으로 그렇게 타자와 관련을 맺고자 생각하고 있었는데, 상대방에게 "너는 역사가이기 이전에 일본인이다"라는 말을 들을 수도 있는 것이다. 그래서 "나는 누구인가"라는 과제는 타자와의 항쟁이라는 사회관계를 묻는 일도 종종 일어날 수 있다.

위안부문제가 제기하는 것

국민적 주체, 책임 그리고 역사라는 세 항의 관계를 고찰한 이후, 우리는 왜 '위안부문제'가 중요한지를 새삼 알 수 있을 것이다. 일본 국민이 책임주체로서 논의에 등장해야 했던 이유는, 일찍이 일본 정부와 일본군에 의해 설립된 위안소라는 제도를 통해서 일본인이 아니었던 사람이나 일본제국이 패전한 후 더 이상 일본인이 아니게 된 많은 사람들을 피해자로 강제연행하고, 착취하고, 나아가 학대한 사건이 일찍이 있었기 때문이다. 종군위안부를 선택하고 그들의 대우를 결정할 때 민족차별이 수행되었다는 사실은 자명하다. 뿐만 아니라, 패전 후 일본이 종군위안부제도를 은폐하고 또 전후 국민으로서 일본인과 비국민을 구별할 때 강력하게 기능한 것도 사실이다. 게다가 전쟁기간 동안 일본 정부에 의해서 착취당하고 학대받은 중국이나 한국·조선에서 온 강제노동자가 제기한 보상소송이, 패전 후 국민 대 비국민의 구별을 기초로 일본 국가의 사법기관에 의해 기각되었다는 사실을 명심해야 한다. 요컨대 국민차별·민족차별은 전쟁기간 동안의 침범 행위뿐만 아니라, 그 침범 행위에 대한 재판이나 보상에서도 지속적으로 기능해 왔던 것이다.

　패전 후 일본인이 아니게 된 사람들이나 패전 전부터 비국민이었던 사람들에게 현재의 일본인들이 그 책임을 문책당하고 있는 이유는

바로 이러한 역사적 조건 때문이다. 국민차별이나 민족차별을 따라서
문제가 성립되는 이상, 전쟁 중의 침범 행위에 관계할 수 없었던 일본인
이나 전후에 태어난 사람들에게까지 전쟁책임을 물을 수 있는 것이다.
더구나 이 부름을 받은 자들이 응답할 의무를 지고 있는 까닭은, 책임
질문을 당하는 자들이 자신들을 일본인이라고 규정하는가 그렇지 않은
가에 있는 게 아니라, 책임을 묻는 자들에 의해서 "당신들은 일본인이
다"라는 말을 듣고 있기 때문이다. 다만 현재의 일본인 대부분은 일본
패전 후에 태어났기 때문에 역사적 사건으로서의 종군위안부에게 형사
적 책임을 직접적으로 질 수는 없다. 역사적 사건으로서의 종군위안부
에게 책임을 직접적으로 져야 하는 자들은, 전쟁기간 동안 다양한 수준
으로 조직적 범죄로서 종군위안부제도에 가담한 당시 천황의 적자와
일본 점령지역에서 일본군의 앞잡이로 행동했던 자들일 것이다.

그러면 조직적 범죄인 종군위안부제도에 가담한 당시 일본인이 아
닌 사람들까지 단순한 응답을 넘어 책임을 져야 하는 이유는 왜일까. 요
컨대 포스트콜로니얼한 책임에 어떻게 대처해야 하는 것인가. 이러한
맥락에서 자신의 무죄를 주장하는 것은 도대체 무슨 일인가.

만약 책임을 추궁당하고 있는 사상에 대해서 무죄라면, 일본인인
나의 책임을 묻는 사람들이나 조직적 범죄로서 종군위안부제도의 희생
자가 된 사람들에 대해서 "나는 조직적 범죄로서의 종군위안부제도에
가담하지 않았다"라고 확실히 주장할 의무를 지고 있다고 생각한다. 다
시 말해 나는 우연히 일본 땅에 태어나, 일본 국적을 얻었고, 일본 국가
의 보호를 받아 온 인간임에도 불구하고, 조직적 범죄로서의 종군위안
부제도에 가담한 당시 일본인을 결코 지지하지 않을 것이고, 나는 적극

적으로 그들을 탄핵한다. 그런 이상, 나는 혐의를 받은 자로서 정당한
권리를 보증받는 상태에서, 그들이 재판을 받고 처벌을 받도록 노력할
것이고, 그들의 범죄를 은폐하는 인간과는 우호관계를 가지지 않을 것
이다. 같은 민족·같은 국민이라고 해서 내가 그들과 공범관계를 가져
야 할 이유는 전혀 없음을 공적으로 보여 줘야 할 것이다.

앞 장에서 본, '새로운 역사교과서를 만드는 모임' 회원의 행동에
서 전형적으로 드러났듯이, 역사적인 책임에서 도피하고자 하는 자는
공감의 공동체의 공상에 의해서 종종 부끄러움의 감정을 피하고자 한
다. 그런 식의 공감의 공동체에 휘말려 들지 않도록 방책을 고안해 둬야
한다. 부끄러움을 피하기 위해서 공동체의 공상을 구하는 것이 아니라,
부끄러움 속에서 국민·민족이나 인종을 횡단하는 사회성의 가능성을
인정해야 하는 것이다.

전쟁범죄 등에 대해서, 범죄자와 내가 동포라는 사실이 나의 태도
를 결정하는 이유가 될 수 없다. 만약 '일본인'이라는 국민이, 가메이
가쓰이치로가 말하는 것처럼 공감에 의해(즉 공범에 의해) 통합된 집단
이라면, 나는 그런 일본인일 필요가 없다. 이렇게 가메이 가쓰이치로가
사용한 '인간'과 '일본인'이라는 말과는 완벽하게 양립하지 않는 그런
방법으로, 나는 '인간'과 '일본인'이라는 말을 사용하고 싶다.

다시 말하면, 일본인을 분할하는 일이다. 나는 부끄러움의 감정 속
에 있고, 나는 전쟁책임을 묻는 사람들의 시선 안에 있다. 그러나 그들
의 물음에 답하는 일은 자신이 유죄가능성의 입장에 놓여 있음을 부인
하는 일이 아니라, 그들이 강요한 일본인이라는 규정에 항의하면서 일
본인의 내실을 크게 변화시켜 가는 일이다. 단순한 유죄가능성의 단계

에 머무르는 것이 아니라, 집단으로서의 책임 단계에서 유죄의 정도나 전쟁범죄와 개인의 관련성을 탐색해 가는 일이다. 전쟁범죄자를 일본 국민 안에서 확실하게 떠미는 일이다. 일본인의 내실을 크게 변화시켜 가기 위해서는 일본인을 통합하기는커녕, 일본인의 즉자적인 공동성에 분열을 일으키는 일이 필요하다. 그것은 일본의 국민주체에 간섭하고, 그 일본인 통합의 환상에 관여하는 일이다.

그것은 책임을 묻는 자들이나 조직적 범죄로서의 종군위안부제도 희생자들에게 "나는 당신을 친구로 선택한다. 나는 동포가 아니라, 친구인 당신과 지금부터 영원히 함께 살아갈 것을 선택한다"고 확실하게 보여 줄 의무를 받아안는 일이다. 이것이 바로 내가 생각하는 종군위안부문제의 맥락에서 고찰할 수 있는 포스트콜로니얼한 책임의 존재방식이다.

이런 시각에서 생각해 보면, 일본인의 국민주체가 성립하지 않으면 전후 책임을 다할 수 없다는 논의가 얼마나 엉터리인지 알 수 있다. 종군위안부제도의 책임을 묻는 자들이나 조직적 범죄로서의 종군위안부제도의 희생자들에게 일본인 전체가 사죄하는 것이 문제인 것이 아니다. 사죄해야 하는 것은 바로 전쟁책임이 있는 자들을 적발하고, 책임을 묻는 자들이나 조직적 범죄로서의 종군위안부제도의 희생자들 앞에 그들을 데려가는 일을 게을리 했던 일에 대해서다. '일본인'의 국민적 통합을 존중한 나머지, 국민적 통합보다 훨씬 더 중요한 정의를 다하는 것을 게을리 했다는 점, 그들을 적발하고 처단함으로써 사회를 변혁시켜야 했는데, 그것에 실패해 왔다는 점에 대해서다. 일본인의 국민적 통합을 존중하고 있는 한, 역사의 책임을 다할 수 없다. 그것은 단순히 책임을 속이고 싶다고 말하고 있는 것에 불과하다. 그것은 역사적 책임을 다함으로써, 국민적 동일성으로 한정된 일본인 대 한국인 전前 종군위안부라는 사회관계에서, 국민적 동일성과는 다른 주체적인 입장으로 한정된 관계로 이행할 좋은 기회를 거절하는 것에 다름 아니다.

국민사학은 어떻게 기능하는가

가메이 가쓰이치로는 다음과 같이 쓰고 있다. "역사가란 공감의 고뇌에서 살아가는 사람이다." 그러나 이 공감은 그가 말한 '인간', '민족' 그리고 '일본인' 안에 갇힌 공감이고, 일본인 이외의 사람들에 대한 철저한 무시와 무책임 위에 성립해 있다. 그가 말한 "공감의 고뇌"란 과거 일본 국민의 체험이 현재의 공상적인 '추체험'으로 드러난 일이고, 일본 국민 대 비국민이라는 체제 안에서 범해지고 상처받고 모욕받은 사람들에 대한 놀라울 정도의 둔감함과 동전의 양면을 이룬다고 말할 수 있다. 기본적으로 이러한 역사가 국민사이고, 국민의 감상적인 자기연민 속에 갇힌 채 나아갈 것이다. 일찍이 나는 '자기연민의 파시즘'을 말한 적이 있는데, 전쟁책임의 부인과 국민적 자기연민의 감상주의는 실은 같은 공감의 국민공동체의 두 측면에 지나지 않는다.

일본인을 분할하는 일에 대단한 고통과 불유쾌함이 동반하리라는 점은 어렵지 않게 상상할 수 있다. 사회적인 실천에는 종종 고통과 불유쾌함이 수반된다. 사회적인 실천이 타자 혹은 나 자신을 상처 입히고 고통을 야기하기 때문에, 실천에는 도덕적인 배려를 피할 수 없다. 오직 고통과 불유쾌함을 피하기 위해서 행동할 때, 도덕적인 성숙도 자립도

달성할 수 없다. 그러나 고통과 불유쾌함을 피하기 위해, 전후 책임문제
는 속여져 왔다. 흥미롭게도 집단적인 고통과 불유쾌함을 게을리 해온
청구서가 '야스쿠니문제' 가 계기가 되어 되돌아왔다.

그러나 비국민의 시선이나 보편적인 가치가 친밀함의 공동성으로
서의 국민적 통합에 개입될 때 생길 고통과 불유쾌함을 회피해 왔기 때
문에, 전후의 역사적 책임을 속일 수 있었다. "일부러 고통이나 불유쾌
함을 스스로 떠맡지 않아도 좋다"(이것이야말로 진정 일본점령사령부와
미국 정책결정자가 일관되게 취해 왔던 천황의 전쟁책임 면책전략이었다)라
며, 외부의 권위가 준 용서에 응석을 부리면서 책임을 피해 왔다. 그리
고 책임을 피하는 데, 일본 국민은 제국주의적 국민공동체로서의 미국
에 이른바 '응석을 부려' 왔다. 일본 정부는 일본 국적을 가진 전쟁범죄
자를 스스로 적발하고 고소하고 처형할 수 없었다. 전쟁범죄자의 우두
머리인 '국민통합의 상징' 이 뻔뻔스럽게 목숨을 부지하는 상황에서, 국
민이 자기연민의 수사에 편승해서 자신을 희생자로 표상하는 일은 있
어도, 가해자로서 인지하는 일은 게을리 했다. 그리고 책임을 회피하면
서 미국에게 비굴하게 굴종하는 것을 스스로 선택해 왔다. 대단히 범용
한 국민주의의 망각과 기억의 배분질서를 따라서, 지금까지 전후 역사
학은 일본에 관한 국민사학에 지나지 않았다.

이러한 맥락에서 일관되게 간과되었던 것은, 국민적 책임의 문제
가 과거로부터 인수받은 짐이라기보다, 국민·민족·인종과 같은 동일
성을 횡단해서 미래를 향해 그리고 새로운 사회관계를 만들어 내기 위
한 훌륭한 기회였다는 점이다. 국민의 책임을 국제적인 장에서 물으며
국민사가 아닌 역사를 탐색하는 작업은, 공감의 국민공동체를 떠나 우

리를 개방하는 일이자, 국민공동체 바깥에서 희생된 자들의 상처나 그 고뇌에 대한 감수성을 배양하는 일이다. 이는 지금까지 사귀기 귀찮아 했던 사람들과 새로운 사회관계를 만들기 위한 절호의 기회이자, 국제적인 자본에 의한 글로벌리제이션이 야기한 상품화를 통한 균질화와는 전혀 다른 국제적 연대를 만들기 위한 뜻하지 않은 행운일 것이다. 왜냐하면 과거 역사의 연속으로서 강요당한 입장, 가령 '일본인' 혹은 '백인' 이라는 강요당한 입장을 우선 인정하면서, '일본인' 으로서 '백인' 으로서 혹은 '남성' 으로서 책임에 답함으로써, '일본인' 도 '백인' 도 '남성' 도 아닌 다른 관계를 사람들과 만들고, 동일성에서 이탈할 수 있는 사회적 공간을 펼쳐 갈 수 있기 때문이다.

역사적 책임에 응답하는 일을 통해서, 한 걸음씩 하지만 착실하게 '일본인', '백인' 혹은 '서양인' 임을 **멈추도록 하자**. 역사적 책임은 '자이니치在日 비일본인', '이상한 백인' 혹은 '서양인일 수 없는' 것으로 향하는 통로이다. 나는 이 통로를 소수자정치 manoritarian politics 라고 불러 왔다.

니체는 익숙한 사상과 관례를 붕괴하지 않고, 독자의 기분을 상하지 않게 말하는 역사를 '위안의 장소' 에서 말해지는 역사라고 부르고 있다. 소수자정치가 우리에게 요구하고 있는 것은, 역사 그 자체가 '위안의 장소' 에서 탈출하라는 것이다. 이 책이 종군위안부문제를 주제로 다뤘던 것도, '위안의 장소' 에 잡히지 않는 역사를 쓰기 위한 공부의 일부였다. 나로서는 이 목적이 어디까지 달성될지 판단할 수 없다. 내가 목표로 한 미일 전후사가 어느 수준까지 '위안의 장소' 를 피하고 있는지 그 여부는 독자들의 판단에 맡길 따름이다.

끝내며

18세기 계몽 이래로, 역사학과 비판의식은 밀접한 공존관계에 있다. 우리의 지식이나 판단력에 내재하는 한계를 꿰뚫어 보고, 인간이성이 이룰 수 있는 것과 이룰 수 없는 것을 확실히 꿰뚫어 보고, 이성의 월권을 억제하는 것에서 비판의식은 출발했다. 계몽은 그러한 비판의식을 역사학 안으로 가지고 왔다. 그러나 오늘날 비판의식은 이미 인간이성의 한계를 묻기보다도, 역사 실천적인 비판을 향해서 우리가 우리 자신의 — 인종적·국민적·계층적·민족적·성적 — 동일성에서 탈출해 타자와 어떻게 횡단적인 관계를 만들어 낼 것인가 하는 문제를 둘러싸고 전개되고 있다. 현재 우리의 모습이 왜 이런 식으로 형성되었을까? 어떤 역사적 내력이 일본인, 혹은 서양인이라는 완고한 주체성을 만들어 내고, 우리의 행동을 결정짓고, 우리의 감성을 제약해 왔을까? 그런 역사적 내력에 대한 고찰은 실천적인 과제와 깊이 결부되어 있다. 그것은 지금까지 공생할 수 없었던 사람들과 새로운 사회관계를 어떻게 만들어 가야 하는가, 새로운 친구와 만나기 위해 우리의 무엇이 변해야 하는가, 등을 실효적으로 아는 일이다. 역사학에서 전쟁책임·식민주의의 책임 그리고 섹시즘·인종주의의 책임문제가 중요한 과제가 되어 온 것은, 근대의 비판의식이 살아남기 위해서는 당연했던 것으로 생각된다. 역사학은 지금까지 종적 동일성을 확보하기 위한 집단적 연속성을 공상하는 조건을 준비하는 작업에 봉사해 왔다. 그러나 역사학이 민족적·국민적·문화적인 연속의 포이에시스poiesis, 制作 임무에 그치고 있는 한, 이미 역사학에서 비판의식을 기대할 수 없다고 나는 생각한다.

찾아보기

【ㄱ】

가메이 가쓰이치로(亀井勝一郎) 303, 311, 322

「가자 가자 신군」(ゆきゆきて,神軍) 85, 162, 259

　오쿠자키 겐조(奥崎謙三) 86

가즈오 이시구로(石黒一雄) 166~169

감상과 정(情) 45, 52, 127, 260, 322

감상성의 정치 186

강간 48, 58

　~과 연애 48, 58

공간화(allochronism) 270, 273~274, 278

공감(sym-pathy) 119, 130, 132, 134

　~의 공동체 132, 155, 160~161, 184, 197, 263, 265, 326

공범(성/관계) 87, 232, 234~236, 243, 261, 297

공상(空想) 107, 112, 183~184, 191, 246, 260, 264, 282, 284, 286

　~된 친밀함 262~263

　~의 기제 94

공재성(coevalness) 267~268, 270, 272~273, 275, 283, 285

『과거의 목소리』(過去の声) 45

광주항쟁 200, 203, 214, 238

구로사와 아키라(黒沢明) 208~209

국민공동체 35, 92~93, 95, 98, 102, 123, 125~127, 130, 132, 155, 197, 209~210, 212, 216, 265, 322, 330

　국민공동체의 자폐성 149

국민교육(제도) 27~28, 190, 225, 227

국민성의 감정 44, 46, 52

국민적 상징성 102

국민적 인간주의 219, 234, 262

국민주의 45, 94, 103, 133, 168, 220, 222, 227, 230, 234, 242, 260

　제국적~ 8, 89, 96, 107, 123, 170, 297

국민주체 88

국욕적(國辱的) 일본인관 241~242

국제연애 41~42, 47, 56, 73

권력관계 48~49, 55, 110, 176~177

「그린 베레」(*The Green Berets*) 94~96, 108

기노시타 게이스케(木下惠介) 183, 188

기억술 278~285

　『기억술』(*The Art of Memory*) 279

　토포스(topos) 279, 281~282, 285

길로이, 폴(Gilroy, Paul) 168

【ㄴ】

「나는 전쟁미망인」(*I Was a Male War Bride*) 41, 66, 82

나머지(the Rest) 285

난징대학살 57, 293

『남아 있는 나날』(*The Remains of the Day*) 166, 169

낭시, 장-뤽(Nancy, Jean-Luc) 36~37

내셔널 시네마 209

내전의 폭력 216, 220, 232

내향적 120

내향화(withdrawal) 84

「냉정과 열정 사이」(冷情と熱情のあいだ) 42

노래 188~189, 197

　소학창가(小学唱歌) 188~190, 197

『뉴욕 타임스』 검열 244, 247, 252

「늑대와 춤을」(*Dances with wolves*) 41

니시타니 오사무(西谷修) 221

【ㄷ·ㄹ】

다워, 존(Dower, John W.) 248~249, 296

다카시 후지타니(タカシ·フジタニ) 250~251

다케야마 미치오(竹山道雄) 137, 157

다케우치 요시미(竹内好) 144

도미야마 이치로(富山一郎) 49

　『폭력의 예감』 49

동성사회성(homo-sociality) 42~43, 53, 77~79

동시대성 206, 210~211

동시적 다층다중성 299

동포 160~161, 219, 234, 257, 260

『디스클로저』(*Disclosure*) 92

「디어 헌터」(*The Deer Hunter*) 33, 95, 97~99, 113, 185, 187

「라쇼몽」(羅生門) 138

『라이징 선』(*The Rising Sun*) 92

「람보」(*First Blood*) 33, 89

랑시에르, 자크(Rancière, Jacques) 54

레이 초우(Rey Chow) 128

리샹란(李香蘭, 야마구치 요시코) 41, 63, 65, 82

【ㅁ】

마나이 에이코(生井英考) 134, 249

마루야마 마사오(丸山真男) 77~78, 306

말 걸기(adress) 141, 171, 174, 273, 275, 312

「모정」(*Love Is a Many-Splendored Thing*) 41, 61~62, 79, 140

『무위의 공동체』(*La communauté désoeuvrée*) 37

미치유키(道行き) 205

민족 개념 104

　일본인 개념 303, 309, 311, 326

민족공동체 130
민족적 동일성 117~118, 121
민주주의 200~201

【ㅂ】

바워스, 포비언(Bowers, Faubion)
245~246
「박하사탕」 202~203, 209, 232
발리바르, 에티엔(Balibar, Étienne) 35, 44,
103~105
　허구로서의 민족성 44, 103, 105
백미주의(White Americanism, 白米主義)
103, 105, 124
「버마의 하프」(ビルマの竪琴) 33, 137~138,
177, 180~182
『변경에서 조망한다』(辺境から眺める) 298
베트남전쟁 6, 10, 30, 93, 95, 202
베트남증후군 202
보편주의 153~154, 180~181
볼드윈, 제임스(Baldwin, James) 30
부끄러움 253, 257~258, 260, 262, 277,
321
　~의 불안 278, 288, 290
분리 264, 266~267, 289, 296~297

【ㅅ】

「사요나라」(Sayonara) 59
사이드, 에드워드(Said, Edward) 10, 169
「사회를 보호해야 한다」(Il faut défendre la
société) 55

상호배치(onfiguration) 60, 63
상호주관성(intersubjectivity) 269
생정치(生政治) 71
「생정치의 탄생」(Naissance de la
biopolitique) 55, 71
서양과 그 나머지(The West and the Rest)
274, 286
서양숭배 159, 161~162, 178
선교사적 입장 60, 177~179, 181
성 노동자 31~32, 74~79
소리의 파토스 191
소수자정치(manoritarian politics) 330
소학창가(小学唱歌) 188~190, 197
『쇼와사』(昭和史) 303~305, 307~308,
310~312, 314~317
쇼와사(昭和史)논쟁 302
슈퍼국가성(Super-國家性) 233~235,
237~238
스톨러, 앤 로라(Stoler, Ann Laura) 43, 58,
80
　친밀성(intimacy)의 정치 43
시간의 층화 270, 273~274, 278
식민주의(colonialism) 47, 72, 80, 83,
141, 319
식민주의자의 죄책(의식) 119, 123
쌍-형상화[對-形象化] 83, 109, 122~124,
161, 169~170, 173, 209

【ㅇ】

야마구치 요시코(山口淑子, 리샹란) 41,
63~64, 68, 82

「M. 버터플라이」(M. Butterfly) 43, 176, 182

여성국제전범법정 240, 243, 252, 261

연애 56

오쿠자키 겐조(奧崎謙三) 86, 259, 261

와쓰지 데쓰로(和辻哲郎) 157, 275

우연성(aléa) 276, 292

우카이 사토시(鵜飼哲) 257, 259, 276, 321

원주민의 여성성(형상) 163~164, 171, 173, 177

위계질서 157~159, 161, 163

위안소 73~74

유사법제 224, 227, 237

유죄가능성(culpability) 288~290, 293

응답책무의 상호성 291~294

의식의 공간화 281

「24개의 눈동자」(二十四の瞳) 27, 33, 183~187

이토 진사이(伊藤仁斎) 52

이항대립 94, 111, 117

이회성(李恢成) 216

인종주의 62~63, 80, 124, 143, 163, 175

일본 때리기(Japan bashing) 29, 92

『일본의 여배우』(日本の女優) 68

입장성(positionality) 58~61

【ㅈ】

자기획정(self-identify) 29, 44, 60, 110, 112, 117

자위대(自衛隊) 225~226, 230

자포자기(自暴自棄) 213~214, 217

'전시 성폭력을 묻는다' 개찬(改竄) 239, 242, 252, 262

전위(轉位) 86

전이(轉移) 107, 110, 173~174

전쟁의 트라우마 96

제국적 국민주의 8, 89, 96, 107, 123, 170, 297

제국주의 164~165

종군위안부 61, 71, 324, 327
  위안소 73~74

「지나의 밤」(支那の夜) 41, 57, 64

지위(status)의식 159~160, 163

【ㅊ·ㅋ·ㅌ】

친밀성(intimacy)의 정치 43

커비(Kirby) 대령 108~109

「콰이강의 다리」(Bridge on the River Kwai) 148, 163, 165

크라이튼, 마이클(Crichton, Michael) 92

태국-버마 철도〔泰緬鉄道〕 148, 151

토키(talkie) 192~194

토포스(topos) 279, 281~282, 285

【ㅍ】

파비안, 요하네스(Fabian, Johannes) 267, 274, 278

파토스(pathos) 196
  소리의~ 191

패배 23~28, 133
  집단의~ 28, 36

패전 6, 29, 86
포스트콜로니얼(postcolonial) 10, 13, 319
『폭력의 예감』(暴力の予感) 49
「푸른 눈의 나비부인」(*My Geisha*) 41
푸코, 미셸(Foucault, Michel) 55~56
　「사회를 보호해야 한다」 55
　생정치(生政治) 71
　「생정치의 탄생」 55, 71
피해자의식 92, 95, 113~115, 123, 125,
128

【ㅎ】

하라 가즈오(原一男) 85, 87
해석 211, 218
햄청크(Hamchunk) 108~110
허구로서의 민족성 44, 103, 105
후쿠자와 유키치(福沢諭吉) 52~53
'흰 돼지와 검은 돼지' 일화 124, 143, 162
히로히토(裕仁) 천황 87, 229, 244~246,
252, 295